KB151364

직접해보는
사례연구

Case Study Methodology
in Business Research

Jan Dul · Tony Hak 공저
안동윤 · 이희수 공역

Case Study DIY

서 문

　　사례연구 방법을 대하는 관점은 둘로 나뉜다. 하나는 사례연구를 널리 사용하려는 긍정적 관점이다. 이 책의 저자와 여러 동료 학자들은 사례연구 방법을 강력한 연구방법이라고 생각한다. 미국과 유럽의 여러 권위 있는 학술지에도 사례연구 논문들이 실리고 있다. 여러모로 볼 때 사례연구는 엄격한 연구방법으로 받아들여지고 있는 것이 분명하다. 이와는 달리 사례연구를 바라보는 부정적 관점도 있다. 일부 학자들은 사례연구에 대해 강한 거부감을 갖는다. 이들은 사례연구는 탐색적 연구와 같은 다소 협소한 영역에 한정해서 사용해야 한다고 주장한다. 그러나 정작 서로 반대되는 두 개의 관점보다 더 큰 문제는 사례연구 방법이 과연 무엇인지에 대한 혼란이다. 사례연구 방법은 이론을 위한 것인가? 아니면 실제에 대한 것인가? 사례연구 방법은 이론 수립(theory-building) 연구에 사용해야 하는가? 아니면 이론 검증(theory-testing) 연구에 사용해야 하는가? 이런 질문들에 대해 서로 다른 견해들이 엄연히 존재한다.

　　그동안 탐색적 사례연구 방법은 이론 수립에 큰 공헌을 하였다. 사례연구의 과정은 시간이 걸리고 숙련된 면접자를 필요로 한다. 소수의 사례에서 일반화가 가능한 결론을 조심스럽게 도출해야 하는 어려운 작업이다. 이 과정에서 연구의 엄격성을 확신시킬 수만 있다면 사례연구의 결과는 매우 큰 영향력을 발휘한다. 사례연구는 이론적 모형이나 엄격한 설문지의 제약을 받지 않는다. 대신에 새롭고 창의적인 통찰을 가능하게 하는 장점이 있다. 게다가 사례연구를 통해 새로 개발한 이론은 최종 소비자라 할 수 있는 현장 실무자들로부터 타당성이 높다는 인정을 받는다. 자료원을 다양화 하고 방법론적 다각화를 확보하면 타당도는 더 향상된다. 저자들의 전공인 경영관리 분야에서는 린(lean) 생산방식에서 생산 전략에 이르기까지 많은 혁신적인 개념과 이론들이 사례연구 방법을 통해 개발되었다. 끝으로 강조하고 싶은 것은, 사례연구 방법은 이론을 풍부하게 할뿐 아니라 연구자 자신을 성장하게 한다는 점이다. 현장 연구를 할 때 연구자는 실제 문제를 만난다. 연구자는 조직 내 각계각층의 사람들을 만나고 이들이 갖고 있는 창의적인 통찰과 다양한 맥락을 접하면서 연구에 필요한 도움을 받는다. 경영학 분야에서는 새로운 아이디어가 만들어지는 양상이 점점 변하고 있다. 새 아이디어는 현장에서 멀리 있는 학자들이 아니라, 현장 가까이에서 다양한 사례와 함께 일하는 사람들, 즉 경영 컨설턴트들에 의해 만들어지고 있다. 사례연구는 '어떻게'와 '왜'라는 질문을 탐구하는데 적합할 뿐 아니라 새로운 이론과 아이디어를 개발하는데도 적합하다.

사례연구 방법을 다룬 중요한 연구 논문과 책이 많이 있기는 하나 대부분 탐색적 사례연구를 다루고 있고 이론 수립 연구에 초점을 둔다. 그에 비해 이 책에서는 폭넓고 체계적으로 사례연구 방법을 바라보고 있다. 실제 지향 연구와 이론 지향 연구 간에 어떤 차이가 있는지 뿐만 아니라 다양한 사례연구 방법의 차이에 대해서도 명쾌하게 설명하고 있다. 특히, 이론 수립 연구 외에도 일반화에 직결되는 두 개의 연구 영역, 즉 이론 검증(theory-testing) 연구와 반복연구(replication)를 비중 있게 설명한다. 연구자라면 자신의 무기고에 성능 좋은 무기를 비축했다고 뿌듯해할 만하다. 사례연구 방법은 연구 대상에 대한 예비 분석도 없이 일단 기업을 방문하고 보는 산업 시찰이 아니다. 사례연구의 잠재력을 극대화하기 위해서는 연구의 엄격성을 지켜야 한다. 사례연구를 철저하게 수행함으로써 연구 결과의 강건성과 적합성을 모두 인정받는 것이 중요하다. 이 책은 당신이 사례연구 방법을 사용하고자 할 때 연구의 엄격성을 높여줄 지침서가 될 것이다.

런던경영대학원(London Business School)
Operations and Technology Management 교수
Chris Voss

Case Study DIY를 옮기는 즐거움

"당신은 왜 사례연구를 연구방법으로 선택했습니까?"라는 질문에 연구자는 어떤 답변을 해야 하나? 이 책의 번역은 사례연구자가 자신의 연구 전략에 확신을 갖고 전념하는 데 도움을 주기 위해 시작되었다.

사회과학 분야에서 사례연구가 광범위하게 사용되고 있음에도 불구하고 연구 방법론으로서의 위상은 그리 높지 않다. 학위용 논문이나 학술지 논문을 심사하다 보면 연구자가 왜 사례연구를 연구 방법으로 선택했는지에 대한 정당성이 부족한 것을 많이 발견한다. 선행 연구에 대한 탐색이 부족하다보니 학술 연구가 아니라 현장 연구 같기도 하고, 이론과의 연계성도 충분치 않아 논문으로서 어떤 가치가 있는지 이해가 안 되는 경우도 많다. 무엇보다 사례연구의 논리와 형식에 대해 연구자나 조언을 주는 심사위원들이나 서로 생각이 달라 곤혹스럽기도 하다.

그럼에도 사례연구 중에는 이론 개발에 크게 기여한 좋은 연구가 많아지고 있고, 최근 들어서는 사례연구 방법론도 점차 개념적 합의의 진척을 보이면서 연구의 형식 또한 체계화 되고 있어 참으로 다행이다. 어찌 보면 연구 방법으로서의 사례연구는 이제 막 출발하기 시작한 늦깎이 학생에 가깝다. 만학도이지만 가야 할 길이 창창하여 유망하다. 그 잠재력을 꽃 피울 여러 길을 찾아야 하는 출발선에 서 있는 심정이다.

사례연구 방법에 대한 교육과 서적이 부족한 상황에서 이 책은 가뭄에 단비 같다. 저자들이 책의 서문에서 밝혔듯이 사례연구 방법을 하나의 독자적인 연구 방법론으로 정립하기 위해 체계화 하였고, 무엇보다 사례연구로 학술 논문을 작성하는 연구자들에게 값진 조언을 주고 있다. 많은 사례연구자들이 자신들의 연구 방법의 정당성을 주장하면서 로버트 인(Robert Yin)의 책을 많이 인용한다. 로버트 인이 사례연구 방법의 과학성과 실증적 연구 방법으로서의 위상을 정립하는데 크게 기여하였다면, 이 책은 실증적 사례연구를 어떻게 수행할지에 대한 구체적이고 실용적인 지침을 제공해 준다. 즉 이 책은 사례연구 방법이 다른 연구 전략과 구분되는 독특한 특성을 담고 있으며, 연구 설계의 절차와 수행 방법을 정교한 흐름도로 제시하고 있다. 마치 DIY(Do It Yourself) 제품의 조립 매뉴얼처럼 하나하나 따라할 수 있도록 친절한 매뉴얼로 만들어져 있다.

우리는 사례연구 방법이 좀 더 과학적 엄격함에 가까이 가야 한다고 생각한다. 더 체계화 되고 더 구조화되면서 실증적 연구로서의 강건성을 주장해야 한다고 여긴다. 그런 점에서 이 책은 그런 노력을 시작하도록 힘을 보태줄 것이다. 사례연구자가 지닌 직관에 좀 더 과학적인 접근이 더해짐으로써 이론을 강화하기도 하고 기존의 통설을 엎는 창의적인 연구 결과들이 많이 나오기를 기대해본다. 이 기대감이 이 책의 지난한 번역을 가능케 한 원천이었음을 독자들과 나누고자 한다.

안동윤 · 이희수

이 책과 인용한 사례연구의 저자 소개

Koen Dittrich(제2장, 제5장의 5.2)

Koen Dittrich는 네덜란드의 Masstricht 대학에서 경제학 석사를, 동 대학과 노르웨이의 Oslo 대학에서 과학과 기술 전공으로 석사를, 네덜란드의 Delft 공과 대학에서 기술, 정책, 경영으로 박사 학위를 받았다. 그는 RSM Erasmus 대학의 경영학과에서 부교수로 재직하고 있으며, 혁신 프로세스의 조직과 관리, R&D 네트워크, 혁신을 위한 협력에 관한 연구에 주로 관심을 갖고 있다.

http://www.rsm.nl/kdittrich

Jan Dul

Jan Dul은 네덜란드의 Twente 공과 대학에서 기계공학으로 석사를, 미국의 Vanderbilt 대학에서 의공학 박사 학위를 받았다. 그는 RSM Erasmus 대학에서 공학과 인간 요소(Human factors) 분야의 교수로 재직 중이다. 주된 연구 분야는 제품과 프로세스에서의 인간 중심 설계이다. 특히 운영 시스템에서의 인간 요소와 혁신에서의 종업원 창의성에 관심이 많다.

http://www.rsm.nl/jdul

Jan Van den Ende (제 5장의 5.4)

Jan Van den Ende은 네덜란드의 Delft 공과대학에서 박사 학위를 받았다. RSM Erasmus 대학의 기술 경영학과 부교수로 재직 중이다. 그의 연구 관심은 주로 제품과 서비스 개발 과정에서의 조직과 관리에 있다. 그는 ICT에서의 체제적 혁신에 관한 연구 프로그램을 이끌고 있다. Van den Ende은 여러 저서의 저자이기도 하며, Journal of Management Studies, IEEE Transaction on

Engineering Management, Business History, R&D Management, Group and Organization Management와 같은 학술지에서 연구 정책에 관한 학술 논문을 발표하기도 했다.

http://www.rsm.nl/jende

Tony Hak

Tony Hak는 네덜란드의 로테르담에 있는 Erasmus 의료 센터에서 의료사회학 석사를, Amsterdam 대학에서 사회과학 박사 학위를 받았다. 그는 RSM Erasmus 대학에서 연구 방법론 부교수로 재직하고 있다. 관심을 갖는 연구 주제는 비즈니스 서베이의 반응 프로세스, 질문지 사전 검증, 질적 연구 방법이다.

http://www.rsm.nl/thak

Murthy Halemane(제11장의 11.2)

Murthy Halemane는 네덜란드 Delft 공과 대학에서 공학박사를 받았고, 현재 RSM Ersmus 대학에서 기술과 혁신 경영학과의 부교수로 재직하고 있다. 기업의 역량 분석과 비즈니스 전략에 맞춘 기술 시너지 개발이 주된 연구 주제이다. 현재는 이들 주제를 비즈니스 프로세스 아웃소싱에까지 확장하는 방안에 대해 연구 중이다.

http://www.rsm.nl/mhalemane

Raf Jans(제2장)

Raf Jans는 벨기에 루뱅 대학교(Katholieke Universiteit Leuven)에서 Operation Research에 특화된 응용경제학으로 박사학위를 받았다. 그는 RSM Erasmus 대학의 운영관리(Operation Management)의 부교수로 재직 중이며, 주된 관심 분야는 운영관리 분야에서 의사결정과 위험 분석, 최적화 모델링, 그리고 이들 분석과 모델을 산업 문제에 응용하는 것이다. 현재는 상품기획 문제에 주로 초점을 두고 있다.

http://www.rsm.nl/rjans

Felix Janszen(제11장의 11.2)

Felix Janszen은 Erasmus 대학에서 생화학 분야의 박사학위를 받았고, 현재는 RSM Erasmus 대학의 기술경영 전공 교수로 재직 중이다. 연구 분야는 기술경영, 혁신, 복잡계 이론, 컴퓨터 모델링이다.

http://www.rsm.nl/fjanszen

Ferdinand Jaspers(제5장의 5.4)

Ferdinand Jaspers는 RSM Erasmus 대학에서 경영학 석사를 받았고, 동대학의 박사과정에서 수강하고 있다. 관심 있는 연구 분야는 유형학 이론과 복잡한 제품 상황에서의 혁신에 대한 것이다.

http://www.rsm.nl/fjaspers

Hans Quak(제6장의 6.2 그리고 제7장의 7.2)

Hans Quak는 RSM Erasmus 대학에서 경영학 석사를 받고, 현재는 동 대학의 박사 과정에 재학 중이다. 그의 주된 연구 주제는 도시지역에서의 제품 이동, 도심형 물류, 소매 배송, 지속가능성이다.

http://www.rsm.nl/hquak

Florens Slob(제11장의 11.4)

Florens Slob은 RSM Erasmus 대학에서 경영학 석사학위를 받았다. 그의 석사학위 논문 주제는 기업의 표준화에 대한 것이었다. 그는 현재 네덜란드 아인트호벤에 있는 Van Gansewinkel 그룹의 폐기물 관리 서비스 전문가이자 프로젝트 관리자로 근무하고 있다.

Wendy Van der Valk(제9장의 9.2)

Wendy Van der Valk는 네덜란드 Eindhoven 공대에서 산업공학과 경영과학 석사학위를 받았고, RSM Erasmus 대학에서 박사과정에 있다. 그녀는 비즈니스 서비스 구매와 개발 과정에 구매자-공급자 간의 상호작용에 대해 연구하고 있다.

http://www.rsm.nl/wvalk

Henk J. De Vries(제11장의 11.4)

Henk J. De Vries는 네덜란드의 Delft 공대에서 측지학으로 석사학위를 받았고, Erasmus 대학에서 경영학 박사 학위를 받았다. 그는 RSM Erasmus 대학에서 표준화 분야의 부교수로 재직 중이다. 그의 연구 및 강의 주제는 비즈니스 관점에서의 표준화에 대한 것이다. 저서로는 '표준화; 국가 표준 조직에 관한 사업적 접근(Kluwer Academic Publishers, 1999)'이 있다.

http://www.rsm.nl/hdevries

Finn Wynstra(제9장의 9.2)

Finn Wynstra는 스웨덴의 Uppsals 대학에서 면허학위(Licentiate-degree)를 받았으며, 네덜란드의 Eindhoven 공대에서 박사학위를 받았다. 그는 현재 RSM Erasmus 대학에서 구매와 공급경영분야 교수로 재직 중이다. 그의 연구는 주로 공급과 혁신 프로세스의 통합, 질적 연구 방법론과 (실험기반) 설문조사 방법의 결합에 초점을 두고 있다. 그는 두 권의 책, 'Buying Business Services'(Wiley, 2002)와 Developing Sourcing Capabilities(Wiley, 2005)를 저술하기도 했다.

http://www.rsm.nl/fwynstra

이 책의 활용 안내

이 책을 교과서로 이용할거면 앞에서 뒤까지 차례대로 읽는 것이 좋다. 1장과 2장을 건너뛰고 3장부터 시작해도 괜찮다. 이 책을 연구 방법의 지침서로 사용하려면 흐름도의 연구 단계를 따라보는 것이 좋다. 이때는 [표 1.4] "학생을 위한 제언"과 부록 3의 "흐름도"를 참조하기 바란다. 흐름도의 각 단계마다 해당 내용이 책의 어디에 나오는지 알려준다. 만약 특정 주제에 더 관심을 가진다면 [표 1.3]과 [표 1.5]에서 관심 있는 내용 위주로 찾아보는 방법도 있다.

다른 연구방법론과 마찬가지로 사례연구 방법도 개념을 일관성 있게 쓰는 것이 중요하다. 그래서 이 책은 개념들을 부록 5에 있는 용어사전에 모두 모았고 각 개념마다 정의를 달아 두었다. 책을 읽다보면 굵고 진한 글꼴의 단어가 나오는데 이는 부록의 용어사전을 참조하라는 뜻이다. 이 책에서는 특정 용어를 다른 책에 있는 용어의 뜻과 다르게 쓰고 있다. 만약 굵고 진한 글꼴의 단어를 보게 되면 반드시 용어사전에서 해당 정의를 확인하기 바란다.

차 례

표 차례

그림 차례

설명상자 차례

흐름도 목차

제**1**부

서론

●

●

●

제1장
책의 목적과 개요

1.1 사례연구 방법의 정의

　　사례연구 방법의 정의와 특징이 혼란스러운 데는 그럴 만한 이유가 있다. 어떤 학자들은 사례연구를 탐색적 연구에 한정해 사용해야 한다고 주장한다. 사례연구는 증명을 필요로 하지 않고 일반화가 불가능한 연구에 한해서만 사용되어야 한다는 이야기이다. 반면 Yin(1984, 1994, 2003)과 같은 학자는 사례연구 방법의 일반화 문제는 다중 사례연구(multiple case studies)를 통해 해결될 수 있고, 따라서 이론을 검증하는 것 또한 가능하다고 주장한다. 사례연구 방법의 혼란을 부추기는 또 다른 원인은 유사 용어를 학자마다 다른 의미로 사용한다는 데 있다. 그러면서 용어에 대해서는 명확한 정의를 생략하고 있다. 이 문제의 피해는 고스란히 사례연구를 처음 사용하는 연구자들에게 돌아간다. 게다가 사례연구자라면 누구나 연구 방법을 어느 정도 혼합하여 사용할 수밖에 없는데 이것이 연구 방법과 관련한 혼란을 가중시킨다(Ragin, 1992).

　　사례연구를 연구 방법으로 다룬 책에서는 사례연구의 정의를 연구 목적("탐색적 목적")과 측정 기법("복수의 자료원"과 "정성적 연구방법")을 중심으로 기술하고 있다. Yin(2003: 13-14) 또한 사례연구에 대해 다음과 같이 포괄적으로 정의한다.

　　"사례연구는 실생활에서 벌어지는 현재의 현상에 대해 조사하는 실증적 연구이며, 특히 현상과 정황 사이의 경계가 명확하게 구분되지 않을 때 사용할 수 있는 연구방법이다. 사례연구는 현상에 관한 다수의 변수들을 다루고, 다양한 자료원으로부터 증거를 수집하며, 이러한 증거들을 수렴하여 새로운 결과를 도출해야 한다. 그러기 위해서는 자료 수집과 분석의 기반이 되는 이론적 명제를 먼저 개발하는 것이 바람직하다."

그러나 Yin을 비롯한 여러 학자들은 사례연구가 설문조사를 비롯한 다른 연구 방법과 가장 차별화되는 방법론적 특징을 설명하지 않았다. 그것은 "사례연구(case study)란 기본적으로 하나의 **예**(instance) 혹은 소수의 예들이 연구 대상"이라는 점이다. Yin을 비롯한 여러 학자들은 사례연구에 대해 다른 특징을 강조하고 있는데, 연구 대상과 정황을 인위적으로 조작하지 않고 **실제 정황**(real life context) 그대로 다룬다는 것이다. 그러나 우리는 사례연구를 정의하면서 사례연구가 설문조사 혹은 실험 등과 같은 연구 방법과 명확히 구분되는 특징을 나타내고자 했다. 사례연구에 대한 우리의 정의는 다음과 같다.

> 사례연구는 (a) 실생활에서 발생한 한 개의 사례를 연구하거나(단일 사례연구) 소수의 사례를 연구하는 것(비교 사례연구)으로서 (b) 사례에서 나온 자료를 정성적 연구 방법으로 분석하는 것이다.

사례(case)란 연구 대상의 예(instance)를 의미하며('연구 대상'이라는 개념은 3장에서 설명할 것이다), 연구란 실제 지향 혹은 이론 지향의 연구 목적을 달성하기 위해 실시한다. 실생활이란 연구 대상이 그 어떤 인위적 조작도 없이 실제로 처했던 현실을 의미한다. "정성적 연구 방법으로 분석"한다는 것은 사례를 수치화한 후 관찰 검사(visual inspection)를 통해 분석하는 것을 말하며 이는 통계 분석과는 대조된다. 사례연구에는 두 가지 유형이 있는데, 하나는 **단일 사례연구**(single case study)이다. 말 그대로 하나의 사례에서 나온 자료만으로 연구 목적을 달성하기에 충분한 경우에 사용한다. 다른 하나는 **비교 사례연구**(comparative case study)이다. 연구 목적을 달성하기 위해 두 개 이상의 사례에서 나온 자료가 필요할 때 사용한다.

사례연구가 **실험**(experiment)과 다른 점은 사례를 있는 그대로 본다는 점이다. 반면에 실험은 사례에 인위적인 처치를 가한다. 실험은 연구 대상이 갖고 있는 변인적 특성을 조작하고 여기서 얻은 점수를 분석한다.

사례연구와 **설문조사**(survey) 모두 실생활에 있는 사례 그대로를 연구한다. 그러나 사례연구와 설문조사는 다른 점이 두 가지 있다. 첫째, 사례의 수가 다르다. 사례연구는 한 개의 사례(단일 사례연구) 혹은 소수의 사례(비교 사례연구)에서 나온

표 1.1 사례연구와 실험의 차이	
사례연구	실험
실제 정황(real life context)	실험적 처치(manipulated)

점수를 사용한다. 반면에 설문조사는 모집단에서 추출한 대규모 사례에서 나온 점수를 사용한다. 둘째, **자료 분석** 방법이 다르다. 사례연구는 "정성적" 분석("**관찰검사**")을 통해 결론을 도출한다. 반면에 설문조사는 정량적(통계적) 분석을 거친 후 결론을 도출한다.

표 1.2 사례연구와 설문조사의 차이	
사례연구	설문조사(Survey)
소수의 사례	많은 사례
정성적 자료 분석(관찰 검사)	정량적 자료 분석(통계 분석)

사례연구를 정의할 때는 **자료 수집**과 **측정 기법**을 포함시키지 않았다. 측정 방법으로는 연구 전략을 구분할 수 없다. 어떤 연구 전략이든 자료 분석은 정량적일 수도 정성적일 수도 있다. 사례연구라면 으레 "질적" 면담이라든지 "복수의 자료원"이라는 말들이 측정 방법을 얘기할 때마다 따라붙는다. 그러나 이런 측정 방법은 사례연구만의 전유물이 아니다. 다른 연구 전략에서도 얼마든지 사용할 수 있다. 마찬가지로, 다른 연구 전략에 따라붙는 측정 방법들, 즉 표준 설문지(설문조사의 경우)와 정량적 측정(실험의 경우) 또한 사례연구에 얼마든지 사용할 수 있다. 측정에 관한 원칙과 품질 기준(예를 들어 신뢰도와 타당도)은 어떤 연구 전략에든 모두 적용된다(부록 1의 "측정" 참고). 사례연구에서는 분석을 위해 정량적 자료를 사용한다 하더라도 연구 결과를 도출하기 위한 수치 자료의 해석은 보통 통계가 아닌 정성적 분석을 사용한다.

사례연구는 현재 발생한 사건에만 한정하지 않는다. Yin을 비롯한 연구자들은 사례연구가 현재의 사례를 연구 대상으로 한다고 했지만, 과거에 발생했거나 혹은 존재했던 연구 대상을 연구하는 데도 적용할 수 있다. 따라서 "실생활"에서 발생한 연구 대상의 사례는 현재와 과거의 사례 모두를 포함한다. 이 책에서 다루는 사례연구란 한 개 혹은 소수의 사례에서 나온 정량적 혹은 정성적 자료를 정성적 분석

(비통계적 분석)을 통해 연구하는 전략으로 정의하고자 한다.

1.2 책을 쓴 목적

네 가지 목적을 갖고 이 책을 쓰게 되었다. 첫째, 연구에 입문하는 연구자들에게 사례연구에 관한 기본 개념을 제공하려고 한다. 연구 입문자들은 무엇보다 사례연구에 대한 폭넓은 관점이 필요하다. 사례연구는 언뜻 단일한 방법론적 틀로 보인다. 그러나 그 안에는 실제 지향 사례연구로부터 이론 수립 사례연구와 이론 검증 사례연구에 이르기까지 아주 폭넓은 스펙트럼이 존재한다. 연구자들을 위해 연구방법론에 등장하는 주요 개념들도 다루고자 했다. 예를 들어 "이론", "이론 수립", "이론 검증", "개념", "변인", "명제", "가설", "일반화", "반복연구"와 같은 개념들을 정의하고 일관성 있게 사용하고자 했다(부록 5에 있는 "용어사전" 참고). 또한 여러 유형의 사례연구를 설계하고 수행하는 방법을 상세하게 기술하고자 했다. 그런 의미에서 이 책은 교과서와 같은 역할을 한다. 사례연구를 수행하는 기본적인 방법에 대해 많은 것을 배울 수 있을 것이다(이 책을 교과서로 활용하는 방법에 대해서는 1장 1.4.2의 "학생들을 위한 제안" 참고).

둘째, 사례연구가 **이론 검증**을 위한 연구 방법으로 적합한지에 대한 논쟁이 있어왔는데 이 책은 이러한 연구방법론적 논의에 기여하려고 한다. 사회과학 분야[1]의 연구자는 실험이 불가능한 상황에서는 설문조사나 사례연구 둘 중에서 하나를 선택해야 한다. 만약 사례를 통해 결정적 명제를 검증해야 한다면 사례연구가 좋은 연구 전략이다(4장과 5장에서 다룬다). 이에 비해 설문조사는 모집단 내에 존재하는 확률적 명제를 연구할 때 더 좋은 연구 전략이다. 이론 검증 연구에서 사례연구 혹은 설문조사를 선택하는 것은 명제의 유형에 따라 달라지는 것이지 측정 방법을 보고 결정하는 것이 아니다. 더군다나 그 분야에서 어떤 방법을 공통적으로 많이 사용하는지를 보고 결정하는 것은 더더욱 아니다. 지금까지 이론 검증 연구와 관련하여 사례연구의 역할이 혼란스러웠던 이유는 연구하려는 명제가 제대로 구체화되지 않은 데 있었다고 본다.

---

1) 저자는 '경영학 분야'라고 기술했으나 역자는 '사회과학 분야'라고 표현하였다. 사례연구가 경영학에 한정되지 않고 사회과학 연구에 전반적으로 적용되는 연구방법으로 보았기 때문이다.

셋째, 모든 이론 검증 연구에서 반복연구의 역할을 강조하고자 한다. 반복연구는 이론을 수립하고 개발하는 기본적인 원칙이다. 흔히 사례연구의 결과에 대해 "일반화하기에 부족하다"는 비판을 한다. 그러나 이는 사례연구에만 해당되지 않는다. 설문조사이든 실험이든 사례연구든 한 번의 연구로는 한계가 있다. 모든 연구는 검증을 위하여 반드시 반복연구를 필요로 한다. 이 책은 사례연구의 검증 결과가 이론적으로 유의미한지를 논의하는 데 머무르지 않는다. 더 나아가 이론 개발에 필요한 반복연구 전략까지 제시하고자 했다.

넷째, 이론 검증이 이론 수립보다 더 중요하다는 점을 강조하고자 한다. 이론 수립 연구는 명제를 만드는 연구로서 상대적으로 쉬운 편에 속한다. 그러나 이론 검증 연구, 즉 어떤 영역에서 명제를 증명하기란 훨씬 더 어렵다. 명제를 검증하기 위해서는 정말 많은 노력과 시간이 필요하다. 이론을 개발하는 데는 이론 수립보다 더 많은 반복연구가 필요하기 때문이다. 이는 비단 사례연구에만 국한되지 않는다. 이론을 개발하는 연구라면 일반적으로 더 어렵고 노력이 많이 든다. 여기서 한 가지 강조할 것이 있다. 그동안 사례연구는 "탐색적" 연구에 필요한 새 명제를 만드는 데 더 적합하다는 식으로 얘기되었다. 그러나 그 반대이다. 사례연구는 오히려 이론 수립 연구(탐색적 연구)에 유용하지 않다는 점을 강조하고자 한다. 이론 개발을 위해서는 기존에 구축된 명제를 검증하는 반복연구가 더 중요하다. 이론 수립을 위한 연구라면 사례연구 외에도 더 좋은 방법들이 많이 있다(3장 "연구의 원리" 참고).

이 책은 이론 검증 사례연구에 대해 많이 다룰 것이다(4장부터 7장까지). 물론 현재의 연구 상황을 보면 이론 검증 연구는 드문 편이다. 이 책의 저자는 이론 검증 연구가 중요하다고 주장하지만 현실은 그렇지 않다. 이 점에 대해 독자들은 우리가 현실을 잘 모른다고 생각할 수도 있다. 오히려 그보다는 사례연구가 이론 검증을 위한 연구 전략으로서 덜 주목받고 덜 사용되고 있는 현실을 타개해 보고자 하는 의도적인 노력으로 받아주기 바란다.

1.3 책에 대한 개관

1.3.1 책의 구조

이 책은 크게 네 부분으로 구성되어 있다. 제1부는 연구 방법과 사례연구의 역할에 대해 소개하며 1장부터 3장까지이다. 제2부는 이론 검증 연구의 원리를 4장에서 제시하고 이론 검증 사례연구를 5장에서 7장까지 다룬다. 제3부는 이론 수립 연구를 8장에서 다루고 이론 수립 사례연구를 9장에 담았다. 제4부는 실제 지향 연구를 10장에서 그리고 실제 지향 사례연구를 11장에서 제시한다. 각 장의 주요 내용을 아래에서 간략하게 소개한다.

1.3.2 제2장: 사례연구 문헌 조사

Raf Jans와 Koen Dittrich가 수행한 사례연구 문헌 조사 결과를 설명한다. 두 사람의 문헌 조사를 볼 때 대부분의 사례연구가 실제 지향 연구였음을 알 수 있다. 대개는 특정 조직에서 문제 해결 연구[2]를 실행했던 연구 결과이거나 어떤 이론이나 접근 방법이 현장에서 얼마나 유용했는지를 기술하고 있었다. 이런 연구들도 이론을 사용한다고 하지만 그 목적이 이론 개발에 있지는 않았다. 그보다는 현장에서 이론을 활용하려는 데 목적이 있었다. 이에 비해 일부 이론 지향 사례연구가 있었지만 대부분은 탐색적 연구였다. 즉 연구 대상이 되는 사례를 탐색하여 이론을 수립하려는 연구이다. 반면에 이론 검증을 위한 사례연구는 매우 드물다는 점도 보여준다. 이 밖에 문헌 조사를 통해 드러난 사례연구의 문제로 과학적 엄밀함이 부족하다는 지적이 있었다.

1.3.3 제3장: 연구의 원리

연구의 일반적 원리에 대해 논의한다. 우선 실제 지향 연구와 이론 지향 연구의 차이점을 설명하고 두 유형의 연구 목적이 어떤 특징을 가졌는지 설명한다. 실

---

2) 저자들은 '개입'(Intervention)이라고 표현했으나 역자는 '문제 해결 연구'라고 번역하였다. 개입이라는 뜻이 문제 해결을 위해 제3자가 관여하는 프로그램으로 볼 때 문제 해결 연구가 이해하기에 더 적합하다고 판단하였다. 그러나 문맥에 따란 '개입'과 '문제 해결'을 병행하여 사용했음을 밝혀둔다.

제 지향 연구의 목적은 현장의 실무자들이 업무를 효과적으로 수행할 수 있도록 이들의 지식에 기여하는 데 있다. 이론 지향 연구에서 이론이란 개념 간의 관계에 대한 설명(명제)이라 할 수 있는데 이론 지향 연구의 목적은 세 가지 연구 활동으로 구분된다. 다양한 자료원으로부터 정보를 수집하는 탐색적 연구, 연구를 통해 명제를 형성하려는 이론 수립 연구, 연구를 통해 이론을 검증하는 이론 검증 연구가 있다. 이론 검증을 위해 반복연구는 매우 중요하다. 이론의 '일반화가능성generalizability'을 평가하고 이론을 견고하게 만드는 데 핵심적인 활동이기 때문이다. 그런 점에서 일반화가능성은 연구 결과의 특징이 아니라 이론의 특징이라 할 수 있으며 이는 반복연구를 통해 성취될 수 있다고 본다.

1.3.4 제4장: 이론 검증 연구

일반적인 이론 검증 연구를 설명한다. 이론은 명제가 구체화되어야 검증이 가능한데 명제가 어떤 유형인지를 파악하는 것이 중요하다. 명제의 유형에는 네 가지가 있다. 첫 번째는 충분조건이다. "A는 B의 충분조건이다"라고 표현하면 "A가 있다면 B가 있을 것이다"라는 의미이다. 두 번째는 필요조건이다. "A는 B의 필요조건이다"라고 하면 "B는 A가 있을 때에만 존재한다"라고 본다. 세 번째는 결정적 관계이다. "A와 B 간에 결정적 관계가 있다"고 하면 "A가 높아지면 B가 높아진다"고 본다. 마지막 네 번째는 확률적 관계이다. "A와 B 간에 확률적 관계가 있다"고 표현하면 "A가 높아지면 B 또한 높아질 가능성이 있다"라고 본다. 명제의 유형에 따라 실험, 설문조사, 사례연구 중에서 어떤 연구 전략을 선택할지 결정할 수 있다. 사례연구가 이론 검증에 적합하지 않다는 믿음이 퍼져 있다. 그러나 명제를 검증하려 하지만 실험이 불가능할 경우가 많다. 대부분의 사회과학 연구에서는 연구 대상의 특성을 조작할 수 없기 때문이다. 따라서 사례연구야 말로 가장 선호할 만한 연구 전략이라고 본다.

1.3.5 제5~7장: 이론 검증 사례연구

이론 검증 사례연구에 대해 자세하게 논의한다. 이론 검증 사례연구에는 여러 유형이 있는데, 충분 혹은 필요조건에 대한 사례연구는 5장에서, 결정적 관계에 대한 사례연구는 6장에서, 끝으로 확률적 관계에 대한 사례연구는 7장에서 다룬다.

각 장에서는 사례연구의 절차에 대해 설명하고 이어서 한두 개의 사례연구를 예시로 보여준다. 예시로 보여주는 사례연구들은 "모범적인" 연구를 선정해서 보여주는 것이 아니다. 그보다는 이론 검증 사례연구의 실제 모습을 있는 그대로 보여주기 위해 선정되었다. 각 사례연구마다 뒷부분에 "방법론 성찰"을 추가했다. "방법론 성찰"을 통해 예시의 사례연구가 놓쳤던 상황과 방법론적 한계를 논의하고자 했다. "방법론 성찰"을 보면 연구를 수행한다는 것이 단순히 연구 절차를 따르는 데 있지 않다는 것을 알게 된다. 그보다는 연구자가 연구 상황과 상호작용을 하면서 늘 유연성을 발휘해야 하고, 상황에 따라 어려움을 헤쳐 나가야 하는 과정임을 보게 될 것이다.

1.3.6 제8~9장: 이론 수립 연구

8장에서는 일반적인 이론 수립 연구를, 9장에서는 이론 수립 사례연구를 다룬다. 두 연구 방법의 목적은 새로운 명제를 "발견"하고 "수립"하는 것이다. 앞의 5~7장에서와 같이 사례연구의 진행 방법을 소개하고 이어서 예시와 방법론 성찰을 다룬다.

1.3.7 제10~11장: 실제 지향 연구

이 책의 마지막 부분이며 실제 지향 연구를 다룬다. 일반적인 실제 지향 연구는 10장에서, 실제 지향 사례연구는 11장에서 다룬다. 앞의 5장부터 7장에서와 마찬가지로 사례연구의 진행 방법에 대해 소개하고 이어서 예시와 방법론 성찰로 끝을 맺는다.

1.4 책을 활용하는 방법

이 책을 처음부터 끝까지 순서대로 읽을 수 있고 관심 있는 주제 위주로 골라서 읽을 수도 있다. 그래서 관심 주제별로 해당되는 내용을 모아보았다.

1.4.1 주요 주제

표 1.3 주제별 구성

주제	장
연구의 일반 원리	3, 4, 8, 10
사례연구에 대한 저자의 핵심 아이디어	1, 4
경영학 연구에서 사례연구에 대한 문헌 고찰	2
이론 검증을 위한 사례연구	5, 6, 7
이론 수립을 위한 사례연구	9
실제 지향 연구를 위한 사례연구	11
사례연구 설계 및 수행 절차	5.1, 6.1, 7.1, 9.1, 11.1
사례연구 예시	5.2, 5.4, 6.2, 7.2, 9.2, 11.2, 11.4
사례연구 예시의 방법론에 대한 성찰	5.3, 5.5, 6.3, 7.3, 9.3, 11.3, 11.5

1.4.2 학생들을 위한 제안

이 책은 사례연구를 수행하는데 필요한 지침을 제공한다. [흐름도 1]에서는 일반적인 연구 설계와 수행 절차를 연구 주제 수립부터 최종 보고까지 차례대로 제시하고 있다(자세한 흐름도를 보고 싶다면 부록 3 "흐름도" 참고). 사례연구의 단계는 크게 세 부분으로 구성된다.

- 준비: 1, 2, 3
- 연구: 4, 5, 6, 7
- 시사점 도출 및 보고: 8, 9

준비 단계에서는 [표 1.4]와 [흐름도 1]을 함께 보면서 연구 수행에 필요한 전체 그림을 이해할 수 있다. [표 1.5]에서는 [흐름도 1]의 각 단계마다 필요한 활동, 결과물, 품질기준, 그리고 이 책의 어느 부분과 관련이 있는지를 보여준다. 준비 단계에서 3장의 "연구 원리"를 본 다음에는 4장의 "이론 검증 연구", 8장의 "이론 수립 연구", 10장의 "실제 지향 연구"를 보도록 한다.

연구 단계에서는 먼저 연구 전략을 선택해야 한다. 그래야 이후의 연구 활동을 결정할 수 있다. 이 책은 사례연구에 초점을 두기 때문에 사례연구 전략에 대해

구분	단계	장
준비	1. 연구 주제 정의	–
	2. 연구 목적과 연구 유형 정의	3
	3. 상세 연구 목표와 사례연구 세부 유형 정의	4, 8, 10, 부록 3
연구	4. 연구 전략 선택	5, 6, 7, 9, 11
	5. 사례 선정	
	6. 측정	부록 1
	7. 자료 분석	5, 6, 7, 9, 11
시사점 도출 및 보고	8. 결과 논의	5, 6, 7, 9, 11
	9. 연구 보고	

표 1.4　연구 프로젝트의 설계 및 실행 단계

서만 다룬다. 연구 전략으로 실험이나 설문조사를 사용한다면 이 책 말고 다른 서적을 참고해야 한다. 사례연구를 연구 전략으로 선정했다면 사례연구의 세부 유형에 따라 5, 6, 7, 9, 11장 중에서 선택해서 본다. 측정에 대한 내용은 부록 1 "측정" 부분에 나와 있다. 측정을 부록에 별도로 다룬 이유는 측정이 사례연구에만 한정되지 않기 때문이다. 어떤 연구 전략을 선택하든 적용이 가능한 내용이다.

시사점 도출 및 보고 단계에서는 연구 결과물을 정리하고 보고한다. 이 책은 사례연구 예시를 몇 개 제시하고 있는데 각 연구마다 이론과 실제를 위한 시사점을 포함하고 있다. 또한 예시를 통해 보고서 형식과 논의에 대한 아이디어도 함께 얻을 수 있도록 하였다(부록 4의 "사례연구 보고서 작성" 참고).

앞에서는 연구의 과정을 일련의 연속적인 과정으로 표현했지만 실제로는 반복적인 과정으로 보는 것이 맞다. 연구를 하다보면 전 단계로 돌아갔다가 다시 오는 일들이 생기기 마련이다. 또한 상황과 타협해야 하는 결정도 필요하다. 예를 들어 연구의 진도는 나가야 하는데 연구의 깊이를 희생해서는 안 되는 상황에 처하게 되면 연구자로서 적절한 균형을 유지해야 한다. 그러기 위해서는 자신의 결정을 정당화해야 하고 그러한 결정이 연구 결과에 어떤 영향을 끼치는지에 대해서도 평가할 수 있어야 한다.

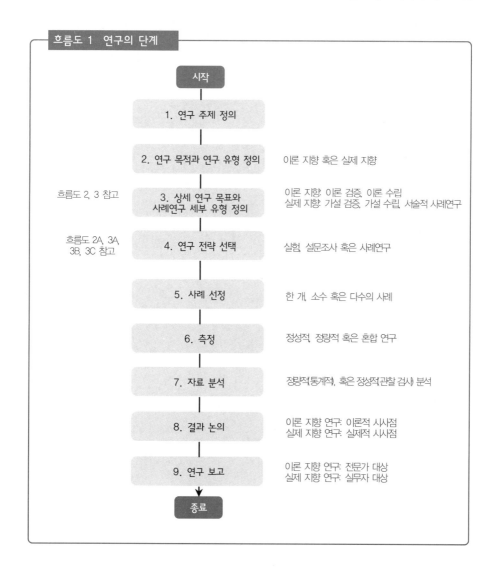

흐름도 1 연구의 단계

시작

1. 연구 주제 정의

2. 연구 목적과 연구 유형 정의 — 이론 지향 혹은 실제 지향

흐름도 2, 3 참고
3. 상세 연구 목표와 사례연구 세부 유형 정의 — 이론 지향: 이론 검증, 이론 수립
실제 지향: 가설 검증, 가설 수립, 서술적 사례연구

흐름도 2A, 3A, 3B, 3C 참고
4. 연구 전략 선택 — 실험, 설문조사 혹은 사례연구

5. 사례 선정 — 한 개, 소수 혹은 다수의 사례

6. 측정 — 정성적, 정량적 혹은 혼합 연구

7. 자료 분석 — 정량적(통계적), 혹은 정성적(관찰, 검사) 분석

8. 결과 논의 — 이론 지향 연구: 이론적 시사점
실제 지향 연구: 실제적 시사점

9. 연구 보고 — 이론 지향 연구: 전문가 대상
실제 지향 연구: 실무자 대상

종료

1.4.3 용어사전과 흐름도

앞서 이 책을 쓴 목적을 제시하면서 연구 방법에 관한 용어들을 자세하게 정의하고 이를 일관성 있게 사용하는 것이 목적이라고 하였다. 이를 위해 부록 5에 용어사전을 두었다. 그리고 이 책의 여러 곳에 흐름도를 제시하였고 사례연구의 유형에 따라 필요한 단계를 설명하였다. 전체 흐름도를 한 번에 보고 싶다면 부록 3을 보도록 한다.

표 1.5 연구의 단계: 연구 활동, 품질 기준, 이 책의 관련 내용

단계	활동	결과물	품질 기준
1. 연구주제	연구 주제를 위한 아이디어 생성	연구 주제 선정	구체적으로 정의된 주제
2. 연구 목적	연구 주제에 대한 실제와 이론의 지향점	연구 목적 선정	실제 지향 혹은 이론 지향 연구 목적 사이에서의 선택
3. 상세 연구 목표	실증 연구 사이클을 활용한 이론 지향 연구인지 혹은 개입 사이클을 활용한 실제 지향 연구인지 탐색	연구 목표 정의: 이론 지향 연구인 경우 명제를 정의하고 실제 지향 연구인 경우 가설이나 변인을 정의	연구 목표의 구체성 이론 지향 연구(최초 이론 검증, 반복연구, 이론 수립 연구)는 명제의 구체성/ 실제 지향 연구(가설 검증, 가설 수립 혹은 서술적 연구)는 가설과 변인의 구체성
4. 연구 전략	연구 전략(실험, 설문조사, 사례연구) 평가	연구 전략 결정	연구 전략과 연구 목적 사이의 적합성
5. 사례 선정	연구 대상이 된 후보 사례 평가	사례 선정	연구 목적과 선정된 사례 사이의 적합성
6. 측정	자료원과 측정방법 평가 (예, 인터뷰, 측정도구, 관찰 절차 등)	측정 방법 결정	타당도와 신뢰도
7. 자료 분석	통계적 분석과 관찰 검사 ("패턴 매칭")	이론 지향 연구에서는 명제 기각과 채택 선언, 실제 지향 연구에서는 가설 기각과 채택 선언 혹은 개념 제시	내적 타당도
8. 결과	전문가 및 실무자들과 함께 연구 결과에 대한 성찰과 논의	논의 내용: (방법론적 한계와 현실적 선택 문제로 인한 연구의 제한점) 연구 공헌점: (연구 결과가 연구 목적에 기여한 바를 이론적 혹은 실제적 측면에서 기술) 반복연구를 위한 제언; (이론적 혹은 실제적 측면에서 연구 결과와 관련한 연구자의 생각)	비판적 성찰
9. 보고서	보고서 작성 및 수정	서론, 방법, 결과, 논의 형식으로 구성된 보고서	문단과 문장 사이의 논리적 일치성

관련 내용 (일반 연구 전략)	관련 내용 (사례연구)
–	–
3.1 이론 지향 연구와 실제 지향 연구	–
3.2 이론 지향 연구의 원리 3.3 실제 지향 연구의 원리 4.2 이론 검증 연구에서 명제의 구체화 4.3 현실 세계에서의 명제 활용 8.2 이론 수립 연구의 원리 10.1 가설 검증 연구 10.2 가설 수립 연구 10.3 서술적 연구	5.1 충분조건과 필요조건 검증 방법 6.1 결정적 관계 검증 방법 7.1 확률적 관계 검증 방법 9.1 이론 수립 사례연구의 설계와 실행 방법 11.1 실제 지향 사례연구의 설계와 실행 방법 5.3, 5.5, 6.3, 7.3, 9.3, 11.3, 11.5 사례연구 예시에 대한 방법론 성찰
4.4 이론 검증 연구의 연구 전략 8.3 이론 수립 연구의 연구 전략 10.1 가설 검증 연구 10.2 가설 수립 연구 10.3 서술적 연구	5.1 충분조건과 필요조건 검증 방법 6.1 결정적 관계 검증 방법 7.1 확률적 관계 검증 방법 9.1 이론 수립 사례연구의 설계와 실행 방법 11.1 실제 지향 사례연구의 설계와 실행 방법 5.2, 5.4, 6.2, 7.2, 9.2, 11.2 사례연구 예시 5.3, 5.5, 6.3, 7.3, 9.3, 11.3, 11.5 사례연구 예시에 대한 방법론 성찰
4.4 이론 검증 연구의 연구 전략 8.3 이론 수립 연구에서의 연구 전략 10.1 가설 검증 연구 10.2 가설 수립 연구 10.3 서술적 연구	5.1 충분조건과 필요조건 검증 방법 6.1 결정적 관계 검증 방법 7.1 확률적 관계 검증 방법 9.1 이론 수립 사례연구의 설계와 실행 방법 11.1 실제 지향 사례연구의 설계와 실행 방법 5.2, 5.4, 6.2, 7.2, 9.2, 11.2 사례연구 예시 5.3, 5.5, 6.3, 7.3, 9.3, 11.3, 11.5 사례연구 예시에 대한 방법론 성찰
부록 1. 측정	부록 1 측정 5.2, 5.4, 6.2, 7.2, 9.2, 11.2 사례연구 예시 5.3, 5.5, 6.3, 7.3, 9.3, 11.3, 11.5 사례연구 예시에 대한 방법론 성찰
4.4 이론 검증 연구의 연구 전략 8.3 이론 수립 연구의 연구 전략 10.1 가설 검증 연구 10.2 가설 수립 연구 10.3 서술적 연구	5.1 충분조건과 필요조건 검증 방법 6.1 결정적 관계 검증 방법 7.1 확률적 관계 검증 방법 9.1 이론 수립 사례연구의 설계와 실행 방법 11.1 실제 지향 사례연구의 설계와 실행 방법 5.2, 5.4, 6.2, 7.2, 9.2, 11.2 사례연구 예시 5.3, 5.5, 6.3, 7.3, 9.3, 11.3, 11.5 사례연구 예시에 대한 방법론 성찰
4.5 결론 및 시사점 8.4 결론 및 시사점 10.1 가설 검증 연구 10.2 가설 수립 연구 10.3 서술적 연구	5.2, 5.4, 6.2, 7.2, 9.2, 11.2 사례연구 예시 5.3, 5.5, 6.3, 7.3, 9.3, 11.3, 11.5 사례연구 예시에 대한 방법론 성찰
–	5.2, 5.4, 6.2, 7.2, 9.2, 11.2 사례연구 보고서 예 부록 4: 사례연구 보고서 작성

참고문헌

Ragin, C.C. 1992, Introduction: Cases of "what is a case?", pp. 1-17 in: Ragin, C.C. and Becker, H.S. (eds) (1992), *What is a case?* Cambridge: Cambridge University Press.

Yin, R.K. 1984, *Case study research: Design and methods.* Thousand Oaks (CA): Sage.

Yin, R.K. 1994, *Case study research: Design and methods* (2nd, revised edn). Thousand Oaks (CA): Sage.

Yin, R.K. 2003, *Case study research: Design and methods* (3rd, revised edn). Thousand Oaks (CA): Sage.

제2장
사례연구 문헌 조사

Raf Jans와 Koen Dittrich

본 2장에서는 이 책에서 다루는 사례연구 방법의 배경을 알아보고자 한다. 지난 2000년과 2005년 사이에 경영학 학술지에 실린 사례연구 논문에는 어떤 공통점이 있는지 파악하고 어떤 유형으로 분류할 수 있는지를 알아보았다. 그리고 사례연구 논문들의 목적, 강점, 약점은 무엇이고 사례연구로서의 필요 요건은 무엇인지 검토하고자 했다.

여기서 검토한 사례연구 논문들은 발간 당시에 저자와 학술지가 사례연구라고 밝힌 것들이다. 이들이 생각하는 "사례연구"의 정의는 우리가 생각하는 것과 다를 수 있지만 일단은 그대로 받아들이기로 했다. 따라서 사례연구라고 볼 수 있지만 "민속학 연구"처럼 다른 이름을 썼다면 검토 대상에서 제외될 수 있고, 반대로 우리 생각에 사례연구가 아닌 연구물들이 포함되었을 수도 있다. 검토 대상으로는 경영학의 전략, 재무회계, 마케팅, 조직행동 및 인적자원관리, 운영 및 공급망 관리 등 다섯 개 분야로 제한하였다. 이 다섯 개가 경영학의 모든 분야를 망라했다고 볼 수 없지만 경영학 연구의 주된 흐름을 파악하기에는 무리가 없다고 보았다.

전반적인 문헌 조사 결과를 보면 사례연구는 주로 묘사^{illustration}와 탐색^{exploration} 목적으로 사용되고 있었다. 일부 연구만 이론 지향 연구였고 그 중에서도 이론 검증 연구는 매우 드물었다. 게다가 많은 사례연구가 과학적 엄밀성이 부족하다는 문제를 안고 있었다.

2.1 경영학에서의 사례연구

2.1.1 문헌 선정 방법

처음 한 일은 경영학의 모든 학술논문을 확인한 것이었다. Proquest의 서지 정보 데이터베이스(bibliographical database)에서 2000년에서 2005년 사이에 발표된 전략, 재무회계, 마케팅, 인적자원관리, 운영관리의 학술지 논문을 모두 찾아보았다. 검색어는 아래와 같았다.

Strategy*

Finance*, Accounting, Accountancy

Marketing

Human resource*, Organizational Behavior

Operations Management, Supply Chain, Logistics

검색어에서 별표(*)는 특정 문자를 포함하는 모든 자료를 찾아주는 와일드카드 문자이다. 주제어 검색창에 이 검색어들을 입력하였다. 따라서 다섯 개의 전공분야를 제외한 모든 경영학 논문을 다 조사한 것이 아니라는 점을 제한점으로 밝혀둔다.

두 번째로는 검색결과 내에서 사례연구 논문을 찾았다. 제목이나 초록에 "case study", "case studies", "case research"라는 단어를 담고 있는 논문들을 찾았다.

세 번째로는 사례연구 논문 중에서 ISI(Institute for Scientific Information) 데이터베이스의 논문들만 다시 추려내었다. ISI 논문들은 비교적 높은 수준의 학술지들만을 담고 있다. ISI 논문들 중에서 사례연구 논문을 곧바로 선정하는 것은 불가능했는데, "case study"라고 입력하면 "case"와 "study"를 따로 찾아서 보여주었고 불필요한 논문들이 많이 나타났다. 그런 이유로 전체 논문의 초록을 일일이 읽어보면서 실증적 사례연구가 아닌 논문들은 제외하였다. 제목이나 개요에 사례연구라고는 썼지만 실제로는 그렇지 않은 논문들이 많았다. 예를 들어, *Harvard Business Review*의 경우에 18개의 논문이 검색되었는데, 그 중에 10개는 가상의 사례이었다.

[표 2.1]은 조사한 결과들을 모아놓은 것이다. 표의 각 오른쪽 열에 있는 퍼센트는 왼쪽 열의 숫자를 100%로 했을 때의 수치이다. 전략, 인적자원관리, 운영관리 논문의 8~10%는 사례연구 논문이다. 마케팅과 재무관리에서는 사례연구의 비율이 3~6%로 비교적 낮다. 논문의 발간 편수를 보더라도 사례연구는 전략, 인적자원관리, 운영관리 분야에서 많이 나온다는 것을 알 수 있다. 반면에 재무나 마케팅 분야에서는 상대적으로 편수가 많지 않다(부록 2 '사례연구를 다루는 경영학 분야 학술지'에서는 2000년과 2005년 사이에 사례연구를 다섯 편 이상 펴낸 학술지들의 이름을 보여준다).

표 2.1 Proquest DB와 ISI 학술지에서 사례연구 방법을 사용한 눈문의 수 (2000~2005)

주제	Proquest DB의 학술논문 편수	Proquest DB의 사례연구 편수	ISI 학술지 중 사례연구 편수
전략	10,166	930 (9.1%)	206 (22.2%)
재무	13,912	436 (3.1%)	47 (10.8%)
마케팅	4,334	255 (5.9%)	39 (15.3%)
인적자원관리	9,492	778 (8.1%	153 (19.6%)
운영 관리	7,457	720 (9.7%)	244 (33.9%)

2.1.2 전략 분야 사례연구

ISI 학술지에는 206개의 전략 사례연구가 나온다. 이 분야의 학술지는 *International Journal of Operations & Production Management, International Journal of Technology Management, Long Range Planning*이다. 이 중에서 *International Journal of Operations & Production Management*는 전략 연구 학술지가 아니지만 전략과 운영 관리의 경계에 있는 주제에 대해 많은 사례연구 논문을 발표하고 있어서 포함시켰다.

2.1.3 재무 분야 사례연구

ISI 학술지에는 47개의 재무회계 관련 사례연구가 나온다. 5개 이상의 사례연구를 담고 있는 학술지는 *Accounting, Organizations & Society* 하나뿐이었다.

ISI의 재무회계 사례연구 논문이라도 ISI의 "재무회계" 분류코드에 들어있지 않은 것이 많았다. 재무회계 분야에서는 사례연구 논문을 잘 받아들이지 않는다고 볼 수 있다.

2.1.4 마케팅 분야 사례연구

ISI 학술지에는 39개의 마케팅 사례연구가 나온다. 마케팅 사례연구를 한 개라도 수록한 학술지는 7개이었지만, 다섯 개 이상의 사례연구를 실은 학술지는 *Industrial Marketing Management*뿐이었다. 전체 마케팅 사례연구의 반 정도가 ISI의 마케팅 분류코드 밖에서 발간되었다. 마케팅 전공의 최고 학술지로 알려진 *International Journal of Research in Marketing*, *Journal of Consumer Research*, *Journal of Marketing*, *Journal of Marketing Research*, *Marketing Science*에서는 한 편의 사례연구도 발간되지 않았다. 마케팅 전공에서는 사례연구가 잘 받아들여지지 않는 것으로 보인다.

2.1.5 인적자원관리 분야 사례연구

ISI 학술지에는 153개의 인적자원관리 사례연구가 나온다. 이 전공에서의 사례연구는 대부분 *Human Relations*, *Human Resource Management*, *Journal of Business Ethics*에서 발간되었다.

2.1.6 운영관리 분야 사례연구

ISI 학술지에는 244개의 운영관리 사례연구가 나온다. 이 분야의 사례연구는 전통적인 운영관리 분야에 집중되어 있다. *International Journal of Operation & Production Management*, *International Journal of Production Research*에서 많은 사례연구 논문이 발간되었다.

문헌 조사 결과를 볼 때 *International Journal of Operation & Production Management*가 가장 많은 사례연구를 발간한 것으로 나타났다. ISI 학술지에 2000년에서 2005년 사이에 실린 689개의 사례연구 중에서 10%인 63편이 이 저널에서 발간되었다. 비단 운영관리 분야에 한정된 것이 아니라 운영관리와 전략, 운영관리와 인적자원관리 경계에 있는 분야까지 모두 포함해서 볼 때도 운영관리는 사례연구를 가장 활발하게 하는 분야로 나타났다.

2.1.7 사례연구 유형

사례연구 논문이 얼마나 많은지 뿐만 아니라 어떤 종류가 있었는지를 파악해 보았다. 조사한 사례연구 논문들을 이론 검증, 이론 수립, 실제 지향 세 개로 분류해 보았다. 논문들을 분류하기 위해 각 논문의 내용을 검토했다. 논문내용 전체를 다 본 것은 아니고 초록에 있는 내용 위주로 보았다.

자기 논문이 이론에 기여했다고 제목이나 초록에 분명히 기술한 경우에는 이론 지향 연구로 분류하였다. 그 외의 논문들은 특정 이론의 유용성을 현장에 적용하고 그 과정을 설계, 실행, 평가하는 단계로 기술하고 있었다. 이런 논문들은 이론을 사용하고 있고 이론적 개념을 활용하지만 그 목적이 이론 개발에 있지는 않았기에 실제 지향 연구로 분류하였다.

사례연구를 분류한 결과는 [표 2.2]에 제시하였다. 대부분의 사례연구, 즉 689개 중 454개의 사례연구가 실제 지향 목적을 위해 쓰였다. 나머지 235개의 이론 지향 사례연구 중에서 이론 검증 연구는 23개에 불과했다. 이는 ISI 학술지에 기재된 전체 사례연구에서 단지 3%에 불과한 수치다.

표 2.2 경영학 전공분야별 사례연구의 종류(2000~2005)

	전략	재무	마케팅	인적자원	운영관리	전체
실제 지향	153	24	19	104	154	454
이론 수립	48	21	19	41	83	212
이론 검증	5	2	1	8	7	23
전체	206	47	39	153	244	689

2.2 사례연구 방법론에 대한 논의

많은 경영학 학술지에서 사례연구를 다루고 있고 일부는 필요한 연구 전략으로 추천하고 있다. 이들 학술지에서 다룬 사례연구 방법론의 특징은 다음과 같이 요약할 수 있다.

사례연구 목표: 사례연구는 특정 주제, 연구 문제, 연구 목적에 적합하다.

사례연구 지침: 타당도, 신뢰도와 같은 연구평가 기준을 충족하기 위한 지침이 필요하다.

사례연구 평가: 사례연구 논문을 평가하기 위해 사례연구 지침을 사용해야 한다.

위에서 제시한 목표, 지침, 평가 이 세 주제에 대해 자세하게 논의하기보다는 몇 가지 논평을 하고자 한다. 이 주제들에 대한 나머지 논의는 뒤의 장들에서 계속 다루도록 하겠다.

2.2.1 사례연구 목표

사례연구 방법을 타당한 연구 전략으로 옹호하는 주장이 마케팅(Bonoma, 1985), 운영관리(McCutcheon과 Meredith, 1993), 경영정보시스템(Benbasat 등, 1987), 전략 (Mintzberg, 1979; Eisenhardt, 1989; Larsson, 1993)과 같은 분야에서 있어 왔다. 이들 학자들은 사례연구가 다음과 같은 상황에 유용하다고 보았다. ① 연구 주제가 광범위하고 고도로 복잡할 때, ② 연구를 위한 관련 이론이 충분하지 않을 때, ③ "정황"이 중요할 때이다. 경영에서는 위의 세 가지 조건에 해당하는 주제가 매우 많았고 많은 학자들이 사례연구를 탐색적 목적으로 사용해야 한다고 보았다. 이들 중 일부 학자는 사례연구가 유용할 것으로 생각되는 연구 주제 혹은 연구 문제를 제시하였는데, 마케팅의 경우에는 마케팅 조직의 전략 개발과 실행, 비즈니스 리엔지니어링과 고객 서비스, 윤리 경영이 있었다(Valentin, 1996; Johnston 등, 1999). 운영관리에서는 환경 정책 관리, 기술 구현의 역동성, 제조와 서비스 운영 간의 차이가 적합한 것으로 제안되었다(McCutcheon과 Meredith, 1993; Ellram, 1996; Meredith, 2002; Stuart 등, 2002).

어떤 학자들은 사례연구를 이론 검증을 위해 사용할 수 있다고 주장하기도 했다. 예를 들어, Bonoma(1985)는 이론 지향 사례연구를 위한 네 단계 과정을 제안하기도 했다. Johnston 등(1999), Wilson과 Woodside(1999), Hillebrand 등(2001)도 사례연구를 이론 검증에 사용할 수 있다고 주장했다.

2.2.2 사례연구 지침

McCutcheon과 Meredith(1993), Ellram(1996), Perry(1998), Hill 등(1999),

Stuart 등(2002), Voss 등(2002)은 사례연구 활용에 관한 지침을 제공했다. Perry (1998)는 마케팅 전공의 석·박사 학위 연구자를 위한 사례연구 방법의 청사진을 제시했다. 이 지침에는 연구 문제 설정 방법, 면담 규칙, 반복연구를 위한 사례 선정 방법, 정보풍요도information richness를 고려한 적정 사례 수, 단일 사례 혹은 교차 사례 분석에서의 사례 분석 방법 등이 담겨 있다. McCutcheon과 Meredith(1993) 는 사례연구가 설명적 연구에도 적용될 수 있다는 점을 인정하면서도 탐색적 연구에 더 초점을 둔 기본 지침을 제시하였다. Stuart 등(2002)은 운영관리 분야 학술지 편집위원으로서의 경험을 바탕으로 사례연구 논문들이 공통적으로 지니는 약점들을 모아서 연구의 설계와 실행, 연구 보고서 작성 단계에 필요한 사항들을 제시하였다. 특히 논문 심사위원들이 제기하는 공통적인 비판에 어떻게 대처해야 하는지를 다루었다. Voss 등(2002)은 사례연구 방법의 설계, 실행, 분석에 대한 지침, 이론적 쟁점, 실용적 제안을 제시하였다. Halinen과 Törnroos(2005) 또한 앞에서와 같이 경영 네트워크에 대한 사례연구를 수행할 때 필요한 지침을 제공하였다. 여기서는 사례연구를 수행하는 데 있어 연구 문제 설정부터 사례연구 출간에 이르기까지 11개의 연속적인 단계들을 다루었다. 이 외에도 여러 학자들이 구체적인 사례연구 방법론을 제안했는데, 기존 사례의 활용(Lewis, 1998), 사례연구 과정에서 사용하는 다양한 측정방법(민속지 연구, 인터뷰, 전략 차팅strategy charting, 질문지, 기록 등)에 대한 장단점 논의(Barnes, 2001), 기록물archival record 연구(Welch, 2000), 소수 변인을 분석하는 설문조사와 심층적인 단일 사례연구 간의 격차를 줄이기 위한 사례 설문조사case survey 방법(Larsson, 1993) 등이 있었다.

2.2.3 사례연구 평가

몇몇 학자들은 사례연구를 제대로 사용한다면 다른 연구방법론과 같은 과학적 엄격성을 달성할 수 있다고 주장하였다(Lee, 1989; Meredith, 1998; Hudson, 2003; Pech, 2003). 이들의 주장을 바탕으로 어떻게 사례연구의 엄격성을 달성할 수 있을지에 대해 논의해 보고자 한다.

Dubé와 Paré(2003)는 경영정보시스템의 사례연구에 적용할 53가지 품질 기준을 제시하였다. 이 제안들은 이론 수립이나 이론 검증을 위한 사례연구에 주로 사용할 수 있다. 1990년부터 1999년 사이에 7개의 정보시스템 학술지에는 183개의 사례연구 논문이 실렸는데, 그 중 42%의 논문만이 명확한 연구 문제를 갖고 있었고, 단 8%만이 분석 단위에 대해 언급했다고 한다. 단일 사례연구의 85%와 다중 사례연구의 68%에서는 사례 선정 기준을 제시하지 않았다. 42%에서는 자료 수집 방법이 언급되지 않았고, 나머지 58%에서는 단 5%만이 사례연구 규범을 제시하였다. 논문의 77%는 자료 분석 방법에 대한 충분한 설명이 없었고, 19%만이 증거사슬을 분명하게 설명하였다. Dubé와 Paré는 사례연구의 대부분이 과학적 엄밀성이 부족했고 개선의 여지가 많았다고 결론지었다.

이러한 결과는 Stuart 등(2002)과 Hilmola 등(2005)이 관찰한 것과 일맥상통한다. 운영관리와 공급망 관리의 사례연구 논문 대부분이 방법론적 문제에 대해 충분히 대응하고 있지 못하다. Stuart 등(2002)이 학술지 심사위원으로서의 경험에 근거해서 밝힌 바에 따르면, 많은 사례연구가 연구로서의 기본, 즉 연구 목적, 연구 규범 논의, 사례 선정 기준, 측정, 분석에 대한 논의를 제대로 전개하지 못했다고 한다. Meredith(2002) 또한 사례연구 방법론을 잘 이해할 수 없었고 엄격하게 적용되지 않았을 때가 많았다고 주장했다.

2.3 결론

기존에도 많은 연구자들이 특정 분야에서 사례연구 방법을 활용하는 동향에 대해 고찰했지만 우리는 2000년부터 2005년 사이의 경영학 분야에 집중해서 분석을 하였다. 이 문헌 조사를 통해 경영학에서 하위 전공 영역 간의 차이를 비교해 볼 수 있었다. ISI 학술지들을 보았을 때, 재무와 마케팅 분야에 비해 전략, 인적자원관리, 운영관리 분야가 사례연구를 많이 사용하고 있었다. 각 분야의 논문 수와 논문 비율 모두에서 의미 있는 차이가 있었다고 결론을 내렸다. 게다가 재무와 마케팅을 주제로 한 사례연구 논문들은 정작 재무와 마케팅 분야의 핵심적인 학술지에 등장하지 않고 있었다. 이것을 볼 때 사례연구 방법은 두 분야에서 잘 수용되지 않는다는 점을 발견할 수 있었다. 반대로 운영관리 분야의 사례연구는 대부분 핵심적인 학술지에 자주 등장했다. 인적자원이나 전략 분야 또한 사례연구 방법이 각 분야의 주요 학술지에 등장하고 있었다.

이 장의 초반부터 연구방법론에 대한 논문들을 고찰하면서 어떤 격차를 발견할 수 있었다. 첫 번째로, 많은 학자들이 사례연구를 탐색적 목적이나 이론 검증의 목적으로 모두 사용할 수 있다고 주장했음에도 불구하고 실제로는 사례연구의 대부분이 묘사illustration와 탐색exploration 목적을 위해 사용되고 있었다. 소수의 사례연구만이 이론 지향 연구이었으며, 그 중에서 이론 검증 연구는 극히 드물었다. 두 번째로, 검토를 했던 많은 사례연구 논문들이 과학적 엄격성이 결여되어 있었다.

　　이러한 결론이 이 책을 저술한 배경이기도 하다. 사례연구 방법은 이론 검증에 유용하게 사용할 수 있으며 과학적 엄격성 또한 달성할 수 있다. 그 방법에 대해서는 뒤의 장들에서 다루고자 한다.

참고문헌

Barnes, D. 2001, Research methods for the empirical investigation of the process of formation of operations strategy. *International Journal of Operations & Production Management*, *21*(8): 1076-1095.

Benbasat, I., Goldstein, D.K., and Mead, M. 1987, The case research strategy in studies of information systems. *MIS Quarterly*, *11*(3): 369-386.

Bonoma, T.V. 1985, Case research in marketing: Opportunities, problems, and a process. *Journal of Marketing Research*, *22*: 199-208.

Dubé, L. and Paré, G. 2003, Rigor in information systems positivist case research: Current practices, trends, and recommendations. *MIS Quarterly, 27*(4): 597-635.

Eisenhardt, K.M. (1989), Building theories from case study research. *Academy of Management Review, 14*(4): 532-555.

Ellram, L.M. 1996, The use of the case study method in logistics research. *Journal of Business Logistics, 17*(2): 93-138.

Halinen, A. and Törnroos, J.-Å. 2005, Using case methods in the study of contemporary business networks. *Journal of Business Research, 58*(9): 1285-1297.

Hill, T., Nicholson, A., and Westbrook, R. 1999, Closing the gap: A polemic on plant-based research in operations management. *International Journal of Operations & Production Management, 19*(2): 139-156.

Hillebrand, B., Kok, R.A.W., and Biemans, W.G. 2001, Theory-testing using case studies: A comment on Johnston, Leach, and Liu. *Industrial Marketing Management, 30*: 651-657.

Hilmola, O.P., Hejazi, A., and Ojala, L. 2005, Supply chain management research using case studies: A literature analysis. *International Journal of Integrated Supply Management, 1*(3): 294-311.

Hudson, R. 2003, Fuzzy concepts and sloppy thinking: Reflections on recent developments in critical regional studies. *Regional Studies, 37*(6/7): 741-746.

Johnston, W.J., Leach, M.P., and Liu, A.H. 1999, Theory-testing using case studies in business-to-business research. *Industrial Marketing Management, 28*: 201-213.

Larsson, R. 1993, Case survey methodology: Quantitative analysis of patterns across case studies. *Academy of Management Journal, 36*(6): 1515-1546.

Lee, A.S. 1989, A scientific methodology for MIS case studies. *MIS Quarterly, 13*(1): 33-50.

Lewis, M.W. 1998, Iterative triangulation: A theory development process using existing case studies. *Journal of Operations Management, 16*: 455-469.

McCutcheon, D.M. and Meredith, J.R. 1993, Conducting case study research in operations management. *Journal of Operations Management, 11*: 239-256.

Meredith, J. 1998, Building operations management theory through case and field research. *Journal of Operations Management, 16*: 441-454

Meredith, J. 2002, Introduction to the special issue: Case study and field research. *Journal of Operations Management, 20*: 415-417.

Mintzberg, H. 1979, An emerging strategy of "direct" research. *Administrative Science Quarterly, 24*: 582-589.

Peck, J. 2003, Fuzzy old world: A response to Markusen. *Regional Studies, 37*(6/7): 729-740.

Perry, C. 1998, Processes of a case study methodology for postgraduate research in marketing. *European Journal of Marketing, 32*(9/10): 785-802.

Stuart, I., McCutcheon, D., Handfield, R., McLachlin, R., and Samson, D. 2002, Effective case research in operations management: A process perspective. *Journal of Operations Management, 20*: 419-433.

Valentin, E.K. 1996, Managerial marketing education and case research. *Marketing Education Review, 6*(1): 55-62.

Voss, C., Tsikriktsis, N., and Frohlich, M. 2002, Case research in operations management. *International Journal of Operations & Production Management, 22*(2): 195-219.

Welch, C. 2000, The archaeology of business networks: The use of archival records in case study research. *Journal of Strategic Marketing, 8*: 197-208.

Wilson, E.J. and Woodside, A.G. 1999, Degrees-of-freedom analysis of case data in business marketing research. *Industrial Marketing Management, 28*: 215-229.

제3장
연구의 원리

실증적 연구란 관찰해서 얻은 증거를 분석함으로써 연구 대상에 대한 명제를 만들거나 검증하는 것이다. 본 3장에서는 실증적 연구에 관한 기본적인 이슈들을 논의하고자 한다. 연구 주제를 설정한 다음에는 연구 목적을 결정해야 한다. 즉, 이론 지향 연구를 할 것인가 아니면 실제 지향 연구를 할 것인가를 결정해야 한다. 두 연구 목적은 아래의 세 가지 활동에 영향을 끼친다(괄호 안의 단계는 [흐름도 1] '연구의 단계' 참고).

❶ 탐색 단계의 필요성 결정(단계 3: 상세 연구 목표와 사례연구 세부 유형 정의)
❷ 연구 사례의 선정(단계 5: 사례 선정)
❸ 연구 결과의 시사점(단계 8: 결과 논의)

이번 장에서는 먼저 이론 지향 연구와 실제 지향 연구의 주요 차이를 논의하고자 한다. 그런 다음 두 유형의 연구에 대해 자세하게 다룰 것이다.

3.1 이론 지향 연구와 실제 지향 연구

3.1.1 이론 지향 연구와 실제 지향 연구의 연구 목적

이론 지향 연구란 이론 개발에 기여하는 연구를 말한다. 연구 결과물을 활용하는 사람은 주로 학계에 있는 사람들이다. **실제 지향 연구**란 업무를 수행하는 실무자의 지식에 기여하는 것을 목적으로 한다. 실제 지향 연구에서 **실제**란 실무자가 자신이 맡은 책임을 다하기 위해 행동해야 하는 현실 상황을 일컫는다. 이런 책임은 공식적일 수도 있고 비공적일 수도 있다. 실제 지향 연구의 결과물은 비즈니스 세계에 종사하는 사람들이 주로 사용한다. Van de Ven(1989)이 Lewin의 명언인 "좋은 이론만큼 실용적인 것은 없다"고 언급했지만, 이론 지향 연구와 실제 지향 연구는 분명 다른 연구 활동이기에 각각 다른 기준에 따라 평가받아야 한다(설명상자 1 참고).

이론 지향 연구와 실제 지향 연구의 목적을 확실하게 구분하는 것이 중요하다. 연구 목적을 분명하게 구분해 주지 않으면 출발 시점(설계 단계)뿐만 아니라 종료 시점(평가 단계)에서도 연구 결과에 대해 심각한 오해를 불러일으킨다. 예를 들어, 실제 지향 연구를 하였고 일반화가 중요한 평가 기준이 아닌데도 "일반화가능성"이 부족하다는 이유로 비판을 받는 경우이다. 반대로 이론 지향 연구를 하면서 명제를 처음 검증하고서는 반복연구도 없이 실제적 결론을 유추하는 경우도 있다.

이론 지향 연구의 연구 목적은 다음과 같이 작성한다.

이 연구는 OOO(구체적인 연구 주제)의 이론 개발에 기여하는 것을 목표로 한다.

실제 지향 연구의 연구 목적은 다음과 같이 작성한다.

이 연구는 실무자(구체적인 실무자 집단)의 ○○○(조치해야 할 실제 상황)지식에 기여하는 것을 목표로 한다.

위 연구 목적을 보면 어떤 지식을 생성해야 하는지에 대해 아직은 구체적으로 나타내지는 않고 있다. 연구 목적을 구체화하는 것에 대해서는 본 장의 3.2 "이론 지향 연구의 원리"와 3.3 "실제 지향 연구의 원리" 부분에서 자세하게 다룰 것이다.

설명상자 1　이론 지향 연구와 실제 지향 연구의 차이점

이론 지향 연구	실제 지향 연구
연구 목적은 이론 개발에 기여하는 것이며 그 이론은 일반적인 수준에서 실용적일 것으로 본다.	연구 목적이 특정 업무 수행자의 지식에 기여하는 데 있다.

　이론 지향 연구와 실제 지향 연구의 차이점은 경영 이론과 경영 실제의 차이와 같다. 경영자들은 어떤 문제 해결 활동이 성공했는지를 평가하기 위해 조직 내에 실제로 변화가 일어났는지를 관찰한다. 이런 평가 연구는 이론에 대해서는 별 관심이 없다. 그저 문제 해결 활동이 도움이 되었는지를 알고 싶은 것이고, 도움이 되었다면 성공을 축하하면 그만이다. 그런 점에서 실제 지향 연구란 문제 해결 활동의 결과로 성공을 했는지 판단하고, 성공에 대한 증거들을 체계적으로 수집하고 평가하는 것이다. 결론에 도달하는 방식이 실증적으로 올바른가가 실제 지향 연구의 성공 기준이 된다.

　동일한 기업에서 동일한 문제 해결 활동을 했더라도 이를 이론 지향 연구로 하면 연구 목적이 다르고 성공 기준도 다르다. 이론 지향 연구는 실용적인 것과 관련한 결론이 없다. 그보다는 이론이나 명제에 대해 이러쿵저러쿵 결론을 내린다. 이론 지향 연구는 특정 이론(명제)의 엄격성과 일반화가능성에 기여하는 것으로 제 소임을 다한 것이다. 물론 어떤 문제 해결 활동이 기업에 도움이 되었다는 식으로 일반적인 수준에서는 실증적 발견을 기술할 수는 있다. 그렇지만 그런 문제 해결 활동이 조직에 도움을 주었으니 다음에는 무엇을 하자는 식의 정보는 주지 않는다. 여러 차례의 독립적인 검증을 거쳐서 증명된 이론이라면 결국 실용적인 가치를 지니겠지만, 그렇다 하더라도 이론 지향 연구를 특정 조직에 도움이 되었는지 여부로 평가해서는 안 된다.

　실제 지향 연구와 이론 지향 연구의 또 다른 차이는 이론이 확률적 명제로 구성되었는지 여부와 관련된다. 여기서 확률적 명제란 어떤 문제 해결 활동이 어떤 특성을 가지고 있는데 그 특성을 가지지 않았을 때보다 더 높은 성공 기회를 갖는다는 형식으로 작성된 명제를 말한다. 이런 명제는 그 특성을 가지지 않은 문제 해결 활동이 실패로 끝났을 때 참이 된다. 이론 지향 연구에서는 명제가 맞는지를 알기 위해 어떤 특성을 지니거나 지니지 않은 다중 개입에 관한 데이터를 수집하고 분석한다. 실제 지향 연구에서는 연구자가 관심을 갖는 구체적인 상황에서 어떤 특성이 과연 긍정적 차이를 가져오는지를 아는 데에만 관심이 있다. 그 특성이 다른 상황에서도 차이를 가져오는지에 대해서는 관심이 없다.

3.1.2 오리엔테이션: 이론 지향 연구와 실제 지향 연구 사이에서의 선택

어떤 연구 목적을 쓰는 것이 좋을까? 연구자는 흔히 연구를 시작하는 초기에 이런 어려운 선택에 직면한다. 어떤 기업이 당면한 문제를 해결하기 위해 연구를 한다면, 이 연구는 실제 지향 연구가 되고 연구 설계도 이에 따라야 한다. 반면에 연구의 목적이 이론적 지식을 발전시키는 데 있다면, 연구 설계는 이론 지향 연구의 형태를 취해야 한다. 연구자들은 연구 목적을 취사선택해야 하는 상황에 처하면 연구를 통해 무엇을 알아내려 하는지에 대해 생각해 보아야 한다.

연구자가 연구를 시작하는 시점에 있으면서도 연구 목적을 무엇으로 할지 아직 정하지 못했다면 자기만의 오리엔테이션 시간을 가져야 한다. 이때 스스로에게 자문해 본다. 관심 갖는 주제가 현장에서 "실용적으로" 다루어지기를 바라는가, 아니면 그 주제가 학술지에서 "이론적으로" 다루어지기를 바라는가? 그런 다음 실제 지향 연구와 이론 지향 연구 사이에서 결정을 한다.

연구의 방향을 "이론"으로 정했다면 오리엔테이션은 다음과 같은 활동들로 이어진다.

- 그 분야의 주요 학술 문헌을 검색한다. 서지 정보 검색을 통해 연구 주제에 관한 학술지와 연구 논문 목록을 만든다.
- 기존 연구에서 후속 연구를 위한 제언들을 찾아본다. 이 제언들은 학술 논문의 뒤에 있는 논의 부분에서 볼 수 있다.
- 명제를 만든다. 이 명제들은 기존의 검증 연구를 통해 일차 지지되었던 것들로서 과학적 엄격성과 일반화를 위해 후속 연구를 필요로 하고 있다.
- 해당 분야의 전문가와 만나서 논의한다. 연구자가 핵심적인 문헌들을 모두 파악하고 있는 것인지, 현재까지 판단하고 있는 지식 체계에 맞는지 진단을 받고 점검해 본다.

연구의 방향을 "실제"로 정했다면 오리엔테이션은 다음과 같은 활동들로 이어진다.

- 주제와 관련한 문헌들을 검색한다. 신문이나 TV 같은 일반 매체뿐만 아니라 경영

잡지 같은 전문 매체까지 모두 찾아본다.

- "문제", "설명", "해결안"을 파악한다. 문제는 실무자들이 "아직 해결되지 않았다" 혹은 "어렵다"라고 하는 이슈들이며, 설명은 실무자들이 말하는 문제의 원인에 대한 아이디어이고, 해결안은 문제에 대해 조치할 수 있는 아이디어이다.
- 실무자들과 논의를 한다. 실무자들은 주제와 관련된 사람들이며 문제 해결에 필요한 지식을 원하는 사람들이다. 이들이 연구하려는 지식에 관심을 갖고 있는지도 확인해 보아야 한다.

어느 한 쪽을 정했더라도 다른 한 쪽의 결과가 나올 가능성에 대해 생각해 보는 것이 좋다. 이런 가능성을 상상해보는 한 가지 방법은 연구 결과를 두 개의 보도자료 형식으로 써 보는 것이다. 하나는 기대한 결과가 나왔다는 기사이고, 다른 하나는 엉뚱한 결과가 나왔다는 기사이다. 어떤 결과든 이론적 혹은 실용적으로 차이가 있는가? 연구 결과가 이론 지향 연구, 즉 여러 검증을 거친 후 다양한 상황에 일반화가 가능하도록 이론 개발에 기여하는 것이 바람직한가? 아니면 실제 지향 연구, 즉 현장의 실무자들이 당신의 연구 결과를 갖고 일할 수 있도록 이들의 지식에 기여하는 것이 바람직한가?

3.2 이론 지향 연구의 원리

이론 지향 연구의 목적은 이론 개발에 기여하는 것이다. 현장에서는 이론을 조언의 근거로 활용하기도 하지만, 이론 지향 연구의 관심은 오로지 연구 결과가 이론 개발에 기여하는가에만 있다. 먼저 이론의 특징을 알아보고 이어서 이론 개발 단계에 대해 설명하고자 한다.

3.2.1 이론

이론은 연구 대상에 대한 일련의 명제들을 말한다. 각각의 명제는 개념과 개념들 간의 관계에 대한 설명으로 구성되어 있다. 개념들의 관계는 이론에서 정의한 연구 대상에 적용된다. 따라서 어떤 상황에서 연구 대상에게 어떤 일이 발생할지를 예측할 수 있게 된다. 예측이 적용되는 일련의 사례들을 영역domain이라고 부른다. 즉, 예측이 "일반화"될 수 있는 영역을 말한다. 결국 이론은 연구 대상, 개념, 명제

(개념들 간의 관계), 영역이라는 네 가지 특성을 갖고 있다. 이제부터는 이 네 가지 특성들에 대해 정의하고자 한다.

연구 대상object of study은 이론에서 안정적이라는 특징을 갖고 있다. 연구 대상은 다양한 형태일 수 있다. 활동, 과정, 사건, 사람, 집단, 조직이 모두 연구 대상일 수 있다. 예를 들어 "혁신 프로젝트의 핵심적인 성공요인"에 관한 이론을 개발한다고 하자, 그러면 혁신 프로젝트가 연구 대상이 된다. 위에서 연구 대상을 이론의 "안정적"인 특징이라고 했다. 이와는 반대로 "불안정한" 특징도 있다. 연구 대상을 제외하고, 이론의 다른 요소들은 불안정하다. 개념의 값, 즉 변인은 안정적이지 않고 변하기 때문에 '변인'이라 부른다. 그래서 연구를 할 때는 변인을 조작적으로 정의해야 한다. 개념 간의 관계 그리고 이론이 적용되는 영역도 연구를 할 때마다 새로운 통찰이 발견되면 변할 수 있다.

개념concepts은 연구 대상이 갖고 있는 변인의 특성을 말한다. 변인의 특성은 '있다 혹은 없다' 아니면 '더 있다 혹은 덜 있다'로 표현할 수 있다. "혁신 프로젝트의 핵심적인 성공요인"이 연구 주제라면 성공에 기여하는 요인이 변인의 특성이다. 연구 대상이 되는 각 사례들에는 이 요인이 있을 수도 있고 없을 수도 있다. 그리고 더 혹은 덜 있을 수도 있다. 마찬가지로 성공이라는 결과 또한 변인의 특성으로서 연구 대상의 각 사례, 즉 특정 혁신 프로젝트 사례에 있을 수도 있고 없을 수도 있다. 그리고 더 혹은 덜 있을 수도 있다.

개념을 정확하게 정의해야 한다. 그래야 연구 대상이 되는 사례의 값을 측정할 수 있다. 어떤 사례에서 개념의 값을 측정할 수 있을 때 이를 변인이라고 부른다. 혁신 프로젝트의 성공요인에 대한 이론을 연구한다면, 어떨 때 성공이고 어떨 때 성공이 아닌지를 명확하게 구분할 수 있도록 "성공"이라는 개념을 정의해야 한다. "요인" 또한 여러 가지가 있을 텐데 각 요인들을 정의해야 측정할 수 있다.

개념을 정의할 때는 어떤 가정에 입각해서 의미를 정의할 필요가 있다. 예를 들어, 혁신 프로젝트에서 "성공"이라는 개념을 정의할 때는 성공을 혁신 프로젝트 자체에 관한 것으로 정할지, 아니면 이해관계자들이 판단하는 속성을 갖고 평가할지를 결정해야 한다. 성공을 프로젝트 그 자체의 특성만으로 본다면 투자수익률로 판단할 수도 있고, 이해관계자의 평가로 본다면 평가자 혹은 기관의 판단 자료를 활용할 수 있다. 부록 1 "측정" 편에서 이에 관해 더 자세한 논의가 이어진다.

명제propositions는 연구 대상이 가진 개념, 즉 변인의 특성들이 어떤 인과관계를 갖는지를 설명하고 있다. 여기서 인과관계란 변인 A와 B 간의 관계를 말하는 것으로, 변인 A값의 변화가 변인 B값의 변화에 영향을 끼치는 관계를 말한다. 명제는 두 개념 간에 인과관계가 있다는 것을 넘어서 어떤 인과관계인지도 담고 있다. 예를 들어 성공 요인이 성공에 "필요조건" 혹은 "충분조건"인지, 아니면 확률적이라서 성공 요인의 값이 높으면 높을수록 성공 기회도 많아지는지를 알 수 있게 한다 (4장 "이론 검증 연구" 참고).

이론의 영역domain은 연구 대상이 되는 사례들의 전체 집합(모집단)이며 이 안에서는 명제가 참이라고 본다. 영역의 경계는 분명하게 구분해야 한다. 예를 들어, 연구자가 혁신 프로젝트의 핵심 성공 요인에 대한 이론을 개발한다면, 그 이론이 모든 혁신 프로젝트에 적용되는지, 아니면 산업 분야, 지역, 국가, 시기 등에 따라 특정 유형의 프로젝트에만 적용되는 것인지를 명확히 해야 한다. 영역이 전 세계 모든 기업의 혁신 프로젝트들이라고 말하는 것처럼 매우 일반적일 수도 있고, 산업 특성, 지역, 프로젝트 형태에 따라 매우 제한적이거나 협소할 수도 있다.

명제는 개념 모형conceptual model이라는 형태로 시각화하여 표현할 수 있는데, 이론의 개념들이 서로 어떻게 관계되는지를 보여준다. 흔히 왼쪽에는 투입(독립 개념)이 있고 오른쪽에는 산출(종속 개념)이 자리 잡는다. 그리고 그 사이를 독립 개념에서 종속 개념 방향으로 일방향 화살표로 연결한다. 화살표는 개념 간의 관계 방향을 정하는 것으로 그 속성에 대해서는 명제에서 정확하게 정의해 줄 필요가 있다. [그림 3.1]이 개념 모형을 묘사하고 있는데, 두 개의 박스와 하나의 화살표로 구성된 아주 기본적인 개념 모형이라 할 수 있다. 이 그림에서 보면 개념 A("독립 개념")가 개념 B("종속 개념")에 영향을 주고 있다.

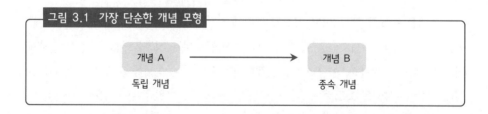

그림 3.1　가장 단순한 개념 모형

개념 A ⟶ 개념 B

독립 개념　　　　　종속 개념

이 책에서 우리는 독립 개념 A를 원인이라 하고 종속 개념 B는 결과라고 본다. 그리고 화살표의 지시대로 A와 B 사이의 방향에 대한 정보나 기대를 갖게 되는데, 원인이 결과를 가져온다고 가정하고 결과는 원인에 "종속된다"고 보기에 "종속 개념"이라는 용어를 사용한다. 원인은 결과와 "독립적으로" 존재하므로 "독립 개념"이라는 용어를 쓴다.

연구 대상, 예를 들어 "혁신 프로젝트"는 개념 모형에 포함하지 않는 것을 주목하기 바란다. 이 모형은 이론 안에서 연결된 변인의 특성(개념)을 표현하지, 연구 대상처럼 상수invariable인 것을 다루지는 않는다. 개념 모형에서는 영역 또한 표현하지 않는다.

좀 더 복잡한 개념 모형은 개념 A와 B 외에 다른 C, D, E, F 등의 여러 개념들이 관여된 경우이다. 예를 들어, "혁신 프로젝트의 핵심적인 성공 요인"을 개념 모형으로 만들면, 왼쪽에는 A, B, C, D, E 등 여러 요인을 두고 오른쪽에는 "성공"을 둔 다음에 화살표를 각 요인에서 성공으로 연결하면 된다. 복잡한 개념 모형의 예는 4장의 설명상자 10 "복잡한 개념 모형"에서 논의한다.

이론이란 무엇인가 그리고 언제 "참"이 되는가? 설명상자 2

우리는 "이론"을 폭넓은 방식으로 이해할 수 있지만, 엄격하게 보자면 이론을 "참"이라고 여겨지는 것으로 한정할 수 있다. 대부분의 사람들이 "이론"이라는 단어를 들으면 가장 먼저 떠올리는 것이 있다. 일련의 명제들을 엮어서 어떤 이름을 붙이는 것인데, "포터의 이론" 혹은 "거래 비용 이론"을 예로 들 수 있다. 두 번째로 이론을 연구 논문의 이론적 배경을 준비할 때처럼 학술지에 담긴 광범위한 이론과 경험적 지식을 새롭게 조합하는 것을 떠올린다. 세 번째로 이론은 연구자가 문헌 혹은 전문가를 대상으로 기존 지식과 아이디어를 탐색한 후 선보이는 전인미답의 새로운 학설을 떠올리게 한다. 그러나 우리는 다음과 같은 네 가지 특성을 명확히 갖추었을 때 이론이라 부르기로 한다.

-연구 대상
-개념
-개념 간의 관계(명제)
-영역(명제가 적용되는 영역)

이론은 옳다고 "증명된" 것일 필요가 없지만 특정 영역에서는 옳다고 믿을 만한 확신의 정도가 높아야 한다. 그래야 추가적인 검증이 필요 없을 때까지 다양한 영역에서 검증을 반복하면서 일반화가능성을 증명할 수 있다. 단 한 번만 진행하는 단일 사례연구로는 의문을 가질 수밖에 없다.

3.2.2 이론 지향 연구: 이론 개발 기여

이론 지향 연구의 목적은 이론 개발에 기여하는 것이다. 위에서 논의했듯이 이론은 특정 영역에서 연구 대상과 관련한 명제(개념 간의 관계) 체제를 의미한다. 이론 개발은 크게 두 개의 활동으로 구성되는데, (a) 명제를 정의하고 (b) 명제가 지지되는지를 검증하는 것이다. 연구 목적이 이론 지향에 있다면 명제가 실제적 시사점을 갖고 있는지는 중요하지 않다. 심지어 명제를 일련의 반복연구를 통해 검증하지 않은 상태에서 실용적이라고 여기는 것은 바람직하지 않다.

이론 개발과 관련한 활동은 다음의 세 가지이다.

❶ 탐색exploration: 연구가 이론 개발에 끼치는 기여도를 정확하게 판단하기 위해 이론과 실제에 관한 정보를 수집하고 평가한다.

❷ 이론 수립 연구: 연구 대상 사례들을 관찰하고 여기서 얻은 증거를 근거로 하여 새 명제를 정의하는 연구이다.

❸ 이론 검증 연구: 명제를 검증하는 것이 연구 목적이다.

[그림 3.2]는 세 활동이 이론 개발에 기여하는 것을 시각적으로 표현한 것이다.

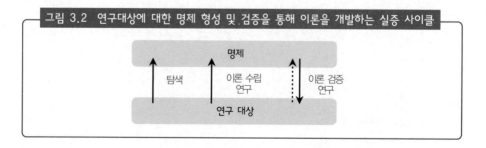

그림 3.2 연구대상에 대한 명제 형성 및 검증을 통해 이론을 개발하는 실증 사이클

탐색은 다양한 이론 혹은 실제에서 나온 정보를 창의적으로 조합하는 것이다. 정보는 연구 대상과 관련된 여러 출처와 접촉하여 얻을 수 있다. 전문가, 실무자, 이해관계자를 만나거나, 기존 연구, 연구자 본인의 경험과 상상 등을 통해서 얻게 된다. 그러나 탐색 자체는 연구가 아니다.

이론 수립 연구는 명제를 정의할 목적으로 실시한다. 이에 필요한 증거 수집을 실증적으로 할 수 있도록 설계한 연구이다.

이론 검증 연구는 명제를 검증할 목적으로 실시한다. 검증 후의 연구 결과는 명제를 (재)정의하는 데 사용할 수 있다. 검증 과정에서 기존의 명제가 지지되지 않았다면 다시 정의를 해야 한다.

어떤 이론 지향 연구라도 이론과 실제를 탐색하는 데에서 출발하는 것이 좋다. 그래야 관심 주제에 관한 명제가 얼마나 있는지를 알 수 있다. 탐색 과정을 거쳐야 이론 수립 연구를 할지, 최초 이론 검증 연구를 할지, 반복연구를 할지를 결정할 수 있다.

[흐름도 2]는 이론 지향 연구의 유형, 즉 이론 수립 연구, 최초 이론 검증 연구, 반복연구를 결정하는 데 필요한 활동들을 제시하고 있다. 이론 지향 연구는 이론 탐색으로부터 출발하는데 연구 주제와 관련한 명제를 찾는 활동을 한다. 한 개 이상의 명제가 가능하다면 실제를 탐색해서 명제의 관련성을 지지하는지 알아보거나, 한 개 이상의 명제를 선택해서 예비 모집단에서의 검증이 가능할지를 알아본다. 이론에서 명제를 발견할 수 없다면 관련 명제에 관한 아이디어를 만들기 위해 실제를 탐색해 본다. 이론과 실제를 탐색하고 이에 기초해서 검증을 위한 명제를 생성할 수 있게 된다. 아직까지도 탐색이 불충분하다면 이론 수립 연구를 통해 명제를 만들 필요가 있다. 검증을 위한 명제가 확인되면 이론 검증 연구를 실시한다. 기존에 명제가 한 번도 검증된 적이 없다면 이때의 연구는 최초 이론 검증 연구 initial theory-testing이다. 만약 명제가 검증된 적이 있다면 반복연구가 된다. 명제의 일반화가능성을 높이기 위해서는 일련의 반복연구가 필요하다. 명제가 여러 차례의 검증에서 지지되지 않았다면, 연구자는 다시 한 번 탐색을 시행함으로써 다른 명제를 확인토록 한다.

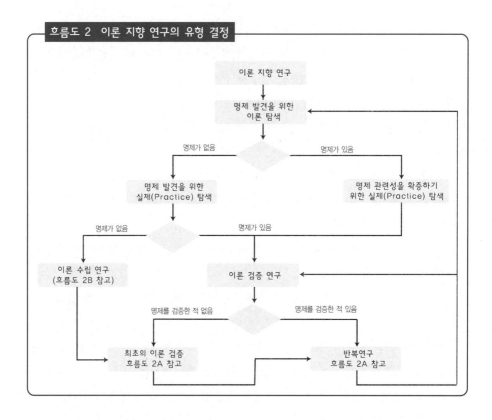

흐름도 2 이론 지향 연구의 유형 결정

3.2.3 반복연구

지금까지 반복연구의 중요성을 강조했다. 반복연구는 이론 개발에 중요함에도 불구하고 많이 간과되어 왔다. 과학적 연구보고서는 보통 최초 이론 검증 연구의 결과를 갖고 만든다. 여기에는 가설의 형성, 검증, 확증에 대한 내용이 담겨있다. 문제는 한 방의 연구("One-shot study")로 끝난다는 것이다. 이런 연구들은 단 한 번의 실험만으로 예상한 효과를 검증하거나, 단일사례만으로 가설을 검증할 수 있는 증거를 찾았다고 하거나, 특정 표본에 대한 한 번의 설문조사로 가설이 의미 있게 증명되었다고 주장한다.

한 번의 가설 검증이 이론 개발에 가치 있는 공헌을 할 수는 있겠지만 그 결과에 대해서는 항상 조심스럽게 다루어야 한다. 여기에는 그럴 만한 두 가지 이유가 있다. 첫째, 사례로부터 잘못된 결론을 도출할 수 있다. 둘째, 하나의 사례가 명제가 적용되어야 할 영역 전체를 대표하지 않기 때문이다.

첫 번째 문제와 관련하여, 연구가 과학적 기준에 따라 설계되었다 하더라도 연구에는 결함이 있을 수 있고 가설과 관련한 결론은 잘못을 갖고 있을 수 있다. 학술연구물의 진실성을 검증하는 일반적인 방법은 대개 동료학자들의 리뷰와 비평에 의해 이루어지는데 과학적 결함에 관한 문제를 다루기에는 충분하지 않다. 동일한 상황에서 연구를 반복해 보면 이 문제를 해결할 수 있다. 반복연구의 결과가 처음 발견한 것과 일치한다면 이 발견이 옳았다는 것에 더 확신을 갖게 된다. 그 어떤 연구 결과라도 단 한 번의 연구로는 자기가 옳다는 것을 확신할 수 없다. 그러나 불행하게도 사회과학 분야의 많은 연구들이 이런 상황에 처해 있다.

두 번째 문제와 관련하여, 연구가 정상적으로 이루어졌고 연구 결론이 옳았다 하더라도, 실험 상황(실험), 사례(사례연구), 모집단(설문조사)이 달라지면, 검증 결과는 달라지곤 한다. 만약 한 번의 연구를 통해 가설이 입증되었다면, 그 검증은 일반적으로 지지된다고 가정하고 경영자들에게 실용적인 조언을 주고 싶은 유혹을 느끼기 쉽다. 특히 설문조사 결과는 표본을 도출한 모집단과는 다른 이론 영역에도 일반화하려는 경우가 많다.

과학적 사실주의(Scientific realism) 설명상자 3

설문조사는 (a) 실제 상황에서 하나의 모집단을 선정하고, (b) 이 모집단에서 나온 점수를 정량적 방법으로 분석한다.

사례연구는 (a) 실제 상황에서 하나의 사례(단일 사례연구) 혹은 소수의 사례(비교 사례연구)를 선정하고, (b) 이들 사례에서 나온 점수를 정성적 방법으로 분석한다.

하나 혹은 소수를 대상으로 한 관찰 결과는 통계적 방법으로는 일반화할 수 없고 정성적 방법만으로 그 특성을 규명할 수 있을 뿐이다. 정량적(통계적) 분석과 정성적 분석은 인식론적 근거가 다르지 않다. 오히려 여러 측면에서 유사하다. "두 접근방법 모두 논리적으로 일관된 이론을 개발하려고 한다. 이론으로부터 관찰 가능한 시사점을 추론한다. 이러한 추론을 실증적 관찰 혹은 측정을 통해 검증한다. 검증 결과를 갖고 이론을 어떻게 수정할지 추론한다"(George와 Bennett 2005: 6) 이러한 인식론을 뒷받침하는 기본적인 가정은, (a) 이론과 독립적으로 존재하는 현상이 있으며, 이 현상들은 과학적으로 관찰 가능한 특성들을 갖고 있다. (b) (과학적인) 도구를 사용하여 특성들을 관찰할 수 있는데, 심지어 관련 현상을 일상에서 볼 수 없는 경우라도 가능하다. 그리고 (c) 과학적 방법은 오류를 범할 수 있고 대개의 과학적 지식은 진리가 아니라 근사치이며, 과학자의 발견은 단지 현상을 진실하게 기술했다는 점에서 정당화된다. 따라서 과학적 발견은 실용적 의미에서만 사실인 것이다. 이 책은 과학에 대한 이러한 견해, 즉 과학적 사실주의를 신봉한다. 우리는 철학적 논쟁에서 이러한 입장을 지지한다. 실존하는 세계를 근사적 진리로 보는 것을 반대하는 다른 입장들과 그 외의 대안적 입장, 예를 들어 구성주의로부터 우리의 입장을 굳이 방어해야 할 이유가 없다.

　　통계적 표집의 원리는 설문조사의 모집단 선정에 적용되지 않는다. 이는 첫 번째 검증이든 반복연구든 둘 다 마찬가지이다. 만약 어떤 이론이 특정 영역(다른 사례나 집단, 다른 시기, 다른 조직, 다른 지역, 다른 실험 상황 등)에 적용된다고 주장하려면, 그 이론을 해당되는 상황에서 검증해야 한다. 다른 말로 하자면 일련의 반복연구가 필요하다는 것이다. 반복연구가 없는 연구 결과는 아무리 통계적으로 의미 있다 하더라도 더 넓은 영역들에 적용하기에는 "단지 사변에 지나지 않으며 거의 의미 없고 무용할 뿐"이다(Hubbard 등, 1998: 244). 사회과학 연구에서의 심각한 문제는 단일 연구에서 가설이 기각되는 이른바 "부정적" 연구 결과를 발표하지 않는 경향이 있다는 점이다. 연구 결과물을 공표하고 선정하는 데서 발생하는 이런 편견은 결국 연구 결론을 도출할 때 발생할 수 있는 위험을 더 악화시킨다. 단일 연구에 근거해서 나온 이론을 수정하기 위해서는 부정적 연구 결과도 필요한 법이다. 가설이 한 상황에서 기각되면 명제와 관련하여 무엇인가 잘못되었다고 결론을 내린다. 그러나 그 사례가 애초에 이론이 옳게 적용되는 영역에 속해 있지 않을 수도 있다. 이런 상황에서 어떤 것이 참인가를 결정하는 유일한 방법은 바로 반복연구인 것이다.

　　어떤 이론을 특정 영역에 일반화할 수 있다고 주장하기 전에는 반복연구를 여러 번 할 필요가 있다고 강조했다. 사회과학 연구의 지적 기반이 명제들로 구성되어 있고 그 대부분은 한 번의 검증만 거친 것이므로 반복 검증을 필요로 한다. 이런 사실을 감안할 때, 특정 이론에 효과적으로 그리고 적절하게 기여하는 방법은 공표된 연구 결과를 동일한 사례 혹은 다른 사례에 적용하여 반복연구를 수행하는 것이다. 각종 학술지들은 공통적으로 "독창성"을 훌륭한 연구의 기준으로 강조하고 있는데 이는 우리에게 꼭 필요한 반복연구의 확산을 오히려 방해하고 있는 셈이다.

　　반복 연구는 기존의 연구 다음에 추가적으로 실시되는데 이론이 검증되는 상황들을 점차 채워 나가는 방법이다. 이때 반복연구는 별도의 단일 검증이 아니라 일련의 검증을 순차적으로 실시하는 것에 가깝다. 만약 하나의 연구 프로젝트가 일련의 반복연구로 구성되어 있다면 이런 연구를 순차적 연구^{serial study}라고 부를 수 있다. 이런 반복연구가 동일한 연구 전략을 사용하여 진행하는 거라면 순차적 실험, 순차적 설문조사, 순차적 사례연구라는 이름으로도 부를 수 있다. 하나의 연구에 얼마나 많은 반복연구가 필요한지는 시간과 비용 같은 요소들에 의해 좌우된다.

실험 연구 발표를 살펴보면 서로 반복적으로 진행되었던 일련의 실험 결과를 제시하곤 한다. 그러나 설문조사 연구에서의 상황은 매우 다르다. 설문조사 연구는 대개 단일 설문조사 결과를 제공하는데, 하나의 연구 내에서 몇 개의 가설들이 검증되면서 어떤 것은 채택되고 어떤 것은 기각되기도 한다. 이런 이유로 설문조사 결과에 대한 반복연구는 드문 편이다. 사례연구의 상황은 좀 더 다양하다. 명제를 검증하는 이론 검증 연구 자체가 드물고 반복연구를 목적으로도 실시하는 연구 또한 드물다. Yin(2003)과 같은 사례연구 분야의 연구자들은 반복연구의 필요성을 지지했고 사례연구를 설계할 때 "다중 사례연구"를 더 선호했다. 그러나 경영학 분야에서의 다중 사례연구는 알고 보면 대개는 순차적 사례연구이다. 실험, 설문조사, 사례연구에서 반복연구의 관행에 차이가 있는 것은 각자의 기원에서 유래를 찾을 수 있다. 실험은 설문조사나 사례연구보다 시간이나 비용 면에서 반복연구를 "부담 없다"고 생각한다. 실험에서의 반복연구는 실험 상황을 위한 기반 시설이나 준비가 끝나면 비교적 효율적으로 수행될 수 있다. 그렇다면 반복연구의 활용에 차이가 나는 것은 현실적 차원의 이유이지 방법론적 이유는 아닌 것으로 보인다.

설문조사 결과의 반복연구 설명상자 4

Yin(2003: 47~48)은 반복연구 논리와 표집 논리의 차이에 대해 명확하게 설명한다. Yin은 반복연구 논리는 사례연구와 실험의 결과에 적용되고 표집 논리는 설문조사의 절차에 적용된다고 보았다. 그러나 반복연구 논리 또한 설문조사의 결과에 적용할 수 있다(Hubbard 등의 1998년 연구와 Davidsson의 2004년 연구를 참고할 것). Davidsson(2004: 181~184)은 설문조사의 결과에서도 반복연구가 왜 필요한지를 보여주고 있다. 그는 같은 변인을 동일한 도구로 측정했는데, 중소기업 경영자들이 성장에 대해 갖는 기대 결과를 세 번에 걸쳐 설문조사를 했다. 한 연구에서 5%의 수준에서 "유의미 했던" 관계가 다른 연구에서는 발견되지 않았다. 이에 대해 Davidsson은 세 연구를 다 보지 않고 하나의 연구만 보고 그 명제에 대해 결론을 내렸더라면 "우리는 심각한 에러를 저지를 뻔했다"라는 코멘트를 남겼다.

앞서 반복연구를 언급하면서 **순차적** 연구라는 말을 썼다. 우리는 다중 사례연구에서 사용하는 "다중"Multiple보다는 "순차"Serial라는 용어를 더 선호한다. 그 이유는 모든 연구는 다음 차례에 반복해서 실시할 때 검증 결과가 제대로 보이기 때문이다. 반복연구를 순차적으로 할 때는 선행 연구 결과를 평가하는 것부터 시작한다. 그런 다음에는 명제의 **강건성**Robustness에 대한 현재의 이론적 논쟁 그리고 이론이 적용되는 영역에 최대한 공헌하도록 연구를 설계한다. 이 접근법은 이전 연구 결과의 이론에 근거해서 반복연구 대상과 새로운 상황을 선정하고 설계하는 것이다. 실험이라면 독립변인을 다르게 하거나 실험 대상을 달리 할 수 있다. 설문조사라면 동일한 모집단 내에서 다른 표본이나 모집단을 아예 새로 선정할 수 있다. 사례연구라면 다른 사례를 연구 대상으로 선정할 수 있다. 따라서 반복연구는 사례연구에서는 새로운 사례, 설문조사에서는 새로운 모집단을 선정하는 것을 의미한다. 다중 실험과 다중 사례연구는 이런 반복연구 논리를 사용하지 못한다. 대개는 순차적 연구보다는 병렬적 연구 설계를 사용하고 있다. 다중 실험에서는 다른 표본을 연구 대상으로 동일 실험을 실시하는 병렬적 반복 연구를 사용한다. 많은 다중 사례연구가 여러 사례를 미리 선정한 후에 병렬적으로 검증하는 병렬적 반복연구로 실시되고 있다.

 설명상자 5   다중 사례연구

이 책에서는 한 개 이상의 사례연구를 <u>다중 사례연구</u>라고 부르지 않는다. 대신에 비교 사례연구, 병렬적 단일 사례연구, 순차적 단일 사례연구라고 부른다.

<u>비교 사례연구(comparative case study)</u>는 (a) 실생활에서 소수의 사례를 선정하고 (b) 이 사례들에서 나온 점수들을 정성적 방법으로 분석하는 것이다.

<u>병렬적 단일 사례연구(parallel single case study)</u>는 소수의 단일 사례를 동시에 선정한

다음에 동일한 명제에 대해 각각 독립된 검증을 실시하는 반복연구 전략이다. 이때 각 연구의 결과를 독립적으로 판단한다.

순차적 단일 사례연구(serial single case study) 또한 반복연구 전략이기는 하나 각각의 검증연구를 순차적으로 실시하면서 이전에 있었던 검증 결과를 고려한다.

3.2.4 대표성, 외적 타당도, 일반화가능성

연구 앞에 "순차"와 "병렬"이라는 용어를 써야 하는 이유가 있다. 연구 대상이 되는 연구 영역에서 사례를 선정하는 것 그리고 모집단에서 표집을 하는 것 간에 차이가 있기 때문이다. 사례연구는 "일반화가능성"이 부족하다고 의심을 하는데 이는 둘의 차이에 대해 혼동하기 때문이고 일반화되어야 할 것이 무엇인지에 대해서도 혼동하기 때문이다. 일반화할 대상이 연구 그 자체인지, 연구의 결과인지, 연구에 사용한 명제인지 흔히 혼란을 겪는다. 여기서 우리는 이런 논의에 가장 많이 등장하는 세 가지 개념, 즉 대표성representativeness, 외적 타당도external validity, 일반화가능성generalizability에 대해 정의하고자 한다.

대표성은 어떤 사례가 자기가 속한 상위 집단과 얼마나 관계가 있는가를 보여주는 특성이다. 흔히 사례는 영역 혹은 모집단이라고 부르는 상위집단의 하위집단, 즉 부분집합이 된다. 하위집단이 상위집단을 대표하는 정도는 두 집단의 변인의 분포가 유사한 정도로 본다. 분포가 유사하면 두 집단의 인과관계도 유사성을 갖는다. 여기서는 대표성을 두 가지 유형으로 구분해서 사용하려고 하는데, 하나는 영역 대표성이고 다른 하나는 모집단 대표성이다.

영역 대표성은 연구 대상이 되는 사례(사례들의 집단일 수도 있고 모집단일 수도 있다)의 변인이 갖는 분포와 이론적 영역의 분포가 유사한 정도이다. 또한 사례와 이론적 영역의 인과관계가 유사한 정도를 말한다. 그러나 사례 집단이 영역 대표성을 실제 얼마나 갖고 있는지는 알 수 없다. 그 이유는 이론적 영역에 있는 변인들의 분포가 얼마나 되는지 알 수 없기 때문이다.

모집단 대표성은 표집과 모집단의 변인 분포가 유사한 정도를 말한다. 표집과 모집단이 갖고 있는 인과관계 또한 유사한 정도이다. 영역 대표성과 달리 모집단 대표성이 실제 얼마나 되는지는 알아낼 수 있다. 통계에서는 확률적으로 표집된 표본의 분포를 알 수 있다면 모집단의 분포도 추정할 수 있기 때문이다(모집단의 분포를 알 수 있다고 했는데, 이론적으로는 가능하지만 현실적이지 않은 경우가 많다).

외적 타당도는 연구 결과의 일반화에 대한 특성을 말한다. 외적 타당도는 한 사례 혹은 한 사례 집단을 대상으로 실시한 연구 결과가 다른 사례들에 어느 정도 적용되는지, 즉 일반화될 수 있는지를 말해준다. 외적 타당도에는 생태적 타당도 ecological validity와 통계적 일반화가능성이라는 두 가지 중요한 형식이 있다. 생태적 타당도는 연구실에서 실시한 실험의 결과가 실제 세계의 연구 대상에 어느 정도 적용되는지를 말하는 것이다. 확률적 일반화가능성은 표본을 대상으로 한 연구 결과가 모집단에게도 참이 될 가능성을 말한다.

일반화가능성은 이론적 명제의 일반화에 대한 특성을 말한다. 명제가 옳고 이론적 영역 전체에 적용된다는 확신을 얼마나 갖고 있느냐를 말한다. 만약 일련의 반복연구를 통해 명제가 지지되었다면 일반화가능성은 올라간다. 반대로 여러 차례의 검증 과정에서 지지되지 않은 명제라면 일반화가능성은 감소한다.

사례연구는 "일반화가능성"이 부족하다고 말하는 것은 오해에서 나온 것이다. 첫째, 일반화가능성은 연구의 특성이 아니라 명제의 특성이다. 둘째, 연구 결과의 특성을 보는 외적 타당도는 대개의 사례연구 형식에서 문제가 되지 않는다. 왜냐하면 사례연구는 연구 결과를 "일반화할" 모집단을 갖고 있지 않다(다만, 유사 설문조사는 제외한다. 이에 대해서는 4장과 7장을 참고할 것). 셋째, 설문조사 연구에서 모집단에 해당하는 것이 사례연구에서는 이론적 영역인데, 사례들은 이 이론적 영역 내에서 각자 비전형적인 특성을 갖고 있다.

그러나 많은 사례연구가 단 한 번의 연구로 명제를 검증하고 끝나기 때문에 일반적으로 명제의 일반화가능성이 부족하다고 얘기할 수 있다. 그럼에도 이러한 문제는 사례연구만의 문제가 아니다. 연구 전략과 상관없이 모든 유형의 연구에 해당되는 문제다. 만약 반복연구를 한다면 명제의 일반화가능성은 증가할 수 있다. 따라서 일반화가능성은 주장이라기보다는 하나의 목표가 되어야 한다. 즉 연구를 수행한 후에 사례의 대표성에 근거해서 일반화가능성을 주장하는 것이 아니다. 그보다는 연구 공동체가 지속적으로 추구해 나가야 할 목표로서 일련의 반복연구를 가능케 해야 한다.

영역, 예, 사례, 모집단, 표집, 반복연구 설명상자 6

이 책에서 영역domain은 이론을 적용하는 것이 가능한 사례들의 전체 집합을 의미한다 (아래 그림에서 사각형 전체에 해당하는 것이 이론적 영역이다. 반면에 예instance는 X로 표시되어 있음). 즉, 영역은 이론적 특징을 의미하는 것이지 연구 대상으로 선정한 사례를 의미한 것이 아니다.

설문조사 검증이라면 사례의 집단은 영역으로부터 선정해야 한다. 이를 <u>모집단</u>population 이라고 부른다(아래 그림을 보면 어두운 색으로 표시된 세 개의 모집단이 있음). 연구를 위해서는 보통 모집단에서 작은 사례 집단을 선정하는데, 이를 <u>표본</u>sample이라고 부른다. 모집단에서 표본을 선정할 때는 모집단의 대표성을 갖춘 것이어야 한다. 그래서 <u>확률적 표집</u> probability sampling 기법을 사용한다. 모집단은 결코 전체 영역을 대표할 수 없다. 설문조사에서 이론의 유의성 검증은 반복연구를 통해서만 평가할 수 있다고 했는데, 이때의 반복연구는 영역 내의 비전형적인 다른 모집단을 대상으로 해야 한다. <u>후보 모집단</u>candidate population은 영역에서 선정한 일단의 사례 집단을 말하는 것이 아니라, 연구 기준에 따라 정의된 사례 집단을 의미한다. 그렇게 해야 연구자는 명제가 특정 모집단에서 검증되었다고 주장할 수 있게 된다. 예를 들어, 연구 대상으로 선정한 사례 집단이라고 하는 것이 아니라 "유럽 항공사라는 모집단"이라고 정확하게 모집단 이름을 제시할 수 있어야 한다.

단일 사례연구 혹은 비교 사례연구에서 연구 대상이 되는 예instance는 영역에서 선정해야 한다. 이렇게 선정한 예instances를 <u>사례</u>case라고 부른다. 사례는 결코 영역을 대표하지 않는다. 사례연구에서 이론의 유의성 검증은 반복연구를 통해서만 평가할 수 있다고 했는데, 이때 반복연구는 영역 내의 비전형적인 사례들을 대상으로 해야 한다.

사례 집단은 모집단의 표본이라고 하지 않는다. 예외가 있다면 유사 설문조사를 위해 선정된 <u>사례 집단</u>a group of instances이다(7장의 "확률적 관계 검증 사례연구"를 참고할 것).

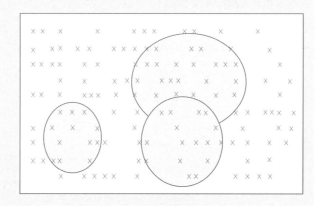

3.2.5 이론 지향 연구를 위한 탐색

연구를 통해 이론을 검증하거나 구축하기 전에 먼저 탐색exploration을 해야 한다. [흐름도 2]에서 보듯이 이론 탐색과 실제 탐색은 구분된다. 이론 탐색이 먼저고 이어서 실제를 탐색한다. 이론 탐색을 통해 명제를 발견하면 실제 탐색 단계에서는 명제들의 관련성을 지지하는지 그리고 그 중에 어떤 것을 검증 대상으로 할지 정당성을 찾는다. 이론 탐색 단계에서 명제를 찾지 못하면 실제 탐색은 명제를 찾는 것이 목적이다. 우리는 이 세 가지 유형의 탐색 방법 각각에 대해 좀 더 논의하고자 한다. 아래는 이론 지향 연구를 위한 세 개의 탐색 방법이다.

- 이론 탐색
- 명제 발견을 위한 실제 탐색
- 명제의 관련성을 확증하기 위한 실제 탐색

3.2.5.1 이론 탐색

이론 지향 연구에서 이론 탐색의 목적은 첫 번째는 검증하려는 후보 명제를 찾는 것이며, 두 번째는 연구 중에 검증할 명제를 선정하는 것이다. 처음 실시하는 탐색은 저서나 학술 논문을 대상으로 문헌 조사를 실시하고 이들 중 일부 자료를 선정하여 읽어보는 것이다. 이때 읽어보는 자료들은 반드시 평가를 해야 하고 모순된 내용이 있다면 왜 그런지 해석을 해야 한다. 문헌 조사 과정에서는 연구 대상에 관해 알려진 것과 아직 알려지지 않은 것이 무엇인지를 기술한다. 비판적 문헌 조사는 "알려진 것"에 대한 근거에 더 방점을 둔다. 예를 들어, 가정assumption이나 검증되지 않은 명제는 "지식"으로 수용하지 말아야 하며, "증명된" 명제들이라 할지라도 반복연구의 수와 질적 수준을 비판적으로 평가해야 한다. 문헌 조사는 다음과 같은 내용으로 결론을 내리게 된다.

- 후속 반복연구가 필요한 명제
- 검증된 적이 없는 명제
- 연구 대상에서 명제를 발견할 수 없었던 부분

문헌 조사를 통해서는 해당 분야의 최신 아이디어를 발견하기 힘들다. 연구 결과로 발표되려면 수년이 지체되기 마련이고 아이디어는 학회에 참석하고 정보를 교환하는 소수의 전문가들에게만 공유되기 때문이다. 이들 전문가들은 흔히 문헌 조사에서 발견할 수 없는 중요한 출처들을 알고 있으며 특정 아이디어의 존재나 부재에 대해 설명해줄 수 있다. 즉, 연구실에 앉아서 문헌연구만 하면 안 되고 학회의 내부자insiders들과 반드시 소통해야 한다. 이들 전문가들은 학생이나 연구 동료들에게 자신의 통찰을 쉽게 전달해 줄 것이다.

만약 이론에 대한 문헌 조사뿐만 아니라 전문가와의 소통이 성공적이었다면, 이 연구 단계를 통해 다음과 같은 결과가 나올 것이다.

- 현재의 지식 체계
- 어느 정도 지지는 되지만 후속 검증이 필요한(반복연구가 필요한) 명제 목록
- 제안은 되었지만 아직 검증되지 않은 명제 목록
- 연구 대상에서 아직 명제가 형성되지 않은 분야
- 다음에 수행되어야 할 연구에 대한 추론

위 목록에서 마지막 결과가 가장 중요하다. 향후에 꼭 검증해야 할 명제, 혹은 최초로 꼭 검증해야 할 명제, 혹은 이 연구 대상에서 새로운 명제가 만들어져야 할 분야를 그 이유와 함께 구체적으로 제시해야 한다.

3.2.5.2 명제 발견을 위한 실제 탐색

이론 탐색의 결론이 새로운 명제를 제안하는 것이라면 이론 수립 연구를 수행하여야 한다. 그러나 결정을 내리기 전에 먼저 해야 할 일은 실제를 탐색하는 것이다. 실제를 탐색하는 목적은 이론을 탐색하는 것과 같다. 검증하려는 후보 명제를 발견하려는 것이고, 이들 중에서 한 개 이상의 명제를 선택하기 위해서다. 실제를 탐색하는 것이 이론을 탐색하는 것과 다른 점은 과학 문헌에 담긴 "학문적 이론"과는 다른 유형의 이론, 즉 **상용이론**Theory-in-use을 확인한다는 것이다. 상용 이론은 실무자들이 실전에서 "효과가 있다"고 생각하는 지식이며 이 이론도 연구 대상, 변인, 가설, 실제의 영역으로 구성된다.

대부분의 이론 수립 연구 혹은 탐색적 연구의 기저에는 연구 대상에 대해 "아직까지 알려진 것이 아무 것도 없다"라는 가정이 깔려있다. 이러한 가정은 이론에 관해서는 맞을 수 있다. 아마 이론 탐색 단계에서는 그렇게 나왔을 것이다. 그러나 실무자들에게는 그렇지 않다. 실제를 탐색하다보면 흔히 연구 대상에 대해 다소간의 명시적 이론들이 존재하곤 한다. 실무자들은 항상 이론을 정의하고 있으며, 이 이론을 아이디어로 활용하여 명제를 정의하는 것도 가능하다. 그렇다면 실무자들이 정의하고 교환하는 그런 "상용이론"을 어떻게 발견할 수 있을까? 이때 사용할 수 있는 전략은 다음과 같은 것들이 있다.

- 신문, TV, 인터넷과 같은 일반적인 매체를 통해 정보를 수집한다.
- 연구 대상과 관련된 경영 도서, 직업 단체의 간행물, 관련 업계의 잡지 등을 읽는다.
- 연구 대상에 관한 경험을 가진 실무자들과 대화한다.
- 연구 대상 관련 장소를 방문하고 관찰한다.
- 연구 대상 관련 상황이 발생할 때 참여해본다.

실제를 탐색하는 중에 읽고 관찰하고 들으면서 발견한 명제들은 학문적 관점에서 볼 때 "이론적"인 출처들이 아니며, 실무자들이 자기 생각을 제시하는 방식도 "명제"나 "가설" 형식이 아니다. 예를 들어, 혁신 프로젝트를 맡고 있는 관리자에게 어떤 프로젝트가 왜 성공했고 다른 프로젝트들은 왜 실패했는지 물어본다면, 그 사람의 응답은 "우리에게는 일할 만한 자원이 충분하지 않았어요"라고 하거나 "경영진의 지원이 큰 도움이 되었습니다"라고 할 것이다. 이 두 개의 진술을 좀 더 추상화하여 명제로 표현하면, "기업 내 프로젝트가 성공하려면 충분한 자원이 필요 조건이다" 그리고 "경영층의 전폭적인 지원이 프로젝트 성공을 가져 온다"와 같이 표현할 수 있다.

실제를 성공적으로 탐색하게 되면 후보 명제들의 목록을 확보할 수 있다. 그런 다음 이 명제들 중에서 검증할 가치가 있는 명제를 결정해야만 한다. 이 단계에서는 다시 이론에 관한 전문가를 만나서 탐색의 결과에 대해 논의하는 것이 좋다. 명제 검증의 결과가 어떻게 관련 이론의 발전에 공헌할 수 있을지 논의해 보도록 한다.

[흐름도 2]에서 보면, 우리는 이론 검증 연구 단계로 이제 이동할 수 있다. 그리고 이는 4장에서 논의할 것이다. 만약 실제를 탐색한 결과가 충분하지 않다면 이때는 이론 수립 연구로 이동할 수도 있다. 이는 8장에서 다룰 것이다.

3.2.5.3 명제 관련성을 확인하기 위한 실제 탐색

이론을 탐색하여 검증하려는 명제를 선택했다 하더라도 어떻게든 실제를 탐색해 보라고 조언하고자 한다. 실제를 탐색하는 이유는 연구 대상에 대한 현장 경험을 확보하기 위해서이다. 현장 경험은 위에서 논의한 "상용이론"을 발견하는 방식과 동일하게 진행하면 된다.

실제를 탐색하고 나면 연구 대상에 관한 실제적인 지식을 갖게 된다. 연구 대상이 혁신 프로젝트라면 여러 산업 단지에서 일어나고 있는 수많은 프로젝트들에 대한 통찰을 갖게 될 것이며, 그 프로젝트들이 얼마나 성공적인지에 대한 아이디어, 이 프로젝트들이 조직되는 방식 등에 대해서도 알게 된다. 이러한 통찰은 연구 과정의 후반에 가면 매우 유용해지는데, 측정 대상이 될 만한 사례를 발견하고 선정하고 접근한다든지 혹은 측정 도구를 개발할 때 큰 도움이 된다.

3.2.6 이론 개발에의 공헌

[흐름도 2]에 있는 어느 활동이든 이론 개발에 공헌한다. 두 종류의 탐색이 있다 하더라도 둘 다 "연구"를 하는 것으로 귀결된다. 그럼에도 탐색은 이론 개발에서 중요한 활동으로 보는데, 연구란 자신의 아이디어와 다른 사람의 아이디어를 창의적으로 결합하는 활동이기 때문이다. 이론 지향 연구는 이론 수립 연구 혹은 이론 검증 연구이다. 흐름도의 끝이 없는 대신에 반복연구의 고리가 있다는 사실이 중요하다. 이는 이론 개발을 위한 연구 프로젝트가 끝난다 하더라도([흐름도 1]) 후속 연구를 통한 이론 개발 과정은 그 끝이 없다는 것이다. 이론 지향 연구를 "종료"하는 경우는 거의 없다. 이는 [흐름도 2]의 어떤 단계에 있더라도 모든 이론 공헌 활동은 서로 관련되어 있다는 것을 의미한다. 이론 개발에 공헌하는 것은 항상 전체 건물에 작은 벽돌이라도 더하는 활동이다.

많은 이론 지향 연구 제안서에 보면 연구 목적이 이론 지식에 존재하는 "간격을 좁히겠다"(fill the gap)라고 쓰여 있다. 이런 표현은 흔히 연구자가 관련 명제가 아직 정의되지 않았다는 것을 발견했다는 의미로 쓰인다. 따라서 "간격을 좁히겠다"는 것은 새로운 명제를 정의하는 것, 즉 이론 수립 연구를 의미한다. [흐름도 2]는 이론에 존재하는 여러 유형의 "간격"gap을 발견하는 데 도움을 준다. 예를 들어, 명제가 없거나, 혹은 충분히 검증되지 않았다면, 이 또한 "간격"이다. 따라서 이론 검증 연구 또한 이론적 지식에서 "간격을 좁히겠다"라는 것으로 볼 수 있고, 어떤 의미에서는 이론 수립 연구보다 더 중요한 활동이 될 수 있다.

3.3 실제 지향 연구의 원리

실제 지향 연구는 실무자(일반적인 실무자가 아니라 특정 분야의 실무자)의 지식에 공헌하는 것이 목표이다. 실무자practitioner는 실제 상황에서 무언가를 조치할 공식 혹은 비공식 책임을 가진 사람이나 집단이다. 실무자는 관리자, 경영자, 정책입안자 등이 될 수도 있고, 팀, 회사, 사업본부, 국가 등과 같은 집단이 될 수도 있다. 실무자는 자신의 영역에서 "문제"를 해결하거나 명확히 규명하기 위해 지식을 필요로 한다. 이 장에서는 실제 지향 연구가 공헌해야 하는 실제의 유형을 구분하고 있는데, 그 전에 실제practice의 개념에 대해 먼저 논의해 보고자 한다.

3.3.1 실제

실제는 실제 상황이라고 정의할 수 있다. 실무자는 실제 상황 속에서 어떤 조치를 취해야 하는 공식 혹은 비공식적 책임을 갖는다. 실제는 "객관적으로" 정의할 수 있는 것이 아니라, 실무자(개인이든 집단이든)의 관점을 통해 정의될 수 있고, 실무자가 자신의 의무와 책임을 어떻게 인식하느냐에 따라 정의된다. 실제 지향 연구라는 아이디어는 실무자가 결정을 내리거나 조치를 취할 때 실제에 관한 지식을 사용해야 하고 그런 지식에 대한 요구를 갖고 있다는 가정에 기초하고 있다. 즉, 실무자들은 이런 지식을 아직 갖고 있지 않지만 어떤 조치를 더 효과적으로 혹은 효율적으로 결정하기 위해 지식을 필요로 한다. 실제 지향 연구는 실무자가 필요로 하는 지식을 생산하기 위해 설계하고 수행한다. 그러나 실무자들이 연구자들에게 연구를 설계하고 수행해 달라고 요청한다면, 이는 실무자들이 어떤 지식이 필요한지를, 즉 자신의 지식 욕구를 아직 구체화하지 못하고 있다는 것을 의미한다. 이론 지향 연구에서는 검증해야 할 명제를 이론을 탐색하면서 확인해 보아야 한다. 마찬가지로 실제 지향 연구 또한 검증해야 할 명제는 실제를 탐색하면서 확인할 필요가 있으며, 그래야 실제 속에 존재하는 관련 지식들을 충분히 확인해볼 수 있다.

앞에서 "이론 지향 연구"라거나 "이론 탐색"을 얘기할 때 "이론"이라는 용어를 사용했는데, 이는 구체적인 이론을 말하는 것이 아니라 이론의 영역을 의미하는 데 더 가깝다. 이론 탐색의 목적 중 하나는 연구 영역에서 연구 주제에 관련된 구체적인 이론들을 찾아내는 것이었다. 어느 특정 이론의 발전에 기여하기 위해 사용하는 방법, 즉 이론 수립, 최초 이론 검증, 반복연구와 같은 방법은 실증의 사이클 empirical cycle이라고 부른다. 이론 지향 연구는 선택한 연구 주제와 관련하여 아직 알려지지 않았고 규명해야 하는 이론에 공헌하겠다는 일반적 목적으로 시작한다. 그러나 탐색 단계를 성공적으로 수행하고 나면 이론에 어떤 공헌을 할 것인지 구체적인 목적이 나와 주어야 한다.

마찬가지로, "실제 지향 연구"와 "실제 탐색"에서 사용하는 "실제"라는 용어는 해결이 필요한 구체적인 문제라고 여길 필요는 없다. 그보다는 실무자들이 부딪힌 아직 구조화되지 않은 문제들이라고 보아야 한다. 실제를 탐색하는 목적 중 하나는 다룰 필요가 있는 지식 요구가 무엇인지 찾는 것이다. 여기서는 실무자가 직면한 도전과 지식 요구를 우선순위화하기 위해 개입의 사이클intervention cycle이라는 용어를 사용하고자 한다. 따라서 실제 지향 연구는 실무자가 어떤 조치를 취하는 데 필요한 지식을 제공한다는 일반적인 목적으로 시작하지만, 탐색 단계를 수행한 다음에는 필요한 지식 욕구를 구체적으로 다듬을 필요가 있다.

3.3.2 실제 지향 연구: 실무자 지식에의 공헌

실제 지향 연구는 실무자가 자신의 상황에서 실제로 사용할 지식을 제공해야만 유용하다고 할 수 있다. 그러므로 실무자가 어떤 지식을 필요로 하는지 정확하게 아는 것이 정말 중요하다. 이는 실무자가 처한 상황과 그 사람의 "객관적" 그리고 "주관적" 의견을 알 수 있을 때라야 가능하다. 따라서 지식 요구가 나타났을 때 이를 도식화하고, 실무자의 요구를 가능하면 정밀하게 묘사하고, 우선순위로 정하고, 그런 다음 연구 프로젝트에서 다루어야 할 것을 선택하도록 한다. 지식 요구를 도식화하고 우선순위화 하는 과정에서 사용하는 도구로서 "개입의 사이클"intervention

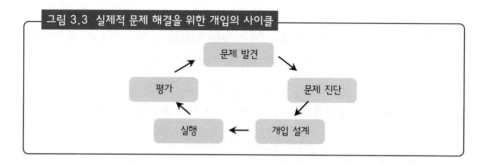

그림 3.3 실제적 문제 해결을 위한 개입의 사이클

cycle을 제안하고자 한다. [그림 3.3]의 **개입의 사이클**은 다음과 같은 다섯 단계에 걸쳐 문제를 해결해 나가는 순환적인 과정을 보여주고 있다.

❶ 문제 발견: 문제 확인과 정의
❷ 문제 진단: 문제가 발생한 이유(원인) 확인
❸ 개입 설계: 문제 해결을 위한 개입 설계(진단에 근거)
❹ 실행: 설계한 개입 실행
❺ 평가: 개입의 목적 달성과 문제 해결 여부 확인

개입의 사이클에서 다섯 단계는 "문제"가 진전됨에 따라 달라지는 단계들을 정의한 것이다. 이 개입의 사이클에 있는 다섯 단계는 논리적 순서 그대로 진행하는 것이 기본 가정이다. 다음 단계로 진행하기에 앞서 그 전에 위치한 단계에서의 요구사항을 충분히 해결해야만 한다. 이 가정에 따르면 실무자의 지식 요구는 그 지식이 이 사이클의 어느 "단계"에 있느냐에 따라 우선순위로 정할 수 있다. [흐름도 3]에서 보듯이 실제 지향 연구는 다음과 같은 세 가지 유형으로 구성된다.

‣ 서술적 실제 지향 연구
‣ 가설 수립 실제 지향 연구
‣ 가설 검증 실제 지향 연구

실제 지향 연구는 실제를 철저하게 탐색하는 것으로 시작하기 바란다. 그 과정에서 검증해야 할 가설을 발견할 수 있는지를 알 수 있기 때문이다. 만약 가설을 전

혀 발견할 수 없다면, 실무자가 요구하는 지식을 생성하기 위해서는 가설이 필요한
지를 결정해야 한다. 가설을 발견하고 검증하는 것이 불필요하다고 결정했다면 서술
적 실제 지향 연구를 설계하고 수행해야 한다. 그러나 실무자들이 정말 지식을 필요
로 한다고 결정하면 가설 수립 실제 지향 연구를 설계하고 수행해야 한다. 만약 가
설을 사용하는 것이 가능하고, 이 가설의 검증 결과가 실무자에게 유용한 지식을 제
공해 준다고 생각하면 가설 검증 실제 지향 연구를 설계하고 수행해야 한다.

3.3.3 실제 지향 연구의 탐색

실제 지향 연구에서 탐색을 하는 목적은 다음과 같다.

- 문제를 가능하면 정확하게 정의하고자 한다.
- 개입의 사이클에서 현재의 상황이 어느 단계인지 알아보고자 한다.
- 어떤 지식을 요구하는지 알아보고자 한다.
- 실무자들의 지식 요구를 시급성에 따라 우선순위화하려고 한다. 문제가 진행됨에 따라
  개입의 사이클에서 어느 단계에 있는지를 보고 어떤 지식이 우선 필요한지 순위를 정한다.

실제를 탐색함으로써 실무자의 지식 요구가 무엇인지 명세서를 상세하게 만들
수 있다. 이 지식은 실무자들이 현재 상황에서 가장 필요로 하는 지식이다. 실제를
탐색하는 절차는 [흐름도 3]에서 보듯이 첫 번째로 실제를, 그 다음에는 이론을 탐
색한다. 두 번째로는 실제를 탐색한 결과를 갖고 이론 탐색을 두 가지 유형으로 구
분할 수 있다. 그렇게 함으로써 총 세 가지 유형(가설 수립, 가설 검증, 서술적 연구)의
탐색 결과가 나오게 되는데 이는 추후에 각각 논의할 것이다.

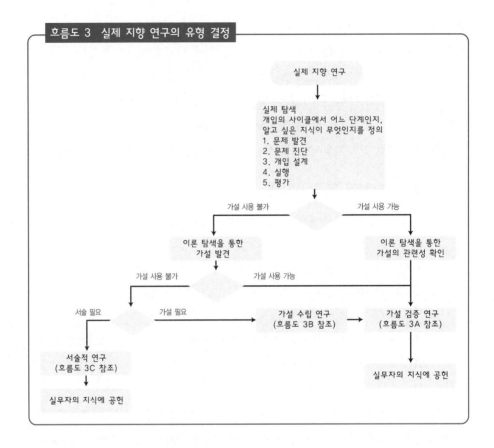

흐름도 3 실제 지향 연구의 유형 결정

3.3.3.1 실제 탐색

실제를 탐색하는 목적은 (a) 가능하면 문제를 정확하게 구체화하고, (b) 개입의 사이클에서 현재 단계를 확인하고, (c) 지식 요구를 확인하고, (d) 이러한 지식 요구를 시급성에 따라 우선순위로 분류하기 위해서라고 했다. 문제 상태가 진행되면서 개입의 사이클에서 어느 단계에 있는지를 계속 알아보고 이에 대응해야 하는데, 이를 위해서는 다음과 같은 활동이 필요하다.

- 사람들과 대화를 나눈다. 처음에는 "문제 소유자"(problem owner)와 대화를 나눈다. 문제 소유자는 조치를 취해야 하는 관리자 혹은 팀으로서 지식 요구를 "소유한" 사람들이다. 이후에는 다른 사람들과도 대화 범위를 확대해 간다.

- 문제가 발생한 장소를 방문한다. 가능하면 문제와 관련된 활동에 참여해서 문제가 발생한 정황과 문제의 여러 방면에 대해 "감"을 갖도록 한다.

이러한 활동들은 개입의 사이클에서 문제의 현재 단계를 확인하는 데 도움을 줄 뿐만 아니라 어떤 지식이 필요한지 좀 더 잘 이해할 수 있게 해준다. 흔히, 지식 요구는 가설의 형식 혹은 가설이 내재된 질문으로 되어 있다. 예를 들어, 실무자는 원인 X가 주요 문제인지 여부를 알 필요가 있다. 그렇다면 가설은 "X는 문제의 (주요) 원인이다"로 표현한다. 실제를 탐색하다보면 수많은 가설들을 접하게 되며, 이 가설들은 "상용이론"의 한 부분을 이루는 것들이다. 이론 지향 연구에서도 실제를 탐색하면서 일련의 상용이론들을 접하게 되는데 이러한 "상용이론"을 가설의 형식으로 만든다.

실제 지향 연구에서의 가설(Hypothesis) 설명상자 **7**

실제 지향 연구에서는 명제proposition가 아니라 가설hypothesis이라는 용어를 사용한다. 실제 지향 연구는 이론에 공헌하거나 일반화하는 것이 목적이 아니기 때문이다. 연구 결과는 연구 대상이 되는 정황에만 적용한다. 직접적인 문제에 관계된 것을 이론적인 영역에까지 일반화하는 것은 연구의 목적이 아니다. 연구의 목적이 연구 결과를 유사한 실제 상황practice까지 "일반화"하는 것이라면, 실제 지향 연구야말로 올바른 연구 전략이라고 할 수 없다. 그런 목적이라면 이론 지향 연구를 설계하고 수행해야 한다. 현재의 실제 상황은 어떤 명제이냐에 따라 사례로서 유용할 수도 유용하지 않을 수도 있다.

3.3.3.2 가설 발견을 위한 이론의 탐색

실제를 탐색했는데 아무 가설을 만들지 못했을 경우, 현재의 문제와 관련된 이론을 탐색해 본다. 이론을 탐색하는 것은 가설을 발견하려는 것이고 좀 더 정확하게 말한다면 명제를 발견하기 위해서다. 그리고 이 명제에는 현재 직면한 문제와 관련된 가설이 내재되어 있다. 여기서의 탐색 과정에서는 다른 이론 탐색과 마찬가지로 문헌 조사를 해야 한다. 그렇게 하면서 관련된 문서 즉, 책, 학위 논문, 연구 논문, 이론 논문 등을 확인하고 읽을 수 있다. 관련 이론에 대해 잘 아는 전문가와 얘기를 해 보는 것도 유용한데, 그 이론 분야에서 새로운 연구들이 등장하고 있는 지 그렇다면 현재 직면한 문제와 어떤 관계가 있는지를 확인할 수 있다.

만약 이 탐색 과정을 성공적으로 수행하고 한 개 이상의 가설을 만들게 된다면, 가설 검증을 위한 실제 지향 연구를 설계하고 수행하여야 한다. 그런데 가설을 확인하지 못한다면 과연 실무자들이 문제 해결을 하는 데 있어서 정말로 필요한 지식인지, 아니면 현재 서술한 지식만으로 충분한지를 판단해야 한다. 만약 지식이 필요하다고 판단되면 가설 수립 연구를 설계하고 수행하여야 한다.

3.3.3.3 가설과의 관련성을 확인하기 위한 이론 탐색

실제 지향 연구에서 가설을 만든 후에는 가설을 채택하는 절차가 남아있다. 그런데 가설 채택은 이론 탐색을 통해서 해야 한다. 현재 고민하는 실제 문제와 관련하여 아주 많은 이론적 지식이 이미 있을 것이다. 어떤 가설은 일련의 검증 과정을 거쳐 폐기되었을 수도 있고 그 과정에서 관련 명제들도 기각되었을 것이다. 어쩌면 새로운 명제들이 등장하고 있을 수도 있고 관련 가설을 실제 속에서 검증하는 것이 더 유용한 경우도 있다. 이러한 탐색 활동은 문헌 조사를 다시 수행하고 전문가를 만나는 것으로 구성한다. 만약 이런 탐색이 성공적이고 한 개 이상의 추가 가설로 만들어지고 혹은 현재의 가설이 검증할 만한 가치가 있다고 판단되면 가설 검증 연구를 설계하고 수행해야 한다.

3.3.4 실무자 지식의 공헌

[흐름도 3] 내의 어느 활동이든 실무자의 지식에 공헌하는 활동이 될 수 있다. 그중 어떤 것도 실제를 탐색하거나 이론을 탐색하는 활동 같은 "연구"research를 수반하지 않는다. 실제 지향 연구는 서술적일 수도, 가설 수립 혹은 가설 검증 연구일 수도 있다. 흐름도의 양 끝에는 "실무자의 지식에 공헌"이라고 표현된 산출물이 있다. 이는 실무자의 구체적인 지식 요구가 충족되었을 때 비로소 실제 지향 연구가 완료된다는 것을 의미한다. 10장 "실제 지향 연구"에서는 이 세 가지 종료의 연구에 대해 좀 더 자세히 다룰 예정이다.

참고문헌

Davidsson, P. 2004, *Researching entrepreneurship*. New York: Springer.

George, A.L. and Bennett, A. 2005, *Case studies and theory development in the social sciences*. Cambridge (MA): MIT Press.

Hubbard, R., Vetter, D.E. and Little, E.L. 1998, Replication in strategic management: Scientific testing for validity, generalizability, and usefulness. *Strategic Management Journal, 19*(3): 243-254.

Van de Ven, A.H. 1989, Nothing is quite so practical as a good theory. *Academy of Management Review, 14*(4): 486-489.

Yin, R.K. 2003, *Case study research: Design and methods* (3rd, revised edn). Thousand Oaks (CA): Sage.

제2부

이론 검증 연구

(Theory-testing research)

.

.

.

제4장
이론 검증 연구

이론 검증 연구는 이론 지향 연구 중의 하나이다. 이론 지향 연구의 목적은 이론 개발에 공헌하는 것이며, 일반적으로 다음과 같은 형식으로 기술한다고 하였다 (3장의 3.1.1 "이론 지향 연구와 실제 지향 연구의 연구 목적" 참고).

이 연구는 ○○○(구체적인 연구 주제)의 이론 개발에 기여하는 것을 목표로 한다.

이론 지향 연구에서 이론 검증 연구를 할지, 이론 수립 연구를 할지는 이론을 탐색하고 이어서 실제를 탐색한 후에 결정할 수 있다([흐름도 2] 참고). 그런 다음에 연구의 세부 목표를 다시 한 번 구체적으로 기술해야 한다(목표를 구체화하는 방법은 3장의 3.2.5 "이론 지향 연구를 위한 탐색" 참고). 제2부에서는 이론 검증 연구에 대해 논의하고자 하며, 이론 수립 연구는 제3부에서 다룰 것이다.

이론 검증 연구의 목적은 명제를 검증하는 것으로서 다음과 같이 구성한다.

❶ 명제의 특징에 따라 연구 전략을 선택한다. 연구 전략에는 실험, 설문조사, 사례연구가 있다.

❷ 연구 대상 사례를 선정한다. 단일 사례연구는 한 개의 사례, 비교 사례연구는 복수의 사례, 설문조사는 모집단을 선택한다.

❸ 사례에 대한 가설을 설정한다. 가설은 이론에 대한 명제로부터 추론한다.

❹ 개념의 특성을 고려하여 측정한다. 정성적 방법, 정량적 방법, 혹은 두 방법 모두를 사용할 수 있다.

❺ 자료를 분석한다. 관찰한 점수 패턴을 예측한 점수 패턴과 비교한다.

이론 검증 연구는 두 개로 구분할 수 있는데, 하나는 최초 이론 검증^{initial theory-}
^{testing}이고 다른 하나는 반복연구^{replication}이다.

4.1 이론 검증 연구의 연구 목적

이론과 실제를 탐색한 후 혹은 이론 수립 연구까지 한 후에는 명제를 확인한
다. 그 명제가 이전에 검증된 적이 없다면 최초 이론 검증 연구를 실시할 필요가
있다. 이때 최초 이론 검증 연구가 적합한지를 체크하기 위해서는 다음과 같은 질
문을 제기해 본다.

- 관계된 사람들(흔히 전문가를 대상으로 하지만 어떤 경우에는 실무자들)은 이론 개발
  이 필요한 연구 주제라는 데 동의하는가?
- 이 명제들이 아직 한 번도 검증된 적이 없다는 것이 확실한가?
- 탐색을 통해 후보 명제들을 발견할 텐데, 검증할 명제를 선택할 때는 어떤 기준을 사용
  할 것인가?

위의 질문에 대한 대답이 모두 끝나면 최초 이론 검증 연구를 설계하고 수행
한다. 그런 다음에는 구체적인 연구 주제를 다음과 같은 형식으로 만든다.

이 연구의 목적은 다음과 같은 명제를 검증함으로써 ○ ○ ○이론의 개발에 기여하는 것
이다.

- 명제 1을 구체적으로 기술
- 명제 2를 구체적으로 기술
- …

이미 증명된 명제라도 반복연구가 계속 필요하다면 다음과 같은 이유에서이다.

- 이론의 강건성 증진
- 이론의 일반화

이론 검증 반복연구가 적합한지를 체크하기 위해서는 다음과 같은 질문을 제기할 수 있다.

- 전문가 혹은 실무자들은 이론 개발이 필요한 연구 주제라는 데 동의하는가?
- 핵심 명제 중에서 아직 반복연구를 통해 충분히 증명되지 않은 것들은 어떤 것인가?
- 반복연구의 목적은 무엇인가? 초기의 연구 결과들이 재현되는지 보려는 것인가? 즉, 이론의 강건성을 증진시키려는 것인가? 아니면 명제를 관련 영역의 경계 너머 더 확장할지 혹은 그 내로 제한할지를 알아봄으로써 이론의 일반화가능성을 알아보려는 것인가?

위 질문에 답을 한 후에는 이론 검증 반복연구를 설계하고 수행한다. 그런 다음에 구체적인 연구 목표를 다음과 같은 형식으로 기술한다.

이 연구의 목적은 다음과 같은 기존의 명제를 재검증함으로써 ○○○이론의 개발에 기여하는 것이다.

- 명제 1을 구체적으로 기술
- 명제 2를 구체적으로 기술
- …

4.2 이론 검증 연구에서 명제의 구체화

3장에서 이론에 대해 논의하면서 명제는 **개념** 간의 관계를 표현하는 용어라고 하였다. 명제는 이론을 다룰 때 사용하고 연구 상황에서는 **가설**이라는 용어를 사용한다. 가설은 **변인** 간의 관계를 설명한다. 이때의 변인은 사례 내에 있는 변인들을 말한다. 따라서 명제를 실증적 상황에서 검증하고자 할 때는 가설이라는 용어를 사용한다.

사회과학[1] 연구에서는 많은 명제들이 "A는 B라는 결과를 가져온다" 혹은 "A

---

1) 원문에서는 경영학(Business)으로 쓰여 있으나 본 역서에서는 사회과학(Social Science)이라는 용어로 번역하여 사용한다.

가 B에 영향을 준다" 혹은 "A가 B에 효과가 있다" 등의 형식으로 되어 있다. 흔히, A는 실무자가 하려는 어떤 행동이고 B는 실무자가 바라는 행동의 결과가 된다. 만약 연구의 주제가 "혁신 프로젝트의 핵심적인 성공 요인"에 대한 것이라면, 혁신 프로젝트에 관한 명제는 "요인 A가 성공 B를 가져온다"라고 쓸 수 있다. 이때 A는 최고경영자의 실행 의지commitment이고 B는 재무적 성과가 된다.

표 4.1 이론과 이론 지향 연구 간의 용어 비교	
이론	이론 지향 연구
명제	가설
개념	변인

"A가 B라는 결과를 가져온다"를 표현하는 데는 확률적 방법과 결정적 방법이 있다. 이 두 방법은 A와 B의 효과에 대한 서로 다른 이론을 대표하기에 근본적으로 다르다. 이론 검증 연구에서 적합한 연구 전략을 선택하기 전에 A와 B 간의 관계는 명제를 통해 정밀하게 표현할 필요가 있다. 이 책에서는 세 개의 결정적 유형 그리고 한 개의 확률적 명제를 구분하여 사용한다. 세 개의 결정적 명제는 다음과 같다.

+ 개념 A는 개념 B의 충분조건이라고 표현하는 명제
+ 개념 A는 개념 B의 필요조건이라고 표현하는 명제
+ 개념 A와 개념 B 간에는 결정적 관계가 있다고 표현하는 명제

확률적 명제는 다음과 같이 쓴다.

+ 개념 A와 개념 B 간에는 확률적 관계가 있다고 표현하는 명제

사회과학 연구에서는 "A가 B라는 결과를 가져온다"라는 명제를 보통 확률적 관계라고 본다. 명제는 A가 많을수록 B가 많아질 것이라고 보는 것이다. 그리고 이에 대응하는 가설은 'A의 값이 높아질수록 B의 평균적인 값도 높아진다'가 된다.

위의 예로 보자면, 연구를 위해 선정된 혁신 프로젝트들에서 요인 A(예를 들어, 최고경영자의 실행 의지)가 높았던 프로젝트들이 요인 A가 낮은 프로젝트들보다 B의 평균적인 성공 횟수가 더 많을 것이라 예언하는 가설이 나올 수 있다. (만약 많은 반복연구를 통해 지지된다면) 이 이론의 실제적인 시사점은 경영자가 성공 요인(예를 들어, 최고경영자의 실행 의지)을 증진시킴으로써 성공의 기회를 증가시킬 수 있다는 점이다. 이러한 이론은 "성공 기회를 증가시키는 요인"에 관한 이론이 될 것이다.

만약 어떤 요인이 없다면 성공은 거의 일어나지 않는다거나 혹은 어떤 "성공 요인"이 없이는 "성공이 불가능하다"고 할 때, 그 요인을 "핵심적" 요인이라고 한다. "핵심적"이란 뜻은 거의 완벽한 결정주의에 가깝다(항목 4.3의 설명상자 8 참고). 위의 예와 같이, 가설은 "혁신 프로젝트에서 요인 A(예를 들어, 최고경영자의 실행 의지)가 높으면, 요인 A가 낮은 프로젝트와 비교하여 더 성공한다"라고 할 수 있다. 이론의 실제적인 시사점은 경영자는 성공 요인(예를 들어, 최고경영자의 실행 의지)을 실행함으로써 성공할 수 있다는 것이다. 그렇다면 이론은 "성공을 가능하게 하는 요인"에 대한 이론이 될 것이다.

4.2.1 충분조건에 관한 명제

개념 A는 개념 B의 충분조건이라고 표현하는 명제는 다음과 같이 만들 수 있다. A가 있다면 B가 있을 것이다. (If there is A, then there will be B)

A가 B의 **충분조건**이라고 표현하는 다른 방법도 있다.

- "A면 B이다" "If A then B"
- "A가 있으면 반드시 B가 있다" "If there is A there must be B"
- "B가 있으려면 A가 있어야 한다" "A is enough for B"

이 표현을 앞에서 다루었던 예에 적용하면, "최고경영자의 실행 의지가 있으면 혁신 프로젝트는 성공할 것이다"라고 할 수 있다.

충분조건을 표현하는 명제에서 조건 A와 결과 B는 각각 두 가지 값, 즉 있다
(존재) 혹은 없다(부재)라는 값을 갖는다. A와 B가 갖는 존재 혹은 부재를 조합하여
나오는 경우의 수를 매트릭스 형식으로 표현하면 [그림 4.1]과 같이 된다. A가 B의
충분조건이 되는 상황에서는 사례들이 네 개의 셀 중에서 단지 세 개의 셀에만 소
속되어야 한다. "A가 존재하고 B가 부재"하는 셀에는 사례가 있을 수 없다.

그림 4.1 충분조건을 나타내는 사례의 산포도

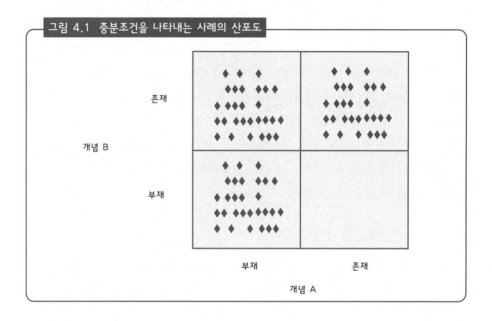

4.2.2 필요조건에 관한 명제

개념 A는 개념 B의 필요조건이라고 표현하는 명제는 다음과 같이 만들 수 있
다. A가 있어야만 B가 존재한다. (B exists only if A is present)

A가 B의 필요조건이라고 표현하는 다른 방법은 다음과 같다.

- "B는 A없이 존재하지 않는다"™B does not exist without A"
- "B가 있으면 A가 있다"™If there is B then there is A"
- "B이기 위해서는 A가 필요하다"™A is needed for B"
- "B를 가지려면 A가 있어야 한다"™There must be A to have B"

- "A 없이 B일 수 없다"'Without A there cannot be B"
- "A가 없으면 B가 있을 수 없다"'If there is no A there cannot be B"

이 표현을 앞에서 다루었던 예에 적용하면, "혁신 프로젝트의 성공을 위해서는 경영자의 실행 의지가 있어야 한다" 혹은 "경영자의 실행 의지는 성공에 필요하다"라고 할 수 있다.

앞에서 다루었던 충분조건처럼 필요조건도 A와 B의 존재와 부재를 조합하여 매트릭스를 만드는 것이 가능하다. 필요조건에서는 사례들이 네 개의 셀 중에서 세 개의 셀에 위치해야 한다. 연구 대상 사례가 "A 부재/B 존재"라는 셀에 들어 있을 수는 없다. A는 B를 위한 충분조건이면서 필요조건인 경우를 표현하는 명제가 있을 수 있다. 그런 경우에는 해당하는 셀이 모두 비어 있지만, 여기에서 더 이상 논의하지 않는다. 이는 단순히 두 개의 별도 명제를 조합한 것이기 때문이다.

대부분의 사례들과 달리 극소수의 사례들만이 (아마도) 빈 셀에 위치한다면, 이런 상황을 실용적인 결정적 충분조건 혹은 실용적인 결정적 필요조건으로 생각할 수 있다고 본다(다음의 4.3에 있는 설명상자 8 참고).

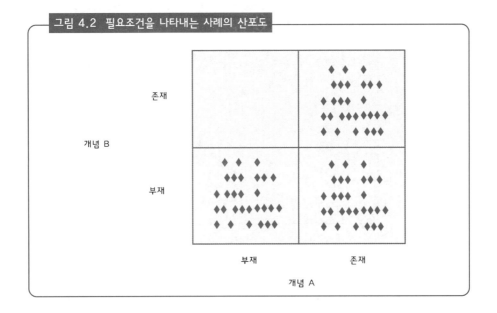

그림 4.2 필요조건을 나타내는 사례의 산포도

4.2.3 결정적 관계에 관한 명제

개념 A와 개념 B가 **결정적 관계**라는 명제를 표현하는 형식은 다음과 같다. A가 커질수록 B가 커진다.

이런 관계를 [그림 4.3]에서는 A와 B가 연속적으로 증가하는 관계로 표현하고 있다. 예를 들어 "경영층의 실행 의지가 높을수록 혁신 프로젝트는 더 성공한다"라고 기술한다. A와 B 간의 결정적 관계는 연속적인 증가뿐만 아니라 감소까지 포함한다. 결정적 관계라 하더라도 A와 B는 항상 증가하거나 감소하는 것은 아니며 부분적으로도 증가하거나 감소할 수 있다. 결정적 관계는 A의 특정 값에 대응하는 B의 특정 값이 존재하는지가 더 중요하다.

결정적 관계에서는(충분조건이나 필요조건을 만들기 위해) 개념 A를 조건condition에 강제로 할당(혹은 재코딩)하기도 하는데 이때는 컷오프 포인트cut-off point를 만들어서 적용하기도 한다. 컷오프 포인트 아래의 값은 조건 A를 부재로 보고, 컷오프 포인트 위의 값에서는 조건 A를 존재한다고 본다. 개념 B도 동일한 방법으로 결과effect에 강제 할당하는 방식을 적용하여 사용할 수 있다.

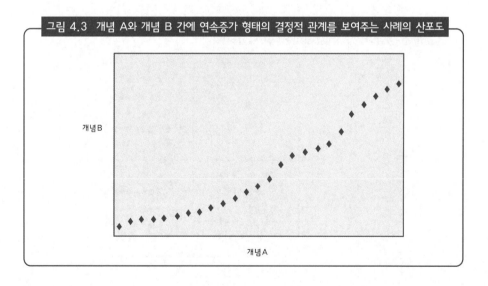

그림 4.3　개념 A와 개념 B 간에 연속증가 형태의 결정적 관계를 보여주는 사례의 산포도

4.2.4 확률적 관계에 관한 명제

개념 A와 개념 B가 **확률적 관계**라는 명제는 다음과 같이 만들 수 있다. A가 커질수록 B가 커질 가능성이 커진다.

확률적 관계란 A와 B의 평균 모두가 동시에 증가 혹은 감소하는 관계이다. A는 B에 원인이 된다고 본다. 확률적 관계는 [그림 4.4]의 산포도 그림에서와 같이 개념 A의 평균이 증가하기 때문에 개념 B의 평균도 증가하는 것을 보여준다. 확률적 관계를 앞의 사례에 적용하면, "경영자의 실행 의지가 더 커질수록 혁신 프로젝트는 더 성공적일 것이다"라고 표현한다.

확률적 관계는 평균적으로 볼 때 연속적으로 혹은 불연속적으로 증가하거나 감소하는 관계이다. [그림 4.4]에서 보면 A가 증가하는데 B가 감소하는 경우도 있다. 결정적 관계라면 이런 경우는 가능하지 않다. 확률적 관계에서 분산variation이 발생하는 것은 "측정 에러" 때문이기보다는 연구 대상에서 실제 값 자체에 분산이 있다는 것을 보여준다. 이때의 실제 값은 "현실적인" 확률적 관계를 표현하는 것으로 해석해야 한다.

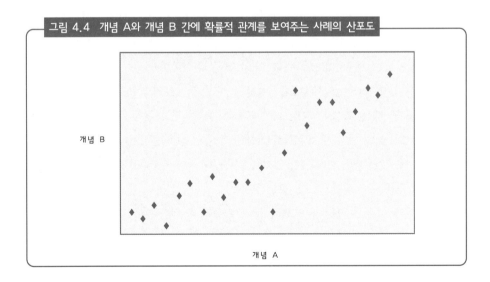

그림 4.4 개념 A와 개념 B 간에 확률적 관계를 보여주는 사례의 산포도

4.3 현실 세계에서의 명제 활용

우리는 앞에서 결정적 명제와 확률적 명제라는 두 가지 명제를 제시하였다. 결정적 명제는 확률적 명제보다 "더 강하다"고 본다. 결정적 명제가 독립 개념의 분포에 대해 더 많이 혹은 전부 설명하고 있으며, 그렇기 때문에 개별 사례의 결과를 더 잘 예언한다고 본다. 그래서 결정적 명제는 이론을 더 강력하게 만들어준다. 더구나 결정적 명제는(많은 반복연구를 통해 지지된다면) 실무자에게 매우 유용하다. 실무자들은 성공을 위해 어떻게 행동해야 하는지 알고 싶어 한다. 그냥 성공의 가능성을 높이는 방법을 알려주는 것보다 확실하게 얘기해주는 결정적인 통찰을 더 유용하다고 여긴다. 이는 결과에 대해 절대적으로 확신한다는 뜻이 아니다. 그보다는 "거의 확신한다"는 정도이며 의사결정을 위한 강한 근거로 활용하자는 취지이다.

결정적 관계와 확률적 관계를 구분하는 것은 실무자가 의사결정에 사용하는 두 개의 지식을 반영한 것이다. 기업에서는 "어떻게 프로젝트를 성공시킬까 혹은 투자를 성공시킬까"에 대해 고민한다. 대규모 투자나 합병처럼 중요한 결정을 할 때 실무자는 성공을 "보장"하거나(성공의 "충분조건"을) 성공에 필요한 요인(성공의 "필요조건")을 알고 싶어 한다. 반면에 앞서 언급한 중요한 의사결정을 확률적 지식만으로 하기에는 부담이 크다. 다만 의사결정 상황에서 확률적 지식이라도 갖는 것이 전혀 무지한 상태인 것보다는 더 나은 것은 분명하다.

중요성이 떨어지는 의사결정들, 예를 들어 프로젝트의 투자회수율을 향상하는 방안을 고민할 때는 확률적 지식으로 충분할 수 있다. 프로젝트의 성공 가능성을 높이는 요인에 대해 안다면 프로젝트의 평균적인 성과를 높이거나 성공하는 프로젝트의 수를 더 많이 만들 수 있다. 의사결정의 중요성에 따라 결정적 지식이 필요하기도 하고 확률적 지식만으로도 충분하다.

학술지에 나온 대부분의 연구 논문이 확률적 명제를 다루고 있다. 그러나 결론에 가서는 결정적 형식으로 '실제적 시사점'을 제시하곤 한다. 흔히 "이 연구는 성공을 위해 A를 해야 한다는 점을 보여준다"라고 제시한다. 이렇게 "결정적" 조언이 많다는 것은 현실의 문제들이 성공의 필요조건, 즉 결정적 지식을 필요로 한다는 점을 반영하고 있다. 그렇기 때문에 많은 연구 문제가 연구 초기부터 확률적 관계보다는 필요조건의 형식으로 표현되고 있다.

그런데 현실이 진짜 결정적인지, 즉 진정한 결정주의determinism가 존재하는지 혹은 현실이 확률적이라서 일반적인 규칙에 항상 예외가 있는 것이 아닌지 의문을 제기할 수 있다. 이 논쟁에 대해 분명한 대안을 제시하고 싶다. 만약 "좋은 이론만큼 실용적인 것은 없다"라는 관점을 수용한다면 당신은 "실용적 결정론"이라는 최고의 관점을 가진 것이다. 현실에는 결정적이라고 생각하는 것에는 예외가 있기 마련이다. 그러나 그런 점을 인정하면서도 때로는 완벽한 결정주의가 존재하는 것처럼 행동하는 것이 실용적 결정주의이다(설명상자 8 참고).

현실은 결정적인가 확률적인가? "실용적 결정주의"에 대하여   설명상자 8

현장에서는 많은 인과관계가 결정적 필요조건으로 표현될 수 있다고 하였다. 그러나 이런 주장은 곧 회의적이라는 지적을 받는다. 많은 학자가 실제 사회에서는 결정적 인과관계란 존재하지 않는다고 생각한다. 경영학의 모든 인과관계는 다중 원인multi-causal 혹은 다중 요인multi-factorial이므로 확률적 관계로 기술해야 한다고 주장한다. 이런 비판에 대응하여 세 가지 주장을 요약하고자 한다.

1. 경영학 이론은 사실 결정적 인과관계를 나타낸다.
2. 비록 현실이 확률적이라 해도, 이것이 결정적 이론의 유용성까지 해칠 수는 없다.
3. 경영학의 상용이론들theories-in-use은 결정적 관계로 되어 있다.

많은 이론들의 형태는 결정적 관계이다

Goertz는 정치학 연구들에서 결정적 관계라고 명시적으로 밝히지는 않았지만 실제로는 결정적 관계인 이론을 찾아보았다. Goertz는 150개 이상의 필요조건 가설들을 발견하였고(2003: 76-94), 이런 발견을 토대로 "어떤 분야이든 반드시 필요조건 가설이 있다"라고 주장하고 있다.

우리도 경영학 이론에 꽤 많은 필요조건 가설들이 있다고 확신한다. 대표적인 사례는 Porter가 주장한 국가의 경쟁우위 조건에 관한 이론이다(9장의 9.1.3의 설명상자 12 참고). Sarker와 Lee의 상용이론theories-in-use도 있고, 다음의 5장에서 다룰 사례연구 예제들에도 있다.

이 책에서는 수학과 철학에 나오는 "필요조건"이라는 개념을 사용하고 있다. "A가 있어야만 B가 존재한다"(B only if A)"라는 것은 B가 존재하는 곳에는 반드시 A가 꼭 있다는 의미이다. 그런데 "A가 있으면 항상 B가 존재한다"(B if A)라는 것은 A가 존재하는 곳에는 B가 존재한다는 의미이다. 이런 논리 관계에서는 항상 참 아니면 거짓으로 결론난다. 이를 통해 필요조건은 옳거나 그르다는 즉, 이분법이라는 것을 알 수 있다([그림 A]).

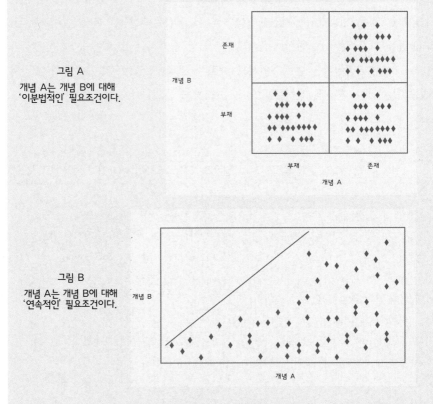

그림 A
개념 A는 개념 B에 대해
'이분법적인' 필요조건이다.

그림 B
개념 A는 개념 B에 대해
'연속적인' 필요조건이다.

그러나 조건과 결과는 연속적일 수도 있다. 많은 연구자들은 다치논리multi-value logic를 사용하여 연속 변인을 필요조건으로 표현하는 것이 가능함을 보여 왔다.

Goertz와 Starr는 필요조건을 연속적으로 표현하는 그래프를 보여주었는데(Goertz & Starr, 2003: 10), 그래프를 보면 좌측 상단의 셀에는 아무 사례도 없다. 그림 B에서 보여주듯이 필요조건의 기본 아이디어는 A의 특정 값이 B의 특정 값에 연결되고 있으며, 모든 사례들이 경사면의 아래에 위치한다는 점이다. 이는 Ragin(2000)과 Goertz(2003)가 주장한 아이디어이다.

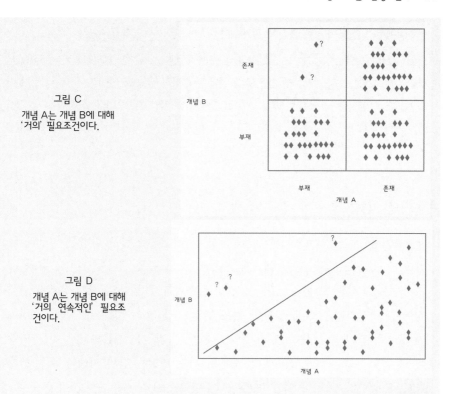

그림 C
개념 A는 개념 B에 대해
'거의' 필요조건이다.

그림 D
개념 A는 개념 B에 대해
'거의 연속적인' 필요조
건이다.

현실은 확률적 관계이다

필요조건 명제에서는 예외적인 사례가 하나라도 있으면 안 된다. 단 하나의 예외라도 필요조건의 정당성을 치명적으로 침해하는 것이다. [그림 C]는 이분형 필요조건을 [그림 D]는 연속형 필요조건을 보여주고 있다. 두 그림은 대부분의 사례가 필요조건 공식에 따라 움직이는 것을 보여주고 있지만 현실에서는 소수라도 예외가 있을 수 있다. 이런 현실을 반영하는 방법으로는 회귀선으로 연속형 필요조건을 표현하는 방법도 있을 것이다.

실증적 연구의 경우, 결정적 관계에서 자주 예외가 발견된다. 그렇다고 현실은 확률적이라는 사실이 결정적 이론의 유용성을 해치지는 않는다. Ragin을 비롯한 여러 연구자들이 "거의 항상 필요조건"(almost always necessary condition)이라는 아이디어를 제안했는데, 결정적 관계가 일어날 확률이 99% 정도로 매우 높은 상황을 말한다. 이들은 이런 "확률적 필요조건"을 수학적 정의로도 만들었는데 [그림 D]에 있는 데이터를 분석하는 통계도구를 개발하기도 했다. 자료들이 경사면에서 "잘못된" 곳에 위치한 사례의 비율을 계산한 후 명제를 기준과 비교하여 "유의도"를 분석하는 방법을 사용하였다.

현실에서의 상용이론은 결정적 관계이다

현실 상황에서의 유용성은 소수의 예외에 의해 영향을 받지 않는다. 실무자는 머리로는 확률적 필요조건이 맞는다고 생각할지라도 행동은 결정적 필요조건을 따른다. 자기만이 아니라 다른 사람들도 그리 행동하도록 노력할 것이다. 완벽한 결정주의가 존재하더라도 여기에는 어느 정도 예외가 있는 것을 인정하고 그에 맞게 행동하겠다는 관점을 **실용적 결정주의**Pragmatic Determinism라고 한다.

4.4 이론 검증 연구의 연구 전략

이론 검증 연구에서는 실험, 설문조사, 사례연구와 같은 다양한 연구 전략을 사용할 수 있다. 실험에서는 독립 개념을 처치하고 종속 개념에 끼치는 효과를 측정한다. 설문조사는 사례의 모집단에서 독립 개념과 종속 개념 간의 통계적 관계를 설정한다. 사례연구는 실제 상황에 있는 단일 사례 혹은 소수의 사례를 선정하고 여기에서 독립 개념과 종속 개념 간의 관계를 결정한다. 검증하고자 하는 명제의 종류에 따라 적합한 연구 전략이 존재한다. 어떤 명제는 단일 사례나 소수 사례에서 검증해야 한다. 그러나 어떤 명제는 다수의 사례에서 검증하는 것이 좋을 수 있다. [표 4.2]는 명제의 종류에 따라 어떤 연구 전략이 선호되는지를 보여준다. 각각의 종류별로 연구 전략을 어떻게 실행하는지는 [흐름도 2A]에 나와 있는데 이에 대해 각각 논의하고자 한다.

표 4.2   명제 유형별 선호 연구 전략

명제	실험	사례연구	설문조사
충분조건	1순위	2순위(단일 사례연구)	3순위
필요조건	1순위	2순위(단일 사례연구)	3순위
결정적 관계	1순위	2순위(종단적 단일 사례연구 혹은 비교 사례연구)	3순위
확률적 관계	1순위	3순위(비교 사례연구)	2순위

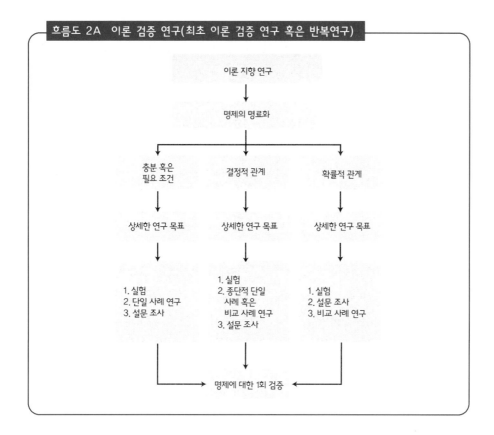

흐름도 2A   이론 검증 연구(최초 이론 검증 연구 혹은 반복연구)

이론 지향 연구

↓

명제의 명료화

충분 혹은   결정적 관계   확률적 관계
필요 조건

↓   ↓   ↓

상세한 연구 목표   상세한 연구 목표   상세한 연구 목표

↓   ↓   ↓

1. 실험   1. 실험   1. 실험
2. 단일 사례 연구   2. 종단적 단일   2. 설문 조사
3. 설문 조사   사례 혹은   3. 비교 사례 연구
                비교 사례 연구
              3. 설문 조사

명제에 대한 1회 검증

4.4.1 충분조건의 명제 검증 전략

결정적 충분조건인 명제는 단일 사례를 사용한다. 연구 영역에 있는 각각의 단일 사례가 이론에 따라 참(true)일 것이라고 보기 때문에 단일 사례로 명제를 검증할 수 있다.

충분조건을 확인하는 데 가장 적합한 연구 전략은 실험이다. 먼저 조건 A도 없고 결과 B도 없는 사례 하나를 선정한다. 이 사례에 "조건"A를 처치해서 결과 B가 생긴다면 가설은 입증되고 명제는 지지된다. 만약 결과 B가 없으면 가설은 기각된 것이고, 과연 명제가 맞는지에 대해 의구심이 일어난다. 그러나 실험으로만 충분조건을 입증할 수는 없고 다른 연구 전략도 필요하다. 단일 사례에 대해 검증을 한 후에 조건 A와 결과 B가 없는 또 다른 사례들을 선정해서 검증을 실시하는 것이다(반복연구).

만약 실험을 하는 것이 어렵거나 불가능하다면(대부분의 사회과학 연구들에서는 실험이 어렵다) 단일 사례연구가 좋은 대안이 된다. 사례연구로 충분조건을 기각하는 것이 가능하다. 조건 A가 있는 하나의 사례를 선정하고 여기에 B가 있는지를 관찰한다. 만약 B가 없는 사례로 나타나면 가설을 기각한다. [그림 4.1]을 보자. 관찰한 사례가 오른쪽 아래의 셀에 위치한다면 가설은 기각되는 것이다. 왜냐하면, 가설에 따르면 그 셀은 빈 채로 있는 것이 맞기 때문이다. 단일 사례로 검증을 한 후에 다른 사례들을 갖고 계속 검증을 실시할 수 있다(반복연구).

단일 사례연구는 가설을 기각하기 위한 전략이지 가설을 입증하기 위한 전략으로는 사용할 수 없다. 하나의 사례가 조건 A도 있고 결과 B도 있다는 것이 A가 B의 충분조건이라는 증거가 되지 않는다. 조건 A 말고도 다른 요인들이 결과 B에 영향을 끼칠 수 있기 때문이다. 조건 A가 존재하지만 결과 B가 없는 상황만이 가설의 기각을 의미한다. 그러나 단일 사례로 충분조건을 입증할 수 없지만, 여러 차례 단일 사례연구를 실시했는데도 가설을 기각할 수 없었다면 그 명제는 이론적 영역에 일반화가 가능할 것이라는 확신을 제공한다. 이런 확신은 검증한 사례가 "그럴 가능성이 가장 낮은" 사례일 때 더 확신을 준다. 여기서 "그럴 가능성이 가장 낮은" 사례란 조건 A보다는 다른 이유들 때문에 결과 B가 발생할 것 같은 사례들을 말한다.

충분조건을 검증하기 위해 설문조사를 사용할 수도 있다. 설문조사는 (a) 실제 정황에서 하나의 모집단을 선정하고 (b) 이 모집단에서 얻은 수치를 정량적 방법으로 분석할 때 사용하는 연구 방법이다. 설문조사를 통해 검증하기 위해서는 모집단을 선정해야 하는데, 종속 개념 B가 있거나 충분조건인 독립 개념 A가 없는 모집단을 선정할 수 있다. 만약 개념의 값을 모르는 경우라면, 영역에서 어떤 모집단이든 선정할 수 있다. 이런 모집단에서는 조건 A가 존재하고 결과 B가 없는 사례의 빈도가 0이거나(실용적 결정주의 논리에 따라) 극히 드물다는 것을 검증한다. 만약 조건 A가 존재하고 결과 B가 부재한 사례가 있거나 일정한 비율 이상으로 크다면 가설은 기각된다.

명제가 들어맞지 않는 사례의 비율을 계산하는 것은 매우 효율적인 방식이라고 본다. 그러나 설문조사는 충분조건을 검증하기에는 다음의 두 가지 이유로 인해 우선순위가 낮아진다.

❶ 설문조사는 선정한 모집단의 사례에 대해서 한 번만 테스트를 하는 것이다. 설문조사는 병렬적 반복연구와 비교가 된다. 병렬적 반복연구는 여러 개의 사례연구를 병렬적으로 동시에 진행한다. 사례 각각이 조건 A가 있고 결과 B가 없는지를 한꺼번에 보는 것이다. 그러나 앞의 3.2.2의 "이론 지향 연구: 이론 개발 기여" 항목에서 보았듯이 병렬적 반복연구는 그리 효율적인 방법이 아니다. 여러 사례들에서 가설이 기각되면, 더 이상의 명제 검증은 그만두는 것이 맞다. 그러나 설문조사는 전체 모집단 내에서 검증을 해야 하므로 모집단 내의 모든 사례의 점수를 알아야만 한다. 설문조사에 비해 병렬적 단일 사례연구가 측정비용으로 따졌을 때는 훨씬 더 비용효과적이라 할 수 있다.

❷ 설문조사는 단지 하나의 모집단에서 명제를 검증한다. 표본은 모집단에서 선정한 것이다. 만약 다른 모집단을 대상으로 반복연구가 필요하다면 다른 설문조사를 실시해야 한다. 그러면 다시 측정에 비용을 들여야 한다. 순차적 단일 사례연구를 통해 동일한 수의 사례들을 관찰한다면 여러 모집단을 대상으로 하여 좀 더 합목적적으로 사례를 선정하는 것이 가능하다. 따라서 순차적 단일 사례연구가 훨씬 유연하고 효율적인 방법이라 볼 수 있다.

4.4.2 필요조건의 명제 검증 전략

결정적 필요조건인 명제는 단일 사례를 사용한다. 연구 영역에 있는 각각의 단일 사례가 이론에 따라 참이라고 보기 때문에 단일 사례로 명제를 검증할 수 있다.

결정적 필요조건을 확인하는 가장 적합한 연구 전략은 실험이다. 먼저 조건 A와 결과 B가 모두 있는 사례 하나를 선정한다. 그리고 이 사례에 조건 A를 제거하고 결과 B가 사라지는지를 관찰한다. 이런 실험이 가능하지 않으면 그 다음 전략은 단일 사례연구이다. 결과 B가 나타난 하나의 사례를 선정하고 조건 A가 있는지를 관찰한다. 만약 조건 A가 없다면 가설을 기각한다. [그림 4.2]에서 보듯이 조건 A가 없는 사례가 왼쪽 위의 셀에 들어 있다면 가설을 기각한다. 가설에 의하면 그 셀은 빈 채로 있는 것이 맞기 때문이다.

영역의 모든 사례를 대상으로 검증을 반복하면서 명제가 맞는지를 입증하는 것은 사실상 불가능하다. 하지만 명제가 기각되는 하나의 사례를 발견한다면 그 명제가 틀리다는 결론을 낼 정도로 충분하다. 여러 시도에도 불구하고 가설이 기각되지 않으면 그 명제는 검증하는 영역 내에서는 맞다고 어느 정도 확신을 갖고 얘기할 수 있다.

설문조사도 필요조건을 검증하기 위해 사용한다. 필요조건 A가 없거나 종속 개념 B가 있는 모집단을 선정한다. 이 모집단에서 조건 A가 없고 결과 B가 존재하는 사례의 빈도가 없거나(실용적 결정주의 논리에 따라) 극히 드물다는 것을 검증한다. 만약 조건 A가 없고 결과 B가 있는 사례가 있거나 기대한 비율 이상으로 크다면 가설은 기각된다. 설문조사 방법은 앞의 충분조건에서 얘기했던 것과 같은 논리로 필요조건을 검증하기에는 그리 효율적인 방법은 아니다(자세한 이유는 4.4.1 "충분조건의 명제 검증 전략" 참고).

4.4.3 결정적 관계의 명제 검증 전략

결정적 관계인 명제는 연구 영역에 있는 각각의 단일 사례가 이론에 따르면 참(true)일 것이라고 보는 명제이다. 따라서 단일 사례로 명제를 검증할 수 있다.

결정적 관계를 입증하는 데 적합한 연구 전략은 실험이다. 먼저 조건 A와 결과 B 모두가 있는 사례를 하나 선정한다. 독립 개념의 값이 변하면 종속 개념의 값이 예측한 대로 변하는지를 보는 것이다. 조건 A에 대한 처지 수준을 어떻게 조절하는지에 따라 구분해 볼 수 있는데, 집단별로 조건 A의 값을 달리 처치하는 횡단 연구(cross-sectional)와 조건 A의 값이 시간이 지남에 따라 점차 커지는 종단 연구(longitudinal)가 있다. 어느 경우든 결과 B가 예측한 대로 증가한다면 그 가설은 입증이 된다.

만약 실험이 불가능하면 두 번째로 좋은 연구 전략은 종단적 단일 사례연구 혹은 비교 단일 사례연구이다. 종단적 단일 사례연구를 위해서는 먼저 사례를 선정하고 독립 개념과 종속 개념이 시간이 지남에 따라 변하는 것을 측정한다. 두 개념의 측정 포인트를 각각 지정하고 종속 개념이 기대치대로 나타나는지를 평가한다. 비교 사례연구에서는 독립 개념의 값이 각기 다른 두 개의 사례를 선정하고 종속 개념의 값을 관찰한다. 혹은 한 개의 사례를 선정하고 독립 개념과 종속 개념 두 개가 다 시간이 지남에 따라 어떻게 변하는지를 측정한다. 각각의 측정 포인트별로 평가하면서 종속 변인의 값이 기대치대로 나오는지 알아본다.

설문조사도 결정적 관계를 검증하기 위해 사용한다. 설문조사를 위해 영역 내 어떤 모집단이든 선택할 수 있다. 모집단에서 사례 각 쌍에 대해 통계 분석을 실시할 수 있다. 분석을 통해 두 사례에서 종속 개념 B의 관찰 값이 독립 개념 A의 값의 차이에 해당하는지 여부를 알아본다. 모집단에서 결과 B가 조건 A가 예측한 방향을 따르지 않는 사례 쌍의 빈도가 없는지(실용적 결정주의 논리에 따라) 혹은 극히 드물다는 것을 검증한다. 만약 조건 A가 일어나지 않는데 결과 B가 존재하는 사례가 있거나 혹은 기대한 비율 이상으로 크다면 가설은 기각된다. 여기서도 설문조사는 앞의 충분조건과 필요조건 부분에서와 같은 논리로 그리 효율적인 방법은 아니다(자세한 내용은 4.4.1 "충분조건의 명제 검증 전략 참고).

4.4.4 확률적 관계의 명제 검증 전략

확률적 관계를 검증하는 데는 실험이 가장 좋은 연구 전략이다. 독립 개념을 처방한 실험 집단의 종속 개념의 변화와 실험 집단과 동일한 조건이지만 독립 개념을 처방하지 않은 통제 집단의 종속 개념의 변화를 비교하면서 독립 개념의 효과를 조사한다. 다른 실험 방법으로는 조건 A의 값이 다른 실험조건들을 만들고 각 조건별로 결과 B의 값 범위를 측정하는 것이다. 실험 집단들에서 결과 B의 값을 분석하고 그 결과가 통계적으로 다르면 결과 B의 값이 조건 A의 값과 확률적으로 공분산2)covariation 관계에 있다는 결론을 도출할 수 있다.

만약 실험이 어려울 경우 확률적 관계를 검증하는 두 번째 좋은 방법은 설문조사이다. 실제 사례에서 두 개 이상 개념들 간에 공분산이 있는지를 관찰한다. 이때 설문조사는 흔히 한 시점에서 측정하는 횡단 연구로 실시하지만 때로는 전향적 prospective 종단 연구를 설계하고 독립 개념의 변화가 종속 개념의 변화를 가져오는지를 관찰한다.

만약 설문조사를 하는 것이 어렵다면 비교 사례연구가 차선책이다. 비교 사례연구에서는 가능하면 설문조사의 원리, 즉 설문조사 형식의 사례연구quasi-survey case study의 원리를 따르는 것이 좋다. 명제를 검증할 모집단을 구체화하고 모집단에서 대표성을 가진 사례를 무작위로 선정해야 한다.

---

2) 공분산(covariation)은 두 개의 확률변수의 관계를 보여주는 값으로, 한 변수가 변할 때 다른 변수가 변하는 정도를 나타내는 값이다. 만약 공분산이 작으면 두 변수가 독립적이라는 것을 말하며, 그 값이 클수록 변수 간에 관계가 크다는 것을 나타낸다.

설명상자 9   설문조사를 사례연구로 활용하는 방법

설문조사의 핵심적인 특징이라면 확률적 표집을 들 수 있다. 확률적 표집이란 모집단에서 사례들을 무작위로 표집하는 것을 말하며 각 사례가 선택될 기회는 동일해야 한다는 원리이다. 그래야 모집단의 다른 사례들과 표본에 담긴 사례들의 공분산(co-variation)이 같아질 수 있다. 이런 확률적 표집은 표집 프레임(frame), 즉 모집단에 있는 사례들의 목록이나 이들 사례를 확인하기 위한 방법이 잘 정의되어 있을 경우라야 가능하다. 그러나 전체 이론적 영역에 어떤 사례들이 있는지 잘 모르는 경우가 많다. 즉 표집 프레임을 적용하기 어려운 경우가 많다. 따라서 이론 검증을 위한 설문조사는 항상 영역 내에서 잘 정의된 사례를 대상으로 설문조사를 실시한다. 명제는 이 모집단 내에서 검증을 하고, 이후에는 반복 연구 전략을 사용하여 다른 모집단에서도 검증을 이어간다. 이렇게 함으로써 이론이 적용되는 영역 전체에 일반화가능성을 넓혀가게 된다.

만약 이론이 적용되는 영역에서 모집단을 발견할 수 없다면 설문조사를 통해 명제를 검증하는 것 자체가 불가능하다. 그런 경우에는 모집단을 좀 더 작은 규모로 줄여서 표집을 정의한다면 해결할 수 있다. 예를 들어, 일반적인 혁신 프로젝트에 관한 표본 목록으로 만드는 것은 어려울 수 있다. 더 나아가 유럽 지역 내에서 혹은 한 국가 내에서라도 모든 혁신 프로젝트를 목록으로 만드는 것이 어려울 수 있다. 그렇지만 EU로부터 보조금을 받은 프로젝트나 대기업에서 있었던 프로젝트를 목록으로 만드는 것은 가능할 것이다. 이런 작은 모집단이 전체 영역을 대표하지는 않겠지만 모집단이 아예 없는 것보다는 나을 것이다. 한 예로, 소비자행동이론은 항상 로테르담의 주부 혹은 토론토의 학생과 같이 특정 소비자 모집단을 대상으로 검증을 실시하고 이후에 다른 모집단을 대상으로 반복연구를 실시한다.

위와 같은 연구 전략에서 일어날 수 있는 다른 문제가 있다. 그건 사례의 수가 너무 적어서 통계 분석이 곤란한 경우이다. 예를 들어, "이슬람 정부 혹은 산유국"처럼 어떤 특성을 가진 국가에 대해 명제를 만들고 정책 비교 연구를 하려는 경우에 이런 문제가 발생한다. 또 어떤 경우에는 측정에 소요되는 시간이나 노력이 너무 많아서 사례의 수가 적을 수밖에 없다. 이럴 때는 통계 분석을 하려면 사례 수가 너무 적으므로 정성적 분석을 할 수밖에 없고 설문조사는 설문조사 형식의quasi-survey 사례연구가 될 것이다.

위에서 언급한 이유로 사례 선정은 두 가지 점에서 달라진다. 하나는 모집단이 너무 작아서 통계 분석이 불가능한 경우이다. 이런 때는 사례 선정 자체가 불필요하다. 작은 모집단에 대해서는 설문조사 형식의 비교 사례연구를 실시한다. 그리고 연구의 결과물을 갖고 다른 모집단을 대상으로 반복연구를 실시하면서 점차 일반화를 확대해 가는 것이 좋다. 다른 한 가지는 측정에 소요되는 노력이 너무 커서 설문조사 형식의 비교 사례연구를 해야 하는 경우이다. 원칙적으로는 확률적 표집을 해야 하지만 현실적으로는 매우 어렵다. 표본에서 나온 결과를 모집단에 일반화할 수 없다면 검증은 유용성을 잃어버린다. 따라서 모든 설문조사 형식의 사례연구는 전수조사가 가능할 만큼 아주 작은 모집단을 대상으로 실시해야 한다. 아주 작은 모집단에서 확률적 명제를 검증하게 되면 다른 크고 작은 모집단을 대상으로 일련의 반복연구를 실시하기에 유리해진다.

4.4.5 복잡한 개념 모형에 대한 검증

이 책은 두 개념 간의 관계를 다루는 비교적 단순한 인과관계에 초점을 두고 있다. 그렇지만 설명상자 10에서 보듯이 좀 더 복잡한 모형도 검증할 수 있을 것이다. 흔히 사용하는 모형은 몇 개의 독립 개념과 한 개의 종속 개념으로 이루어진 모형이다. 이 모형은 모든 원인들이 하나의 결과를 두고 각각 별도의 확률적 관계를 형성한다는 이론을 표현한 것으로 앞서 설문조사 연구에서도 다루었던 내용이다. 이론과 실제를 좀 더 탐색하면 어떤 요인들은 다른 요인보다 결과에 더 영향을 끼치는 중요한 요인이라고 믿게 된다. 이때는 명제를 결정적 명제로 작성하고 중요한 요인들을 조합하여 독립 개념으로 나타낸다. 복잡한 모형을 다시 단순한 모형으로 줄이고 곧장 명제를 검증해 나가는 방법을 취한다.

복잡한 개념 모형 설명상자 10

이 책에서는 비교적 단순한 인과관계 모형을 집중적으로 다루고 있다. [그림 A]에서 보듯이 한 개의 개념이 다른 개념에 영향을 끼치는 모습이다.

그림 A. 개념 A와 B간의 단순 인과관계

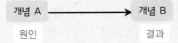

개념 A → 개념 B
원인   결과

그러나 좀 더 복잡한 모형들도 존재한다. 예를 들어, 개념 A가 "매개" 혹은 "개입" 개념을 거쳐 개념 B에 영향을 주는 경우가 있다. 이때 매개 개념은 명제 내에서 독립 개념과 종속 개념을 연결하며, 두 개념의 인과관계에서 필수적인 역할을 하는 개념이다. 이는 [그림 B]에서 볼 수 있다. 처음에 A가 C에 영향을 주고, 그런 다음 C가 B에 영향을 주는 구조이다. A와 C, 그리고 C와 B, 그리고 A와 B 간에 각각 명제를 만들고 검증할 수 있다.

그림 B. 개념 C가 매개효과로 작용하는 인과관계 모형

개념 C가 A와 B 간의 관계에서 조절 효과를 갖는 경우도 있다. 여기서 조절 개념은 명제 내의 독립 개념과 종속 개념 간의 관계를 조정하는 역할을 한다. 예를 들어, C가 어떻게 변하냐에 따라 A와 B 간의 관계가 존재할 수 있다거나 강해지는 것이다. 이런 관계는 [그림 C]에 나타나 있다. A가 B에 끼치는 효과는 C의 값에 따라 달라진다는 형식으로 명제를 만들고 검증한다.

그림 C. A와 B간에 C가 조절효과로 작용하는 인과관계 모형

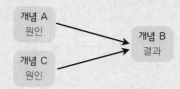

그 외의 다른 개념 모형은 복수의 원인 요인이 복수의 결과 요인에 작용하는 형태이다. 이런 경우는 [그림 D]와 [그림 E]로 표현할 수 있다. 복수의 원인이 존재하는 명제는 여러 요인이 조합되어 한 개의 결과에 영향을 끼친다는 식으로 되어 있다. 반면에 복수의 결과가 존재하는 명제는 한 개 이상의 요인이 복수의 결과에 영향을 준다는 식으로 작성한다.

그림 D. 복수의 원인 요인을 가진 인과관계 모형

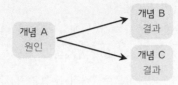

그림 E. 복수의 결과를 가진 인과관계 모형

4.5 결론 및 시사점

　　명제로부터 가설을 유추하고 가설을 통해 기대치를 설정한다. 검증이란 사례를 통해 기대치와 관찰한 사실을 비교하는 것이다. 여기서 "사실 관찰"을 측정이라 부르는데 측정은 자료 수집과 코딩으로 구성된다. 자료 수집과 코딩이라는 절차를 통해 점수가 나온다. 점수는 연구 대상이 되는 사례에서 관찰한 개념의 값을 표현한 것이다(부록 1의 "측정" 참고).

　　이 책에서는 통계 분석을 통해 가설을 검증하는 방법에 대해서는 다루지 않는다. 여기서는 이론 검증 사례연구에 적용하는 정성적 분석에 대해 다룰 것이다. 검증을 통해 가설을 **입증**confirmation하거나 **거절**rejection을 하게 된다. 입증과 거절 모두 해석을 필요로 하며 대개는 연구 결과에 설명 형식으로 작성한다.

- 연구 결과가 틀린 이유는 방법론적 오류인가 아니면 연구의 제한점 때문인가?
- 연구 결과는 명제를 재고하도록, 아마도 재작성하도록 권고하는가?
- 연구 결과는 이론의 영역 경계를 재형성토록 하는가?

　　과학적 검증에서는 이론이 옳은 것이라는, 즉 기대한 것을 입증하는 것이 바람직하다는 것이 하나의 상식으로 여겨지고 있다. 이론을 개발하는 목적이 연구 대상에 대한 올바른 명제를 만들어 가는 것이라고 볼 때는 맞는 말이다. 이론이 오랜 발전 과정을 거쳐 올바른 설명을 계속 제공할 수 있기를 바란다. 그러나 입증이 쉬운 "가장 부합하는most likely 사례들"을 갖고 가설을 입증하더라도 그 연구 결과는 향후의 이론 개선을 그리 자극하지 않는다. 그리고 현재의 이론 체계를 더 전문화시켜주지도 않는다. 이론이 충분하지 않다 여겨지면 연구자들은 이론이 설명하지 못하는 사례들을 더 찾아 나설 것이다. 따라서 이론을 기각하는 것은 이론을 다시 연구하도록 촉구하는 자극이 되어준다.

이론 검증은 가설을 입증하는 전략일 뿐만 아니라 연구 대상에 대해 더 많이 배워가는 방법이기도 하다. 이는 가설이 기각되는 사례를 발견함으로써 가능해진다. 이론 개발의 관점에서는 의도적으로 "가장 부합되지 않을 것 같은"least likely 사례를 찾기 위해 노력하는 것이 더 생산적인 활동으로 여겨진다.

한 번의 연구("원샷one-shot 연구")를 통해 가설을 입증하거나 기각한 후에는 명제의 강건성과 일반화가능성을 증진하기 위해 반복연구를 실시하는 것이 필요하다. 검증을 마친 후에는 위에서 제기한 질문에 하나씩 답변을 만들면서 **반복연구 전략**을 수립하여야 한다. 반복연구를 통해 명제를 검증하는 것은 처음으로 명제를 검증하는 것과 동일한 절차를 따른다.

4.6 요약

이론 검증 연구에서는 연구 대상이 되는 사례에 대해 명제에서 추출한 이론을 입증하거나 기각함으로써 명제를 검증한다. 한 번의 연구("원샷")로 가설을 입증하거나 기각한 후에는 명제의 강건성과 일반화가능성을 향상하기 위해 반복연구가 필요하다.

명제는 네 가지 유형으로 구분할 수 있다. 충분조건(조건 A가 있으면 결과 B가 있다), 필요조건(결과 B는 조건 A가 있을 때만 가능하다), 결정적 관계(조건 A가 높으면 결과 B도 높아진다), 그리고 확률적 관계(조건 A가 높으면 결과 B도 높아질 가능성이 있다)이다. 많은 사회 문제들이 필요조건으로 만들어져 있지만 대부분의 사회과학 연구는 확률적 관계를 검증한다.

실험은 모든 유형의 명제를 검증하는 데 가장 좋은 연구방법이다. 실험을 통해 독립 개념 A가 처방되고 종속 개념 B에서 처방 결과를 파악한다. 잘 진행된 실험을 통해 나온 결과는 인과관계가 존재한다는 것을 입증하는 강력한 증거가 된다. 그러나 실제 현장에서는 실험 조건을 만드는 것이 불가능할 때가 많다. 만약 실험 연구가 어렵다면 확률적 관계를 검증하는 데는 설문조사가, 결정적 관계를 검증하는 데는 사례연구가 좋은 대안이 된다.

설문조사는 확률적 관계를 검증하는 두 번째로 좋은 전략이다. 설문조사는 검증을 위해 모집단을 선정하는 것부터 시작한다. 그리고 독립 개념과 종속 개념 간에 확률적 관계를 검증하기 위해 통계 분석을 실시한다. 만약 결정적 관계를 검증하고자 한다면 설문조사는 세 번째로 좋은 전략이 된다.

사례연구가 이론 검증을 위한 연구 전략으로 적당하지 않다는 생각이 많이 퍼져있지만, 결정적 관계를 검증하는 데는 사례연구가 두 번째로 좋은 전략이다. 단일 사례연구는 충분조건이나 필요조건을 검증하기 위해 사용하는 전략이고, 종단적 단일 사례연구나 비교 사례연구는 결정적 관계를 검증하기 위해 사용한다.

다음 5장부터 7장까지는 이론 검증 사례연구를 어떻게 설계하고 수행하는지에 대해 자세하게 다루고자 한다.

참고문헌

Goertz, G. 2003, The substantive importance of necessary conditions, Chapter 4 (pp. 65–94) in Goertz and Starr (2003), *Necessary conditions, theory, methodology, and applications*. Oxford: Rowman & Littlefield.

Goertz, G. and Starr, H. (eds) 2003, *Necessary conditions: Theory, methodology, and applications*. Oxford: Rowman & Littlefield.

Ragin, C. 2000, *Fuzzy-set social science*. Chicago: University of Chicago Press.

Van de Ven, A.H. 1989, Nothing is quite so practical as a good theory. *Academy of Management Review, 14*(4): 486–489.

제5장

충분조건과 필요조건 검증 사례연구

명제를 통해 이론을 검증하고자 할 때 사례연구를 사용한다. 사례를 이용하여 명제에서 추론한 가설을 입증하거나 기각하는 것이다. 관찰한 패턴이 가설에서 예측한 패턴과 같으면 가설을 인정하고 다르면 기각한다. **검증** 결과에 따라서 가설을 도출했던 명제를 지지하거나 지지하지 않는다.

본 장에서는 충분조건 혹은 필요조건 명제를 검증하기 위해 사례연구를 어떻게 설계하고 수행하는지 다루고자 한다. 사례연구 방법론은 **충분조건**이나 **필요조건**이나 거의 유사하다. 연구를 설계하고 수행하는 방법은 같으며, 차이가 있다면 검증에 필요한 사례를 선택하는 방법만 다를 뿐이다.

본 장에서는 충분조건 혹은 필요조건을 검증하는 데 사용하는 방법을 먼저 제시한다. 그런 다음 실제로 수행되었던 사례연구 두 개를 소개할 것이다. 두 개의 연구 사례는 앞서 설명한 검증 방법과 동일한 순서로 소개함으로써 서로 비교해 볼 수 있도록 할 것이다. 각각의 사례에는 "방법론 성찰"이라는 항목을 추가하였고, 이를 통해 사례연구를 좀 더 자세하게 논의하고 평가하고자 했다.

5.1 충분조건과 필요조건 검증 방법

5.1.1 서론

본 장은 단일 사례를 통해 두 유형의 명제를 검증하는 이론 검증 사례연구를 다룬다.

+ 충분조건: A가 있다면 B가 있을 것이다. (If there is A, then there will be B)

A가 B의 **충분조건**이라고 표현하는 다른 방법은 다음과 같다.

+ "A면 B이다"ᵂ"If A then B"
+ "A가 있으면 반드시 B가 있다"ᵂ"If there is A there must be B"
+ "B가 있으려면 A가 있어야 한다"ᵂ"There is only B if there is A"
+ "A는 B를 위해 충분하다"ᵂ"A is enough for B"

+ 필요조건: A가 있어야만 B가 존재한다. (B exists only if A exists)

A가 B의 **필요조건**이라고 표현하는 다른 방법은 다음과 같다.

+ "B는 A없이 존재하지 않는다"ᵂ"B does not exist without A"
+ "B가 있으면 A가 있다"ᵂ"If there is B there is A"
+ "B이기 위해서는 A가 필요하다"ᵂ"A is needed for B"
+ "B를 가지려면 A가 있어야 한다"ᵂ"There must be A to have B"
+ "A 없이 B일 수 없다"ᵂ"Without A there cannot be B"
+ "A가 없으면 B가 있을 수 없다"ᵂ"If there is no A there cannot be B"

충분조건 "A가 있다면 B가 있을 것이다"ᵂ"If there is A, then there will be B"는 "B는 A가 없는 경우에만 없다"ᵂ"non-B exists only if non-A exists"와 같은 필요조건으로 표현할 수 있다. 이와 같이 "B는 A 없이 존재하지 않는다"ᵂ"B does not exist without A"는 필요조건은 "A가 없으면 B 또한 없을 것이다"ᵂ"If there is non-A, then there will be non-B"라는 충분조건으로 표현할 수 있다.

5.1.2 후보 사례

단일 사례연구에서는 이론이 적용될 영역에서 하나의 사례를 선정한다. **후보 사례**는 사례연구를 위해 임시로 선정한 한 개 혹은 소수의 사례를 말한다. 먼저 후보 사례들을 임의로 선정한 후에 이론적인 측면을 고려하면서 소폭 조정하는 방식으로 후보 사례들을 압축해 간다. 이런 방식의 선정은 이론 검증 설문조사를 위한 모집단 선정 방식과 유사하다. 후보 사례를 선정하는 영역은 이론이 적용되는 전체 영역 혹은 조작적으로 정의된 일부 영역일 수 있다. 심지어 이론이 어디까지 적용되는지 한계를 알기 위해 이론이 적용되지 않을 것 같은 외부 영역에서도 후보 사례를 선정할 수 있다.

연구 프로젝트를 시작하면서 "실제"practice를 탐색하게 되는데 이 과정에서 사례를 어디에서 찾아야 하는지에 대한 정보를 알 수 있다. 예를 들어, 전문가나 실무자들에게 후보 사례 목록을 만들어 달라고 부탁할 수 있다. 이렇게 얻은 후보 사례 목록은 특정 지역이나 국가의 사례들이고 연구 결과도 이들 지역에 한정하여 적용하면 된다. 후보 사례를 특정 지리적 영역에 한정하여 선정하더라도 나중에 다른 지역을 대상으로 반복연구를 이어서 진행할 것이라면 별 문제가 되지 않는다.

5.1.3 사례 선정

사례 선정이란 후보 사례 중에서 하나의 사례를 선택하는 것이다. 제4장 "이론 검증 연구"에서도 설명한 적이 있는데, 단일 사례연구에서 사례를 선정할 때는 명제에서 종속 개념과 독립 개념이 어떤 관계인지를 따져야 한다.

A가 B에 충분조건인지를 검증하고 싶을 때는 두 가지 검증 방법이 있다.

- 독립 개념에서 '존재'에 근거한 선정: "A가 있다면, B가 있는지를 검증"
- 종속 개념에서 '부재'에 근거한 선정: "B가 없다면, A 또한 없는지를 검증"

A가 B에 필요조건인지를 검증하고 싶을 때는 두 가지 검증 방법이 있다.

- 종속 개념에서 "존재"에 근거한 선정: "B가 있다면, A 또한 있는지를 검증"
- 독립 개념에서 "부재"에 근거한 선정: "A가 없다면, B 또한 없는지를 검증"

연구의 목적에 따라 "가장 부합할 것 같은" 혹은 "가장 부합하지 않을 것 같

은" 사례를 선정할 수 있다. "가장 부합할 것 같은" 사례는 가설 입증이 가능할
것 같은 사례를 말한다. 명제를 처음으로 검증하는 최초 이론 검증 연구의 경우
에는 "가장 부합할 것 같은" 사례를 선정하는 것이 좋다. 이런 선정 전략은 초기
의 검증 결과들이 명제를 지지하기에는 무언가 의심이 들 때 사용할 수 있다. 연
구자들은 "가잘 잘 부합할 것 같은" 사례를 선정하고 명제가 지지될 수 있을 만
한 영역에서 실마리를 찾고자 할 것이다. "가잘 잘 부합할 것 같지 않은" 사례는
명제를 지지하지 않을 것으로 보이는 사례를 말한다. 이 방법은 초기에 실시했던
연구들이 명제를 지지한다고 나왔을 때 혹은 이론이 적용되는 영역의 경계가 어
디까지인지를 알고 싶을 때 사용한다. 이론의 일반화가능성을 결정하는 중요한
연구가 될 것이다.

사례 선정을 위해서는 검증을 하기 전에 독립 개념이나 종속 개념의 값이 어
떤 상태로 존재하는지 "측정"할 필요가 있다. 그러나 사례 선정 단계에서 두 개념
의 값을 측정하기란 현실적으로 불가능하다. 대안은 후보 사례를 선정한 후에 그
개념이 정말로 존재하는지를 확인하는 것이다. 만약 확인이 안 된다면 그 사례는
가설 검증을 위한 사례로 사용할 수 없고 다른 사례를 선정해야 한다.

5.1.4 가설

명제는 개념 간의 관계를 설명한다. 명제를 검증하려면 개념은 가설의 형태로
재구성해야 한다. 가설은 변인 간의 관계를 설명하면서 개념을 측정하기 위한 지표
가 된다.

이론 검증 연구에서 가설은 쉽게 만들 수 있다. 명제가 충분조건 형식이고 조
건(독립 개념)이 있는 사례를 선정했다면, 가설은 조건이 원인이 되어 결과(종속 개
념)가 발생했다는 형식으로 기술한다. 만약 결과가 발생하지 않은 사례를 선정했다
면, 결과에 영향을 줄 만한 조건도 없다는 형식으로 가설을 기술한다. 만약 명제가
필요조건의 형식이고 결과가 있는 사례를 선정했다면, 가설은 결과에 영향을 주는
조건이 사례에도 있다는 형식으로 기술한다. 만약 조건이 없는 사례를 선정했다면,
조건으로 인한 결과 또한 없다는 형식으로 가설을 기술한다.

5.1.5 측정

가설을 통해 예측한 것과 사례에서 측정한 사실을 비교해야 한다. 측정이란 분석을 목적으로 점수를 생성하는 일련의 과정을 말한다. 측정은 (a) 자료 수집과 (b) 코딩으로 구성된다. 측정과 관련한 주요 쟁점은 부록Appendix 1의 "측정" 부분에서 자세히 다룬다.

위에서도 말했듯이, 이론 검증 사례연구에의 곤란한 문제는 사례 선정 시에 종속 개념과 독립 개념 둘 중의 하나의 값이 선정 이전에 알고 있어야 한다는 점이다. 그렇지 않으면 특정 사례를 찾고 선정하는 것이 처음부터 불가능해진다. 부록 1에서 논의하겠지만, 측정 단계의 원칙들이 사례 선정 절차에도 동일하게 적용된다.

5.1.6 자료 제시

충분조건을 검증하기 위해서는 사례에 조건 A가 있다는 것을 먼저 제시하고, 그 다음에는 결과 B의 점수가 있다는 것을 제시한다. 반대로 결과 B가 없다는 것을 먼저 제시했다면, 그 다음에는 조건 A의 점수가 없다는 것을 제시한다.

필요조건을 검증하기 위해서는 사례에 결과 B가 있다는 것을 제시하고 조건 A에 대해 관찰한 점수를 제시한다. 혹은 사례에 조건 A가 없다는 것을 제시하고 결과 B에 대해 관찰한 점수를 제시한다. 순차적 사례연구나 병렬적 사례연구에서는 점수 자료를 각각의 사례별로 제시한다.

5.1.7 자료 분석

자료 분석은 연구의 결과물을 만들어 내기 위해 수집한 자료의 점수를 해석하는 것이다. 자료 분석은 결과 B와 조건 A의 실제 점수를 측정하는 것과 가설을 검증하는 것으로 구성된다. 가설 검증은 관찰한 점수 패턴을 가설로 예측한 점수 패턴과 비교하는 것이다. 가설을 입증하거나 기각함으로써 검증 결과가 나온다. 이때 입증이나 기각에 대한 결정 규칙은 매우 정밀해야 하며 엄격하게 적용하여야 한다. 결정 규칙에서는 가설이 틀린 것인데도 맞다고 인정하는 제1종 오류를 우선적으로 피한다. 따라서 가설이 맞는 것인데도 기각하는 제2종 오류가 좀 더 많이 나올 가능성이 있다. 연구를 실제로 수행하는 과정에서는 가설의 입증과 기각에 대한 결정 규칙을 구체적으로 만들어야 한다. 조건 A나 결과 B의 존재나 부재를 쉽게 결론을 낼 수 없는 방식으로 만드는 것이 좋다.

사례연구에서의 자료 분석은 정성적qualitative이다. 정성적 분석은 "패턴 매칭"pattern matching이라 불린다. **패턴 매칭**은 관찰 검사로 두 개 이상의 패턴을 비교함으로써 그 패턴들이 일치하는지(즉, 같은지) 혹은 일치하지 않는지(즉, 다른지)를 결정하는 것이다. 이론 검증에서 패턴 매칭은 관찰한 패턴과 기대한 패턴을 비교하는 것으로서 가설의 진위를 비통계적으로 검증하는 방식이다.

필요조건이나 충분조건을 검증하는 데 있어서 검증 그 자체는 간단한 편이다. 조건 A 혹은 결과 B가 있거나 없다는 것이 기대이다. 관찰을 해보니 예측한 조건이나 결과가 정말로 있다고 나오면 가설을 입증할 수 있다. 반대로 관찰을 해서 예측한 조건이나 결과가 안 나오면 그 가설은 기각하여야 한다.

5.1.8 이론적 시사점

그 어떤 이론 검증 연구라도 가설의 입증과 기각은 인위적 결과라 할 수 있고 이는 필연적으로 연구 오류를 동반할 수밖에 없다. 아무리 연구 절차를 올바르게 수행했다고 해도 마찬가지이다.

어떤 연구를 적절하게 수행했다고 가정하자. 어떤 사례에서 가설을 입증했고 명제가 옳다고 했다. 말 그대로 그 사례에서는 명제가 참이 된다. 그리고 그 명제는 다른 사례들에서도 지지될 가능성이 크다고 생각될 것이다. 그러나 이론이 적용될 것으로 본 영역의 모든 사례에서 그 명제가 옳다고 결론나지 않을 수도 있다. 여러 "부합하지 않을 것 같은" 사례들에서 그 명제를 기각시키려 애썼지만 결국 실패했던 연구를 거친 후에 비로소 우리는 그 명제의 "일반화가능성"을 수용하기 시작한다.

어떤 연구가 적절하게 수행됐다고 가정하자. 그런 다음 가설을 기각했고 (a) 명제에 무언가 문제가 있다고 볼 것이다. 즉, 조건 A는 결과 B를 위한 충분조건이 아니다 혹은 필요조건이 아니라고 본다. 혹은 (b) 이론이 적용된 영역에 문제가 있다고 볼 것이다. 즉, 이론 영역의 나머지 사례들에서는 조건 A는 결과 B를 위한 충분조건이거나 필요조건일 수도 있다. 연구자는 검증의 결과를 여러 다른 정보들에 근거하여 설명해야만 한다. 이러한 정보를 토대로 초기의 명제보다 개선된 명제를 개발할 수 있고 연구 영역의 경계를 좀 더 구체화할 수 있게 된다.

초기 검증에서 가설이 기각된다면 연구자는 기각의 의미를 명제가 옳지 않다는 의미로 설명할 수 있다. 그러나 그러한 결론은 가볍게 도출해서는 안 된다. 연구 초기에 탐색을 신중하게 진행했고 명제를 만들고 검증하는 과정도 실제와 이론 모두에서 엄정한 절차로 진행했다면 그리 쉽게 결론을 낼 수 없다. 그럼에도 명제를 수정해야 하다고 결정했다면 수정된 명제는 새로운 이론 검증 연구를 통해 다시 검증할 필요가 있다.

5.1.9 반복연구 전략

가설이 기각되든 입증되든 이후에는 반복연구를 통해 검증하는 것이 필요하다. 특히 처음 검증하는 가설이라면 반복연구 전략을 사용해야 한다. 동일한 명제를 유사한 사례에서 다시 검증해보는 것이다. 그 가설이 여러 차례의 반복연구를 통해 입증된다면 적어도 연구 대상이 되었던 영역에서는 명제가 지지된다고 결론을 내릴 수 있다.

반복연구를 실시하기에 앞서 먼저 사소성trivialness을 검증할 필요가 있다. 만약 종속 개념이나 독립 개념의 하나에 혹은 둘 모두에 분산variation이 없다면 그 필요조건은 사소한trivial 것이다. 해외 사업 프로젝트에 성공하기 위해서는 세계화가 필요조건이라는 명제가 있다고 하자. 만약 모든 해외 사업 프로젝트, 즉 성공하건 실패하건 모든 해외 프로젝트에 세계화라는 조건이 존재한다면 그건 사소한 필요조건이다. 사소성을 검증하는 간단한 방법은 하나의 사례를 여러 방법으로 선정해보는 것이다. 처음의 검증이 종속 개념의 존재에 근거하여 사례를 선정한 것이라면 다음의 사례는 독립 개념의 부재에 근거해서 선정한다. 그 역으로도 가능하다. 우리가 실시한 연구에서도 세계화가 없이는 그 어떤 해외 사업 프로젝트도 성공할 수 없었다는 것을 연구 초기에 발견할 수 있었다.

연구 초기부터 필요조건 형식의 명제가 지지된다는 것을 발견했다면 그리고 필요조건이 사소하지 않다는 것도 발견하였다면, 그 다음에는 "가설에 덜 부합할 만한" 사례를 대상으로 명제를 검증하는 반복연구를 추천한다. 앞에서 실시한 검증의 결과를 보고 반복연구 전략을 변경한다. 만약 명제가 계속해서 지지된다면 가설을 입증하기가 점차 어려운 사례를 골라서 반복연구를 실시해 간다.

만약 명제가 여러 사례들에서 지지되지 않는데도 불구하고 연구자가 그 명제가 맞다고 생각한다면 "가설에 좀 더 부합할 것 같은" 사례를 대상으로 반복연구를 실시한다. 명제가 입증되는 사례와 기각되는 사례를 대조함으로써 명제가 적용되는 이론의 경계를 확인할 수 있을 것이다.

반복연구를 얼마나 많이 실시할지는 사실상 제한이 없다. 이론은 항상 계속해서 발전할 수 있는 것이다. 자원의 한계와 같은 현실적인 요소에 의해 제약이 있을 뿐이다.

 설명상자 || 이론 검증 단일 사례연구의 예

Sarker와 Lee는 사업 과정 재설계(Business Process Redesign)에 관한 세 개의 "상용이론"을 검증하였다. 이때 이들이 사용한 연구방법이 "실증적 사례연구"였다. 세 개의 이론은 기술 중심적(TC: technocentric) 이론, 사회 중심적(SC: sociocentric) 이론, 사회 기술적(ST: sociotechnical) 이론이다. 문헌연구를 통해 각 이론의 명제를 구성하였고 사업의 과정 재설계를 효과적으로 하기 위한 방안을 다음과 같이 제시하였다.

(TC 1) 기술 중심적 이론 명제 1: 성공적인 사업 재설계는 IT 주도의 사업 재설계이어야만 가능할 수 있다.

(TC 2) 기술 중심적 이론 명제 2: IT 지원체계를 성공적으로 설계하고 구축하는 것이 사업 재설계의 효과를 보증한다(그리고 재설계한 사업 과정을 효과적으로 실행하는 것을 보증한다).

(SC 1) 사회 중심적 이론 명제 1: 성공적인 사업 과정 재설계는 리더가 리엔지니어링 과정에 대해 비전을 갖고 주도해야만 달성할 수 있다.

(SC 2) 사회 중심적 이론 명제 2: 사업 과정을 성공적으로 달성하기 위해서는 적정한 인원들로 구성된 팀이 재설계를 수행해야만 한다.

(ST 1) 사회 기술적 이론 명제 1: 과정 재설계를 성공적으로 달성하려면 사업 재설계 중에 사회적 맥락과 IT 모두를 고려해야만 한다.

(ST 2) 사회 기술적 이론 명제 2: 과정 재설계가 성공하기 위해서는 사업 재설계자가 사회적 지원 체제뿐만 아니라 기술적 지원 체제를 모두 사용하면서 사업 과정 내에서 기능 간 결합을 증진해야만 한다.

위의 명제 중에서 다섯 가지(TC 1, SC 1, SC 2, ST 1, ST 2)는 필요조건으로 표현되었다. 기술중심적 이론명제 2(TC 2)만 충분조건이다. 이 명제들은 사업 과정 재설계를 성공적으로 수행한 하나의 사례를 통해 검증하였고 그 결과는 아래와 같다.

- TC 2, 기술 중심적 이론 명제 2는 사례에서 IT 지원체계가 성공적으로 설계되었는지 알 수 없었기 때문에 검증될 수 없었다.
- TC 1, 기술 중심적 이론 명제 1은 사례가 IT 주도로 재설계된 것이 아니기 때문에 기각되었다.
- SC 1, 사회 중심적 이론 명제 1은 재설계 과정이 리더의 비전에 기반하지 않으므로 기각되었다.
- SC 2, 사회 중심적 이론 명제 2는 팀이 적절한 인원들로 균형 있게 구성되었는지에 대한 증거가 없으므로 기각되었다.
- ST 1, 사회 기술적 이론 명제 1은 입증되었다. 과정 재설계를 순차적이고 반복적인 과정으로 진행했고 그 과정에서 사회적 요소와 기술적 요소 간의 관계도 모두 고려하였다고 보았다.
- ST 2, 사회 기술적 이론 명제 2 또한 입증되었다. 과정 재설계자가 명제에서 언급한 기술적 지원 체제와 사회적 지원 체제 모두를 활용하였다.

실제 연구에서는 연구자들이 ST(사회 기술적) 명제를 "입증했다"라고 하지 않고 대신에 "기각하는 데 실패했다"라고 한 부분이 흥미롭다. 연구자들은 이 연구가 사업 과정 설계에 대한 기술 중심적 이론을 성공적으로 반박하였고, 사회 중심적 이론 또한 무효화하였으며 "이를 통해 두 관점의 무용성을 드러냈다"라고 주장했다.

이 연구는 우리의 관점, 즉 이론을 개발하기 위해서는 명제를 입증하려 애쓰기보다는 "발생할 가능성이 큰" 사례들 속에서 명제를 기각하기 위해 노력해야 한다는 관점과 일치하고 있다.

5.2 사례연구 1: 이론 검증 연구(필요조건 검증)

혁신 프로젝트의 성공에서 협력의 특징에 관한 이론 검증[3]

Koen Dittrich

5.2.1 서론

기업이 거친 환경에서 살아남기 위해서는 혁신을 해야 하므로(Hamel과 Prahalad, 1994), 혁신 프로젝트야말로 가장 중요한 일이라 할 수 있다. 혁신 프로젝트를 잘 관리하는 한 가지 방법은 파트너들과 동맹을 맺고 협력하는 것이다. 여기서는 협력 하는 것과 혁신 프로젝트를 성공시키는 것에 관한 이론을 검증할 것이다.

5.2.2 이론

5.2.2.1 연구 대상

본 연구의 대상은 제품 혁신을 위해 협력하는 여러 회사들 간의 동맹 프로젝트 alliance project이다. 이런 동맹 프로젝트를 "혁신 프로젝트"라고 부를 것이다.

5.2.2.2 개념

본 연구에서 관심을 갖는 개념은 다음과 같다.

* 혁신의 유형
* 성공적인 프로젝트
* 협력의 특징

---

3) 본 장은 다음의 연구에 기반하여 작성함: Dittrich, K., 2004. *Innovation Networks: exploration and exploitation in the ICT industry*. Delft, Delft University of Technology. ISBN: 90-5638-126-1

혁신의 유형은 일반적으로 크게 두 가지로 구분된다. 하나는 급진적 혁신이다. 기술과 시장이 모두 새롭고 고객의 요구가 불확실한 경우에 급진적 혁신을 한다. 다른 하나는 점진적 혁신이다. 고객이 표현한 요구를 맞추기 위해 기존 기술을 개선하여 대응할 때 점진적 혁신을 꾀한다(Henderson과 Clark, 1990). 두 개의 혁신 유형을 설명하는 문헌들을 살펴보면, 업체들이 동맹을 통해 추진하는 혁신 프로젝트가 성공하기 위해서는 협력 방법도 다를 필요가 있다. 본 연구에서는 성공적인 프로젝트에서 말하는 성공이란 신제품을 성공적으로 출시한 것으로 정의하며 신제품 출시 후의 매출이나 영업이익은 고려하지 않는다. 여기서 신제품은 새로운 서비스 혹은 소프트웨어일 수도 있다.

협력의 특징은 협력의 역사, 기술적 역량, 참여 수준, 세 가지로 분리해 볼 수 있다. 여기서 협력의 역사는 참여 기업들이 기존에 프로젝트를 위해 협력했던 적이 있는지 여부로 정의할 수 있다. 예를 들어, 점진적 혁신 프로젝트를 성공시키려면 장기간의 협력에 참여하는 파트너가 필요하다. 반면에 급진적 프로젝트에서는 장기간의 참여가 필수 요소는 아니다. 새로운 파트너 기업이란 과거에 혁신 프로젝트에 참여했던 적이 없는 곳을 말한다. 기술적 역량은 기업이 속해있는 업종에 근거하여 결정한다. 참여 수준은 장기적 관계를 명시적으로 지향하는 동맹인지 여부로 결정한다. 예를 들어, 미래의 신제품이나 신기술 개발을 목적으로 하는 합작사 설립 같은 동맹은 참여 수준이 높은 것이다. 반대로, 협력의 영역이 신기술이나 신제품에 대한 합작 연구나 개발에 국한된 경우에는 참여 수준이 낮은 것이다. 그리고 프로젝트의 기간이 짧은 경우에도 참여의 수준이 낮은 것으로 보았다.

5.2.2.3 명제

협력의 역사

급진적 혁신은 새로운 가능성과 아이디어, 실험, 위험 감수를 추구하는 것과 관련된다(March, 1991). 새로운 아이디어는 가족이나 친구 같은 강한 유대보다는 "약한 유대"로부터 나온다는 Granovetter의 연구(1973)를 참고할 필요가 있다. 새로운 아이디어와 비즈니스 기회는 "새로운 파트너", 즉 지금까지 협력의 역사가 없었던 기업으로부터 올 것이라고 가설을 세울 수 있다. 반면에 점진적 혁신은 기존의 기술과 제품에 대한 지식을 강화하고 확장하는 것이다. 따라서 기존의 파트너들이 이미 "가족"의 일부일 것이라고 가설을 세울 수 있다. 이와 같은 논의를 통해 다음과 같은 명제가 가능해진다.

명제 1a: 급진적 프로젝트에서의 성공은 새로운 파트너와의 협력을 필요로 한다.

명제 1b: 점진적 프로젝트에서의 성공은 기존 파트너와의 협력을 필요로 한다.

기술적 역량

Granovetter(1973)가 앞서 제시한 원리에 따르면 새로운 아이디어와 가능성은 다른 제품을 생산하는 데 참여한 파트너들로부터 온다. 왜냐하면 이 회사들은 다른 지식 기반을 갖고 있기 때문이다. 따라서 급진적 혁신 프로젝트가 성공하기 위해서는 다른 역량을 가진 기업, 가능하면 다른 업종의 기업과 동맹을 맺는 것이 필요하다(Gilsing과 Nooteboom, 2006). 반면에 점진적 혁신 프로젝트에서는 기존의 지식과 역량을 사용해야 하므로 유사한 기술적 역량을 가진 파트너들과 협력해야 한다(Granovetter, 1973; Gilsing과 Nooteboom, 2006). 이와 같은 가정들을 통해 다음과 같은 명제를 만들 수 있다.

명제 2a: 급진적 혁신 프로젝트에서 성공하기 위해서는 다른 기술 역량을 가진 파트너들과 협력해야 한다.

명제 2b: 점진적 혁신 프로젝트에서 성공하기 위해서는 유사한 기술 역량을 가진 파트너들과 협력해야 한다.

참여 수준

급진적 혁신 프로젝트와 점진적 혁신 프로젝트는 파트너의 유형이 다를 뿐만 아니라 협력의 구조도 다르다. 기업이 동맹을 맺으려면 어떤 동기가 필요하다. 동기가 새로운 기회를 탐색하는 데 있으면 급진적 혁신을 추구하고, 기존의 역량을 더 활용하려는 데 있으면 점진적 혁신을 추구한다(Koza와 Lewin, 1998). 급진적 혁신 프로젝트를 하려는 의도는 새로운 기회를 발견하려는 바람에서 나온다. 이런 프로젝트에서 파트너들은 자신의 독립성을 유지하려 하지 합작 지분을 갖는 관계로까지는 발전하지 않는다(Koza와 Lewin, 1998). 따라서 급진적 혁신 프로젝트가 성공하기 위해서는 낮은 수준의 참여 방식을 채택한다. 이와는 대조적으로 점진적 혁신 프로젝트는 상호 보완적인 자산을 갖고 있고 이를 최대화하려고 한다. 따라서 사업 활동에서 오는 초과수익을 분배하는 방식을 취한다. 이런 합작 노력은 주로 자매사를 설립하고 파트너들이 지분을 갖는 방식으로 진행된다(Koza와 Lewin, 1998). 점진적 혁신 프로젝트를 성공시키기 위해서는 참여 수준이 높을 수밖에 없다. 이와 같은 가정을 통해 다음과 같은 두 가지 명제가 가능해진다.

명제 3a: 급진적 혁신 프로젝트에 참여하는 파트너 기업들은 동맹 계약 시 참여 수준을 낮추어 추진한다.

명제 3b: 점진적 혁신 프로젝트에 참여하는 파트너 기업들은 동맹 계약 시 참여 수준을 강하게 추진한다.

5.2.2.4 연구 영역

여기서 다루는 이론은 혁신 프로젝트의 영역에 대해 어떤 제약도 없다. 이론이 다루는 영역은 모든 혁신 프로젝트를 포괄한다고 볼 수 있다. 두 개 이상의 기업이 제품 혁신을 위해 협력한다면 모두 해당되며 지리적 위치, 업종, 시간 등 어떤 제약과도 상관이 없다.

5.2.2.5 개념 모형

이론은 두 개의 혁신 프로젝트(급진적 혹은 점진적)에 대해 협력의 특징(독립 개념)과 성공(종속 개념) 간의 관계를 구체적으로 설명해 준다.

이론을 통해 가정해 보면, 급진적 그리고 점진적 혁신의 성공여부는 여러 가지 협력의 특징에 의해 좌우되며, 이를 여섯 개의 명제로 만들어 볼 수 있었다.

5.2.3 연구의 목적

본 연구의 목적은 점진적 그리고 급진적 혁신 프로젝트에서 협력의 특징과 프로젝트 성공 간의 관계에 대한 이론 형성에 기여하는 것이다. 이를 위해 다음과 같은 명제를 검증하고자 한다.

명제 1a: 급진적 혁신 프로젝트를 성공시키려면 새로운 파트너와 협력이 필요하다.

명제 1b: 점진적 혁신 프로젝트를 성공시키려면 기존 파트너와 협력이 필요하다.

명제 2a: 급진적 혁신 프로젝트를 성공시키려면 다른 기술 역량을 보유한 파트너와 협력이 필요하다.

명제 2b: 점진적 혁신 프로젝트를 성공시키려면 유사한 기술 역량을 가진 파트너와 협력이 필요하다.

명제 3a: 급진적 혁신 프로젝트를 성공시키려면 파트너들이 낮은 수준의 참여를 하는 것으로 동맹 계약을 맺어야 한다.

명제 3b: 점진적 혁신 프로젝트를 성공시키려면 파트너들이 높은 수준의 참여를 하는 것으로 동맹 계약을 맺어야 한다.

5.2.4 연구 전략

앞의 명제들은 성공을 위한 필요조건 형식으로 되어 있다. 이러한 조건들은 임의로 실험을 할 수 없기 때문에 사례연구가 가장 좋은 전략이다. 만약 명제에서 언급한 조건이 제시된다면 혁신 프로젝트는 성공할 것이라 예측할 수 있다. 성공한 프로젝트들 내에 정말 그런 필요조건이 존재하는지 분석해 봐야 이들 명제들을 검증할 수 있다. 만약 이런 조건이 없었는데도 불구하고 혁신 프로젝트가 성공했다면 이 명제들은 기각될 것이다. 단일 사례연구만으로도 기각을 결정하기에 충분하다.

5.2.5 후보 사례

명제에서 제시한 조건이 없었는데도 혁신 프로젝트가 성공했던 사례는 하나만 찾아도 충분하다. 사례는 어떤 것이든 괜찮다. 지역이나 회사와 상관없이 어떤 프로젝트도 될 수 있다. 연구자들은 그동안 노키아(Nokia)의 혁신 프로젝트에 대해 조사를 해 왔기 때문에 노키아의 혁신 프로젝트를 편의상 쉽게 선정할 수 있었다.

연구자들은 글로벌 협력 포지셔닝 센터(CGCP: Center for Global Corporate Positioning, www.cgcpmaps.com)에 있는 데이터베이스를 사용했다. CGCP 데이터베이스는 많은 기업들의 동맹 정보를 담고 있다. 이 데이터베이스 안에 있는 동맹 협정은 독립적인 산업 파트너들 간에 상호 이익에 대한 사항들을 담고 있었고 지분 소유에 대한 정보는 없었다. 따라서 기술 전수나 공동 연구를 위한 합의를 포함하는 협정서만 수집을 했다. 이 협정서의 정보는 동맹의 시작일자, 형태, 목적을 포함하고 있다. 이 외에 재무적 사항들까지도 수집하려고 했다. 기업 홈페이지의 보도 자료와 인터넷의 전문지 사이트에서 재무자료를 수집하였다. 데이터베이스에서 사용하는 혁신 프로젝트의 정의는 연구자들이 사용한 것과 동일하였다. 따라서 데이터베이스에서 신제품의 시장 출시를 명시적인 목표로 정한 혁신 프로젝트에 한정하여 분석하고자 했다.

5.2.6 사례 선정

첫 번째로 한 일은 CGCP 데이터베이스에서 노키아가 파트너로 참여하고 있는 모든 동맹을 찾아보는 것이었다. 두 번째로 한 일은 이들 중에서 급진적 혁신 프로젝트와 점진적 혁신 프로젝트를 구분하는 것이었다. Henderson과 Clark(1990)가 제시한 다음의 두 가지 기준을 사용하여 프로젝트의 특징을 구분하였다.

- 프로젝트에서 개발한 기술은 새로운 것인가 아니면 기존에 있던 것인가?
- 신제품을 위한 시장은 신시장인가 아니면 현재 시장인가?

기술과 시장 모두 새로운 것이면 그 혁신 프로젝트는 급진적인 것으로 분류하였고, 기존의 기술이고 현재의 시장을 대상으로 한 것이면 점진적인 것으로 분류하였다. 기준을 적용하기에 분명하지 않은 프로젝트는 모두 제외하였다. 예를 들어, 신기술이지만 현재 시장을 대상으로 한 것과 같이 급진적인지 점진적인지 명확하지 않은 프로젝트들은 사용할 수 없었다. 세 번째로 한 일은, 어떤 프로젝트들이 성공적이었는지를 평가하는 것이었다. 어떤 프로젝트가 신제품을 시장에 출시했는지를 기준으로 평가를 하였고 이를 위해 보도자료를 수집하여 검토하였다. 끝으로, 노키아가 파트너로 참여했던 프로젝트 목록 중에서 급진적 프로젝트와 점진적 프로젝트 각각 다섯 개를 선정하였다. 이때는 특정한 기준을 적용하지 않았고 연구자가 임의로 선정하였다.

5.2.7 가설

본 연구에서는 성공적으로 수행된 다섯 개의 급진적 혁신 프로젝트를 대상으로 다음과 같은 세 개의 가설을 정의하였다.

> 가설 1a: 다섯 개 프로젝트 모두 새로운 파트너와 동맹을 맺고 있다.
> 가설 2a: 다섯 개 프로젝트 모두 이종 기술 역량을 가진 파트너들과 동맹을 맺고 있다.
> 가설 3a: 다섯 개 프로젝트 모두 (단기적인) 낮은 수준의 참여를 계약으로 하여 동맹을 맺고 있다.

성공적으로 수행된 다섯 개의 점진적 혁신 프로젝트에 대해서도 다음과 같은 세 개의 가설을 정의하였다.

> 가설 1b: 다섯 개 프로젝트 모두 기존 파트너와 동맹을 맺고 있다.
> 가설 2a: 다섯 개 프로젝트 모두 유사한 기술 역량을 가진 파트너들과 동맹을 맺고 있다.
> 가설 3a: 다섯 개 프로젝트 모두 (장기적인) 높은 수준의 참여를 계약으로 하여 동맹을 맺고 있다.

5.2.8 측정

가설을 검증하기 위해서는 세 가지 협력의 특징, 즉 협력의 역사, 기술적 역량, 참여 수준을 측정할 필요가 있었다. 각각의 사례에서 그 파트너가 노키아에게 새 파트너인지, 노키아가 보유한 기술 역량과 유사한지, 동맹 내에서 참여의 수준이 어떤지를 결정하여야 했다. 이들 세 가지 특징은 다음과 같은 방법으로 측정하였다.

❶ CGCP 데이터베이스는 노키아가 1985년부터 참여했던 모든 혁신 프로젝트 관련 데이터를 담고 있다. 어떤 동맹에서 한 파트너가 1985년 이래로 데이터베이스에서 노키와와 동맹 관계로 협력한 적이 없다면 새 파트너라고 보았다. 그러나 1985년 이

래로 최소한 한 번이라도 혁신 프로젝트에 참여했다면 기존 파트너로 구분하였다.

❷ 파트너의 기술 역량은 SIC(표준 산업분류표 Standard Industrial Classification)
에 나와 있는 코드를 갖고 결정하였다. SIC는 4자리 숫자로서 산업을 구분하기 위해
미국 예산관리국(US Office of Management and Budget)이 개발한 것이다. 이
분류표에 따르면 노키아는 "전신 및 전화기기" 제조사(SIC 3661)로 분류되었다.
3661 코드를 가진 파트너들은 유사한 기술 역량을 가진 것으로 보았고, 다른 코드를
가지고 있으면 이종 역량을 가진 것으로 구분하였다.

❸ 참여 수준은 동맹 협약서의 유형으로 결정하였는데, 혁신 프로젝트에서의 투자와
기간으로 구분하였다. 이는 동맹 협약서와 참여 기업의 상호의존성을 분류하여 제시
한 Hagedoorn(1990) 연구에 기반한 것이다. 가장 큰 조직 간 의존은 합작사 형태
이며 가장 작은 의존은 기술 라이센싱 협약 정도이다. 조직의 상호의존성은 관계의
강도를 의미하고, 우리는 이를 통해 "참여"의 수준을 결정하였다.

5.2.9 자료 제시

5.2.9.1 급진적 혁신 프로젝트

사례 1은 전자펜을 사용하는 제품 범주category를 개발하는 프로젝트이다. 노
키아와 팜 컴퓨팅 간에 공동개발과 라이센스 협정으로 만든 조직이며 1999년에 시
작되었다. 노키아는 최초로 펜 기반 제품을 미국 시장에 출시했고 이어서 세계 시
장에 출시했다.

새로운 파트너 노키아와 팜은 이 프로젝트를 위해 처음으로 협력하였다.
역량 팜은 핸드헬드 컴퓨터 솔루션 공급업자였으므로 노키아와는 다른 역량을 가
졌다고 볼 수 있다.
참여 수준 이번 공동개발 및 라이센스 협정은 장기적 참여 형태가 아니다.

사례 2는 인터넷 TV 솔루션을 개발하는 프로젝트이다. 노키아와 인텔이 1999
년에 발표한 공동개발 협정으로 만들어졌다. 이번 동맹을 통해 개발된 솔루션은 방
송사들에게 제공되었고 시청자들이 새로운 인터넷 TV에 접속할 수 있게 할 뿐만
아니라 기존 인터넷에서 가능했던 다양한 서비스도 활용할 수 있게끔 하였다. 이
제품은 노키아와 인텔의 기술, 오픈 표준과 규격, 디지털 비디오 송출(DVB: Digital

Video Broadcast), 인터넷 프로토콜, ATVEF(Advanced Television Enhancement Forum) 규격뿐 아니라, 리눅스와 모질라 브라우저를 포함한 오픈 소스에 기반하고 있었다. 최초의 제품은 2000년 2분기에 출시되었다.

새로운 파트너 노키아와 인텔의 공동 R&D 프로젝트 협력은 처음이다.

역량 인텔은 세계에서 가장 큰 칩 메이커일 뿐만 아니라 컴퓨터, 네트워킹, 통신 제품의 선도 기업이다. 노키아와 인텔은 산업분야가 다르며 서로 다른 역량을 보유하고 있다.

참여 수준 두 회사 간의 공동 개발은 장기적 참여 형태가 아니다.

사례 3은 기업의 정보보안용 침입 감지기를 개발하는 프로젝트이다. 이 프로젝트는 노키아와 ISS(Internet Security System)가 2001년 협정을 맺고 발족한 공동 개발 조직이다. 이 협정은 기존의 노키아와 ISS의 협력 관계를 확대한 것으로 산업계 최초의 기업용 침입 감지 장치였던 RealSeurel를 계속 개발해 가는 것이었다. 이 외에도 이 협력은 파트너와 고객에게 좀 더 간편해진 보안 솔루션을 폭넓게 제공할 수 있도록 제품일체(offerings), 협력 채널, 마케팅 활동을 포괄하고 있다.

새 파트너 노키아와 ISS는 이전부터 협력을 하고 있었으므로 두 회사는 새 파트너가 아니다.

역량 ISS는 인터넷 보안관리 솔루션 분야의 세계적인 선도 기업으로 디지털 자산을 보호하고 e-비즈니스가 안전하게 무중단으로 운영되도록 서비스를 제공한다. 따라서 통신 분야에 노하우를 갖고 있는 노키아와 다른 역량을 갖고 있다.

참여 수준 이 공동개발 협정은 장기적인 참여 형태가 아니다.

사례 4는 모바일과 온라인 금융 서비스용 소프트웨어를 만들고 마케팅하는 프로젝트이다. 이 프로젝트는 3i 그룹, 액센추어(Accenture), 노키아, 삼포(Sampo)가 2001년에 설립한 벤처회사이며, 메리데아(Meridea) 재무 소프트웨어라고 불린다. 이 신생기업은 금융기관을 위한 일 세대 소프트웨어 솔루션을 2001년에 공개했다. 이 솔루션은 사용자들이 모바일 기기, 인터넷, 전화, 대화형 자동응답시스템(IVR: Interactive Voice Response System), 디지털 TV와 같은 다양한 채널을 통해 전자 금융 서비스에 접근할 수 있도록 해준다. 메리데아(Meridea)는 2002년 말까지 핀란드에서 100명 이상의 종업원이 근무하고 있었다.

새 파트너 이 벤처기업에 참여한 모든 회사들은 노키아에게는 새 파트너들이었다. 역량 3i는 벤처 캐피털 회사로서 자본, 지식, 사업개발 관련 네트워크를 제공해 주었다. 이 회사는 창업으로부터 주식의 매점과 매수에 이르기까지 광범위한 기회들에 투자하였는데 주로 성장 잠재력이 높고 우수한 경영능력을 갖춘 사업에 집중하고 있었다. 액센추어는 세계적인 경영 관리 및 기술 자문 회사이다. 삼포(Sampo)는 재무 투자, 보험 서비스를 제공하는 핀란드의 제일가는 종합 금융 제공사로서 세계 최고 수준의 e-뱅킹 보급률을 자랑한다. 따라서 벤처에 참여한 네 회사 모두 각기 다른 이종 기술을 갖고 있다고 볼 수 있다.

참여 수준 이 합작 벤처는 장기적인 참여 형태이다.

사례 5는 노키아의 Mediaterminal에 매크로미디어 플레시 플레이어(Macromedia Flash Player)를 통합하려는 프로젝트로서, DVB, 인터넷 접속, 개인 비디오 레코더(PVR: Personal Video Recorder), 게임을 포함하는 인포테인먼트를 하나의 기기에 통합하고자 하였다. 이 프로젝트는 노키아와 매크로미디어가 2002년에 발족한 공동개발 조직이다.

새 파트너 노키아와 매크로미디어 간의 파트너십은 처음이다.

역량 매크로미디어는 디자이너와 개발자가 만든 콘텐트를 웹에 올릴 수 있게 하고, 혁신적인 인터넷 비즈니스 응용프로그램들을 가능하게 해 주는 회사이다. 노키아와 매크로미디어는 각기 다른 역량을 보유했다.

참여 수준 이 공동개발 프로젝트는 장기간의 참여 형태가 아니다.

지금까지 나온 데이터를 요약하면 [표 5.1]과 같다.

표 5.1 급진적 혁신 프로젝트

	협력의 역사	기술적 역량	참여 수준
사례 1	새 파트너	이종 기술	단기
사례 2	새 파트너	이종 기술	단기
사례 3	새 파트너가 아님	이종 기술	단기
사례 4	새 파트너	이종 기술	장기
사례 5	새 파트너	이종 기술	단기

5.2.9.2 점진적 혁신 프로젝트

사례 6은 노키아 9000 커뮤니케이터와 인텔리전트 휴대폰에 들어가는 OS 개발 프로젝트이다. 1997년에 노키아와 Geoworks가 합작하여 신규 소프트웨어를 개발하기 위해 만들었다. 노키아 9000 커뮤니케이터는 Geowork의 GEOS OS를 탑재한 세계 최초의 올인원[all-in-one] 통신장비이다. 이 기기는 개인 오가나이저 기능과 함께 무선 전화와 데이터 서비스를 함께 제공한다.

새 파트너　두 회사의 합작 관계는 노키아 9000의 개발 중에 형성되었다. 이 프로젝트 외에도 노키아와 Geoworks는 원격 쇼핑, 텔레뱅킹, 인터넷 접속 등의 서비스를 제공하는 무선 콘텐트 서비스를 위해 협력하고 있다. Geoworks와 노키아는 이전부터 협력을 해 왔기 때문에 강력한 연대를 할 수 있었던 것이다.

역량　Geoworks의 주요 사업은 모바일 및 핸드헬드 기기 산업에 소프트웨어 설계 및 엔지니어링 서비스를 제공하는 것이다. 이 회사는 OS, 응용 프로그램, 무선 서버 테크롤로지를 개발하고 있다. Geoworks는 모바일 통신 산업 분야에서 활동하고 있기에 노키아와 유사한 역량을 가지고 있다고 볼 수 있다.

참여 수준　노키아와 Geoworks 간의 개발 합작은 장기적인 참여 형태가 아니다.

사례 7은 IP 전화방식(Telephony)을 활용하여 오스트리아의 광역망 구축을 위한 TETRA 스위치 기술과 응용 프로그램을 개발하는 프로젝트이다. 이 사업은 노키아와 Frequentis가 2000년에 조직한 개발 프로젝트이다.

새 파트너　Frequentis와 노키아는 이전에 협력한 적이 없다. 따라서 새 파트너이다.

역량　Frequentis는 보안 분야를 위한 통신 정보 시스템을 개발한다. 이들은 전기통신 업종에 종사하면서 노키아와 유사한 역량을 가지고 있다.

참여 수준　노키아와 Frequentis 간의 협력은 장기적인 것이 아니다.

사례 8은 Telefónica Móviles의 고객에게 필요한 모바일 응용프로그램을 설계, 개발, 마케팅하는 프로젝트이다. 노키아와 Telefónica Móviles 간의 협력 프로젝트로서 2001년부터 시작하였다. 두 회사는 합동으로 서비스 창조 센터(Service Creation Center)를 구축하였는데, 신제품 개발에 필요한 최신 인프라 및 기술을 갖추고 있다.

새 파트너　Telefónica Móviles와 노키아는 새 파트너이다.

역량 Telefónica Móviles는 전기통신 회사에서는 선도회사이고 노키와와 유사한 역량을 가고 있다고 볼 수 있다.

참여 수준 노키아와 Telefónica Móviles 간의 혁력은 장기적인 것이 아니다.

사례 9는 전기통신 회사들에게 망(Network) 운영 서비스를 제공하는 프로젝트이다. 노키아와 Primatel이 2001년부터 공동 생산을 위해 만들었다. 이 프로젝트는 비배타적 협력관계로서 노키아가 2G와 3G와 같은 첨단 네트워크를 선도하도록 지원하고 있다. Primatel은 노키아와 협력하는 가운데 기존의 경험을 모바일 네트워크로 확장하였고, 2G와 3G 통신에 필요한 네트워크 운영을 개발, 관리, 통합, 최적화할 수 있도록 지원하고 있다.

새 파트너 노키아와 Primatel이 함께 협력한 것은 이번이 처음이다.

역량 Primatel은 핀란드의 선도적인 전기통신 업체로서 전기통신 네트워크의 종합적인 설계, 운영, 유지보수에 전문화되어 있다. 노키아와 유사한 역량을 가지고 있다.

참여 수준 노키아와 Primatel 간의 공동생산 계약은 장기적인 것이 아니다.

사례 10은 중국에서의 3G 무선 통신제품 개발을 목표로 하는 프로젝트이다. 이 프로젝트는 2002년에 노키아, 텍사스 인스트루먼트(TI), 차이나 PTIC 정보, 차이나 정보통신기술 아카데미, 한국의 LG전자가 참여하여 만들었다. LG, 노키아, TI는 각자 13.5%의 지분을 갖고 있으며, 최초 투자비용은 2천 8백만 달러였다.

새 파트너 노키아와 다른 회사들이 협력한 것은 이번이 처음이다.

역량 차이나 PTIC 정보와 CATT는 노키아와 유사한 역량을 갖고 있다. 반면에 TI와 LG전자는 전자산업 분야의 대기업이고 모바일 통신에 전문화된 노키아와는 다른 역량을 갖고 있다.

참여 수준 이 합동 벤처는 장기적 참여의 일종으로 봐도 된다.

지금까지 제시한 점진적 혁신 프로젝트를 요약하면 [표 5.2]와 같다.

표 5.2 점진적 혁신 프로젝트			
	협력의 역사	기술적 역량	참여 수준
사례 6	새 파트너가 아님	유사 기술	단기
사례 7	새 파트너	유사 기술	단기
사례 8	새 파트너	유사 기술	단기
사례 9	새 파트너	유사 기술	단기
사례 10	새 파트너	유사 기술	장기

5.2.10 자료 분석

가설 1a는 5개의 급진적 혁신 프로젝트들을 각각 새로운 파트너들과 만든 것이라고 예측하였다. 각 사례에 대한 기대치(새 파트너)를 실제 관찰치([표 5.1])와 비교했을 때, 사례 1, 2, 4, 5에서 일치하였지만, 사례 3은 일치하지 않았다. 따라서 사례 3은 "검은 백조"(black swan)인 셈이다. 즉, 급진적 혁신 프로젝트가 성공하기 위해서는 새 파트너가 필요조건이라는 명제는 항상 참이 아니다.

가설 1b는 5개의 점진적 혁신 프로젝트들은 각각 기존 파트너들과 진행하는 것으로 예측하였다. 기대치(파트너가 새롭지 않다)를 실제 관찰치([표 5.2])와 비교했을 때, 실제로 관찰한 많은 사례가 예측한 것과 달랐기에 명제는 참이 아니라는 것을 보여주었다.

가설 2a는 5개의 급진적 혁신 프로젝트들에 참여하는 각 기업들은 노키아와 다른 기술을 사용할 것으로 예측했다. 각 사례에 대한 기대치(이종 기술)를 관찰치([표 5.1])와 비교했을 때, 모든 사례에서 관찰치와 기대치가 동일하다는 것을 확인하였다. "검은 백조"는 없었다.

가설 2b는 5개의 점진적 혁신 프로젝트들에 참여하는 각 기업들은 노키아와 유사한 기술을 사용할 것으로 예측했다. 각 사례에 대한 기대치(유사 기술)를 관찰치([표 5.2])와 비교했을 때, 모든 사례에서 관찰치와 기대치가 동일하다는 것을 확인하였다. "검은 백조"는 없었다.

가설 3a는 5개의 급진적 혁신 프로젝트들에서 각 파트너 기업들의 참여는 단기적일 것으로 예측하였다. 각 사례에 대한 기대치(단기적 참여)를 실제 관찰치([표

5.1])와 비교했을 때, 기대한 대로 나온 사례는 1, 2, 3, 5번이었고, 사례 4는 일치하지 않았다. 따라서 급진적 프로젝트가 성공하기 위해서는 단기적 참여가 필요조건이라는 명제는 항상 참이 아니라는 것이 밝혀졌다.

가설 3b는 5개의 점진적 혁신 프로젝트들에서 각 파트너 기업들의 참여는 장기적일 것으로 예측하였다. 각 사례에 대한 기대치(장기적 참여)를 실제 관찰치([표 5.2])와 비교했을 때, 많은 사례들이 기대치와 일치하지 않는다는 것을 알게 되었다. 따라서 명제는 참이 아니다.

5.2.11 이론적 시사점

기술 역량에 관한 두 개의 가설(2a와 2b)이 모든 사례에서 입증되었다. 이는 가설이 추론된 명제가 최소한 노키아 사례에 관해서는 옳았다는 것을 보여준다.

그 외의 다른 가설들은 기각되었다. 급진적 혁신 프로젝트가 성공하려면 새 파트너들과 협력해야 한다는 가설(1a)은 5개 사례 중 1개가 달라서 기각되었다. 따라서 급진적 혁신 프로젝트를 성공시키기 위해 새 파트너와 동맹관계를 구축하는 것은 필요조건이 아니다. 점진적 혁신 프로젝트가 성공하려면 기존 파트너들과 협력해야 한다는 가설(1b)은 5개 사례 중 4개가 달라서 기각되었다. 따라서 이 가설이 도출된 명제는 옳지 않았음을 보여주고 있다. 두 개의 가설(3a와 3b)은 참여의 수준에 대한 것이었는데, 10개의 사례에서 5개가 달랐기에 모두 기각되었다. 이 가설들을 추론하였던 명제들은 옳지 않거나, 노키아의 특정 프로젝트에는 적용되지 않는다. 우리는 몇 개의 단일 사례들에서는 가설이 적용되는 것을 보았다. 따라서 명제들이 완전히 틀렸다고 결론을 내릴 수 없다. 어떤 명제는 어떤 작은 영역에서는 아마 옳을 수도 있다고 본다.

5.2.12 반복연구 전략

두 개의 가설이 입증되기는 했지만 이 가설을 추론한 명제들이 이론이 적용되는 영역 전체에서 옳은지는 확신할 수 없다. 그러므로 다른 혁신 프로젝트에 대해 추가적인 반복연구를 제안한다. 예를 들어, 통신업계와는 다른 분야에서 노키아가 아닌 다른 회사들이 참여하는 혁신 프로젝트를 대상으로 반복연구가 필요하다.

기각된 가설들 또한 기본 명제들이 완전히 틀렸다고 생각하지 않는다. 그 명제들은 노키아가 아닌 다른 혁신 프로젝트에서는 참일 수도 있다. 그런 가능성을 알아보기 위해서는 기각된 명제들을 다른 사례들에서 검증해 보아야 한다. 여기서 연구한 것과는 다른 혁신 프로젝트들, 예를 들어 통신업계가 아닌 다른 분야에서 노키아 외의 기업들이 참여하는 혁신 프로젝트를 선정해 볼 수 있을 것이다.

5.3 사례연구 1의 방법론 성찰

5.3.1 이론

사례연구 1의 연구 대상은 두 개 이상의 기업들이 제품 혁신을 위해 협력하는 혁신 프로젝트였다. 혁신에는 두 개의 유형이 있다. 하나는 기술과 시장이 모두 새롭고 고객의 요구가 알려지지 않은 급진적 혁신이고, 다른 하나는 이미 알려진 고객의 요구에 맞추기 위해 기존 기술을 개선하는 점진적 혁신이다.

이론적 검토를 통해 급진적 혁신과 점진적 혁신은 서로 다른 협력적 특징을 지닌다는 것을 파악했고, 각각의 혁신마다 한 세트의 명제를 갖게 하였다. 각각의 명제는 필요조건 형식으로 작성했는데 종속 개념, 즉 혁신의 성공은 독립 개념 없이는 가능하지 않다는 형식으로 표현하였다.

기존의 문헌들은 성공을 달성하기 위해서는 거기에 맞는 협력의 특징을 갖추는 것이 중요하다고 제시한다. 그렇지만 그런 특징들은 성공에 필요조건이라고는 제시하지 않고 있다. 따라서 명제들은 확률적 관계를 가지고 있을 수도 있다. 확률적 명제는 단지 성공 가능성에 대해서만 알려주는 반면, 필요조건은 성공 요소에 대해 결정론적인 지식을 제공하기 때문에 실무자들의 입장에서는 필요조건을 선택하는 것이 더 의미 있는 결과를 제시한다고 볼 수 있다.

검토한 이론에서는 제품 개발을 위한 혁신 프로젝트의 영역에 대해 제한이 없었다. 이론은 지리적 위치, 업종, 시간 등에 대한 제한 없이 모든 개발 협력 사례 전체에 적용되고 있다. 이론이 광범위한 혁신 프로젝트에 적용되고 있으므로 향후 많은 반복연구가 필요할 것으로 보인다.

5.3.2 연구 목적

연구의 목적은 새로운 명제를 검증하는 것이다. 따라서 본 연구는 최초 이론 검증 연구라는 특징을 갖는다.

5.3.3 연구 전략

명제는 성공을 위한 필요조건을 구체적으로 제시하고 있다. 필요조건을 검증하는 데 유리한 연구 전략은 실험이다. 그 다음 두 번째로 좋은 전략은 단일 사례연구이다. 반복연구 전략으로 좋은 것은 순차적 단일 사례연구serial single case study이나, 각각의 명세를 단일 사례 내에서 그 다음 사례가 선정되기 전에 검증하는 방법이다.

본 사례에서 선택한 연구 전략은 **병렬적 단일 사례연구**parallel single case study인데 각 명제를 다섯 개의 사례에서 동시에 검증하는 방법이다. 병렬적 연구의 장점은 한 차례의(병렬적) 연구로 명제를 기각할 기회가 단일 사례연구보다 매우 높다는 것이다. 그러나 단점은 훨씬 더 엄격한 검증을 해야 하고, 한 사례에서 검증한 결과를 참고하여 다음 사례를 선정할 수 없다는 점이다. 예를 들어, 매우 협소한 영역에서 선정한 사례를 갖고 검증을 했는데 가설이 기각되는 경우가 있다. 순차적 사례연구라면 사례 선정을 달리해 볼 수 있을 텐데 병렬적 사례연구에서는 이것이 어렵다. 게다가 분석 과정에서 무심결에 확률적 접근(비교 사례연구)을 시도할 위험도 있다. 우리는 여기서 병렬적 반복연구의 장점, 단점, 그리고 위험에 대해 더 다뤄보고자 한다.

명제 1b와 2b는 점진적 혁신 프로젝트의 사례를 갖고 검증하는 것으로서 ([표 5.2] 참고) 병렬적 사례연구의 장점을 보여준다고 본다. 각 명제에서 도출한 가설들은 연구 대상인 혁신 프로젝트들이 새로운 파트너가 아니라는 것, 유사한 기술 역량을 가질 것이라는 점을 예측하고 있다. 만약 순차적 사례연구에서 사례 6을 최초 검증하는 사례로 선정하였다면, 처음 검증으로 두 개의 가설을 바로 입증하였을 것이다. 그러면서 두 번째 사례는 반복연구의 목적으로 선정하였을 것이다. 검증된 결과를 반복연구할 때는 이론이 적용되는 다른 영역에서 사례를 선정했을 것이다. 이때 선정한 사례는 노키아와 관련된 것이 아니라 다른 업종에서 찾았을 것이다.

이런 식으로 기각이 되는 사례가 나올 때까지, 그래서 이론이 적용되는 영역의 경계가 정해질 때까지 반복연구를 계속했을 것이다. 그러나 병렬적 사례연구를 통해 가설 1b를 기각함으로써 노키아 사례처럼 작은 영역에서는 명제 1b가 지지되지 않는다는 것을 발견할 수 있었다. 따라서 병렬적 단일 사례연구는 명제의 지지 여부를 발견할 때 효과적이고 비교적 빠른 방법이라 할 수 있다.

반복연구도 처음 검증을 했던 영역에서 다시 사례를 선정할 수 있다. 즉, 다음 반복연구 사례로 노키아와 연관된 혁신 프로젝트 사례를 선정할 수 있다. 두 번째 검증을 한 후(예를 들어 사례 7) 혹은 세 번째 검증까지 한 후(예를 들어 사례 8), 명제 1b는 노키아의 경우에는 지지될 수 없으며 나머지 사례 9와 10은 해볼 필요도 없다는 결론을 내릴 수 있다.

이번에는 병렬적 단일 사례연구 방법의 단점을 보자. 병렬적 단일 사례연구는 측정과 가설 검증에 들어가는 시간과 노력을 낭비할 수 있다는 문제가 있다.

병렬적 단일 사례연구의 위험은 급진적 혁신 프로젝트 관련 명제 1a와 3a를 검증한 결과와 관련된다([표 5.1] 참고). 사례 3을 검증한 결과는 (결정적 관계로 표현된) 명제 1a가 틀리다고 결론 내기에 충분하다. 그리고 사례 4를 검증한 결과도 명제 3a가 틀리다고 결론을 낼 수 있다. 그러나 다섯 개 사례 모두를 한꺼번에 검토를 하고서는 "사례 대부분, 즉 다섯 개 중 네 개의 사례에서 검증되었다"고 위험한 결론을 낼 수도 있다. 만약 수많은 반복연구를 통해서 한 개의 사례만 제외하고 다른 모든 사례에서 가설이 입증되었다면 "실용적 결정주의" 관점에서 그런 결론을 내릴 수 있다. 그러나 보통 상황에서는 단일 사례에서 가설이 기각되었을 경우 해당 영역에서의 가설을 기각해야 한다. 연구 대상인 영역 중에 작은 일부 영역에서는 가설이 참이라고 해도 그 영역 전체로는 가설을 기각한다.

대부분의 검증에서 가설을 입증하였지만 일부 가설이 기각되었다는 사실은 또 다른 명제, 아마도 확률적 명제가 존재하는 것으로 볼 수 있다.

5.3.4 후보 사례

이 연구는 명제를 최초로 검증하는 것이므로 명제에서 정의한 조건이 없는데도 성공한 프로젝트가 있는지를 발견하면 된다. 어떤 업종에서 어떤 기업을 선택하든 상관이 없다. 이론이 적용되는 영역에서 나온 사례면 모두 가능하다. 지리적 위치,

업종, 시간 등의 제약이 없이 모든 프로젝트를 대상으로 할 수 있다.

사례들은 CGCP 데이터베이스에서 선정했다. 이 데이터베이스를 사용하면 연구 대상이 될 사례 목록을 만들고 선정할 수 있을 뿐만 아니라 검증에 필요한 데이터를 확보할 수 있다는 것이 장점이다. 연구 초기에는 이 데이터베이스를 사용해서 명제를 검증하고, 이후에는 데이터베이스의 다른 영역에 대해서도 일련의 반복연구로 명제를 검증해 가는 것이 좋다. 이후의 반복연구는 이 데이터베이스가 적용되지 않는 연구 영역을 대상으로 하여 검증을 확대해 나가는 방법이 좋을 것이다.

5.3.5 사례 선정

새 명제는 처음 검증을 거치는 것이기에 어떤 사례를 선택하든 제약이 없었다. 따라서 노키아 사례는 연구 대상으로 괜찮을 것이라고 보았다. 그러나 이런 논리는 첫 번째 사례를 선정할 때만 적용된다. 두 번째 사례 선정부터는 앞선 사례의 검증 결과에 따라 반복연구 전략을 다시 세워야 한다.

사례를 선정하면서 기술과 시장이 모두 새로운 것이라면 급진적 혁신으로 분류하고, 이미 가용한 기술과 현재 시장을 대상으로 한 것이라면 점진적 혁신 프로젝트라고 분류하였다. 후보 사례들을 두고서는 기술이 새로운지 아니면 이미 가용한 것인지, 그리고 시장은 신 시장인지 아니면 기존 시장인지 구분이 가능했다.

5.3.6 가설

이 연구에서의 명제는 필요조건 형식이다. 따라서 종속 개념이 존재하는 경우에 사례로 선정하였다. 그리고 가설은 각 사례에 조건(독립 개념)이 존재한다는 형식으로 기술되었다.

5.3.7 측정

가설을 검증하기 위해 각 사례마다 세 가지 협력의 특징, 즉 협력의 역사, 기술적 역량, 참여 수준에 대해 측정하였다.

노키아의 입장에서 협력업체가 새 파트너인지를 파악하고자 했다. 노키아와 1985년 이후에 협력한 적이 있으면 새 파트너가 아니고, 협력한 적이 없으면 새 파트너라고 정의하였다. 1985년이라고 정한 이유는 다소 임의적이다. 그리고 1985년

이전에 노키아와 협력했었던 파트너가 잘못해서 새로운 파트너라고 분류되었을 가능성도 있다. 그럼에도 측정 절차는 대체로 구체적이고 데이터는 신뢰할 만했다.

협력업체의 기술적 역량은 SIC에 있는 코드를 보고 결정하였다. 동일한 코드를 가진 업체라면 유사한 기술 역량을 가진 것으로, 다른 코드를 가졌다면 다른 기술 역량을 가진 것으로 보았다. SIC와 같은 산업 분류표는 기술 역량을 분류하는 용도가 아니다. 그리고 동일한 역량을 가진 회사들이 동일한 SIC 코드를 가질 때라야 기술의 유사성이 타당하다고 볼 수 있지만, 그 정확성을 측정할 방법은 없다. 그럼에도 기술 역량의 유사성을 측정하는 이런 방법은 매우 신뢰할 만한 것으로 보인다. SIC 코드가 3661인지 3661이 아닌지와 같은 코딩 규칙은 그 자체로 매우 정밀하다고 할 만하다.

참여의 수준이 높다는 것은 합작 회사 간의 "관계의 강도"를 말한다. 이는 합작 협약의 유형을 보고 결정하였는데, Hagedoorn이 1990년에 제시한 분류 기준을 참고하였다. 가장 강력한 관계는 합작 벤처를 설립하는 것이며 가장 약한 관계는 라이센스를 교환하는 형태이다. 측정의 타당성 관점에서 볼 때 "관계의 강도"로 참여의 수준을 충분히 설명할 수 있을지는 알 수 없지만, 협약서와 계약서를 사용하여 참여의 수준을 측정하는 방법은 대체로 신뢰롭다고 할 만하다.

5.3.8 자료 제시

각 개별 사례마다 관련된 데이터를 제시하였다. 그 프로젝트가 점진적인지 급진적인지, 왜 성공했다고 보는지, 세 가지 협력의 특징 점수가 어떤지를 제시하고 있다.

5.3.9 자료 분석

가설 검증은 간단하게 이루어졌다. [표 5.1]과 [표 5.2]에 나타난 협력의 특징에 대한 "관찰치"를 가설에서 예측했던 것과 비교하였다. 가설마다 그리고 사례마다 별도로 이러한 검증을 실시하였다. 그리고 각각의 검증 결과는 기각되었든 입증되었든 사례별로 평가하였다.

5.3.10 이론적 시사점

기술 역량에 관한 두 개의 가설 2a와 2b는 입증되었다. 이를 통해 관련 이론의 명제들은 검증을 실시했던 영역, 즉 노키아에 한해서는 지지된다는 것을 알았다. 협력의 역사에 대한 두 개의 가설 1a와 1b는 기각되었다. 그러나 사례연구 1은 관련된 명제들이 틀렸으며 향후에는 좀 더 영역을 좁혀서 사례연구를 한다면 참일 수도 있다는 제안은 하지 않았다.

참여 수준에 대한 두 개의 가설 3a와 3b도 기각되었고, 관련 명제가 전적으로 옳지 않다는 증거로 보았다. 그러나 사례연구 1은 입증되지 않은 명제들을 다시 만들라고 제안하지 않았다. 검증 결과를 볼 때, 명제 1a와 3a는 확률적 명제로 다시 만드는 것이 합리적으로 보인다.

5.3.11 반복연구 전략

기술적 역량에 관한 두 개의 가설 2a와 2b는 입증되었으므로 반복연구 전략이 적용되어야 한다고 결론을 내리고 있다. 입증된 가설들을 지금까지 연구되었던 영역과 다른 사례를 대상으로 검증해야 한다. 예를 들어 전기통신과는 다른 분야 그리고 노키아가 아닌 다른 회사들이 참여한 혁신 프로젝트를 대상으로 적용할 것을 제안하였다. 새로운 검증을 할 때마다 덜 "전형적인" 사례를 선정하도록 많은 노력을 기울여야 한다. 그래야 명제의 기각 가능성을 증가시키고 명제가 적용되는 영역의 경계를 더 잘 확인할 수 있기 때문이다.

그 외에 다른 명제들과 관련된 가설들은 기각되었다. 이때 연구자는 반복연구와 관련하여 두 개의 선택안을 갖는다.

❶ 명제 그 자체는 옳다고 해석할 수 있다. 그러나 단지 특정 영역에 한해서만 옳다. 그렇다면 반복연구는 영역을 좀 더 좁혀서 사례연구를 실시해야 한다. 그래야 이론을 입증할 가능성이 증가한다. 이러한 반복연구 전략은 앞서 다루었던 협력의 역사에 대한 두 개의 명제, 즉 1a와 1b에 적용된다. 노키아가 수행한 프로젝트에서는 참은 아니지만 노키아를 제외한(혹은 몇 개 기업이 더 있을 수도 있다) 다른 혁신 프로젝트에서는 참일 수 있다는 명제를 만들어 볼 수 있다.

❷ 가설 기각을 명제가 전혀 옳지 않다는 증거로 해석할 수 있다. 사례연구 1은 참여의 수준에 대한 명제 3a와 3b에 대해 이 전략을 적용하였다.

위의 두 선택안과 다른 전략도 적용해 볼 수 있다. 명제를 확률적 명제로 다시 만드는 것도 가능하다. 명제 1a와 3a를 확률적 명제로 바꿔볼 만하다. 새로 만든 확률적 명제는 새로운 연구를 통해 검증해 보아야 한다. 실험이 불가능하다면 설문조사를 해 볼 수도 있다. 이때는 새로 수집한 데이터 혹은 CGCP 데이터베이스를 활용할 수도 있다. 그러나 결정적 명제를 너무 빨리 버리지 말라고 권고하고 싶다. 후속 검증을 통해 기존 명제들을 계속 유지할 수 없겠다고 결론이 날 때까지 기다리는 것도 방법이다. 이것이 사례연구 1에서 제시하고 있는 전략이다.

5.4 사례연구 2: 이론 검증 연구(필요조건 검증)

성공적 제품 혁신을 위한 이상적인 조직 유형 이론에 대한 검증[4]

Ferdinand Jaspers and Jan Van den Ende

5.4.1 서론

제품 혁신은 기업의 성장과 생존에 중요한 전략이다. 경영에서의 혁신 활동은 본래 불확실한 것이지만, 가능하면 혁신 활동들을 조직화함으로써 여러 어려움을 헤쳐 나갈 필요가 있다.

여기서는 혁신 프로젝트의 조직 유형과 관련된 이론을 검증해 보고자 한다.

4) 본 장은 다음의 연구에 기반하여 작성함; Jaspers, F. and Van den Ende, J. (2005), Organizational Forms for Innovation in System Industries: A Typology Test with Case Studies on the Development of Mobile Telecom Applications, In: Wynstra, J.Y.F., Dittrich, K. and Jaspers, F.P.H. (Eds.), 2005, Dealing with dualities, Proceedings of the 21st IMP Conference, 1-3 September 2005, Rotterdam. Rotterdam: RSM Erasmus University. ISBN: 90-9019-836-9.

이 이론은 전통적인 일변량 분석 및 교호작용 분석과 달리 여러 개념들이 가진 설명력을 한꺼번에 검증할 수 있게 해준다. 이런 유형학 이론이 실제 경영 관리 현장의 모습과 더 비슷하다. 왜냐하면 다중 의사결정$^{multiple\ decision}$이라고 해서 의사결정을 개별적으로가 아닌 동시에 해야만 하는 경우가 많기 때문이다.

5.4.2 이론

5.4.2.1 연구 대상

사례연구에서 연구의 대상은 제품 혁신 프로젝트이다.

5.4.2.2 개념

본 연구에서 다루는 개념은 다음과 같다.

* 제품 혁신 유형
* 성공
* 조직 구성

제품 혁신 유형은 제품에 들어갈 부품을 개발하는 프로젝트이며 모두 6개의 혁신 유형(예, Henderson과 Clark, 1990; Teece, 1996)을 다룬다.

❶ 핵심 부품 개발을 위한 점진적 혁신
❷ 주변 부품 개발을 위한 점진적 혁신
❸ 모듈식 혁신
❹ 핵심 부품의 기본 구조architecture 혁신
❺ 주변 부품의 기본 구조architecture 혁신
❻ 급진적 혁신

혁신 유형은 부품 변화의 정도(점진적이냐 급진적이냐), 부품과 나머지 제품요소들 간의 인터페이스 변화 정도(점진적이냐 급진적이냐), 그리고 점진적인 부품 변화를 하려 할 때 혁신의 대상이 핵심 부품이냐 주변 부품이냐로 정의된다([표 5.3] 참고).

부품 변화의 정도는 부품의 기반 기술과 관련하여 불확실성의 수준을 반영한

표 5.3 제품의 부품과 인터페이스 변화에 따른 6가지 혁신 유형			
		부품 변화		
		점진적, 핵심 부품	점진적, 주변 부품	급진적
제품의 인터페이스 변화	점진적	핵심 부품에 대한 점진적 혁신	주변 부품에 대한 점진적 혁신	모듈 혁신
	급진적	핵심 부품에 대한 기본 구조 혁신	주변 부품에 대한 기본 구조 혁신	급진적 혁신

다. 급진적인 부품 변화는 완전히 새로운 기술에 기반한 부품을 개발하는 것이다. 이때는 많은 기술적 문제를 해결해야 하므로 불확실성의 수준이 높아진다. 이와는 대조적으로 점진적 부품 변화는 부품에 들어가는 기존 기술을 강화하는 것이기 때문에 불확실성의 수준이 낮아진다.

인터페이스의 변화 정도는 개발 대상인 부품과 제품 내 나머지 부품 간의 상호의존성 정도를 반영한다. 급진적 인터페이스 변화는 부품 간에 완전히 새로운 연결을 만드는 것이다. 이때는 관련된 부품들에 서로 영향을 줄 가능성이 크기 때문에 상호의존성의 수준이 높아진다. 이와는 대조적으로, 점진적 인터페이스 변화는 부품들 간의 기존 인터페이스를 강화하기 때문에 상호의존성이 낮아진다.

주변부품과 핵심부품의 구분은 Gatignon 등(2002)이 제안한 것이다. 핵심부품은 기업에 전략적으로 중요한 것이고 다른 부품들과 밀접하게 연결된다. 이와는 달리 주변부품은 다른 부품과의 연결이 느슨하며 전략적 중요도도 제한적이다.

성공은 프로젝트의 목표 및 기대와 관련하여 정의된다. 최초에 기대한 것 이상의 결과가 나오면 성공으로 정의하였다.

우리의 이론에서는 제품 혁신 프로젝트를 위한 조직 구성을 다음의 네 가지 조직 구성 요소들을 갖고 만들었다(Jaspers와 Van den Ende, 2006).

❶ 조정 통합coordination integration : 기업이 혁신 프로젝트를 조정하는 정도
❷ 소유권 통합ownership integration : 기업이 혁신 프로젝트를 관리하는 정도
❸ 과제 통합task integration : 기업이 혁신 프로젝트의 과제들을 수행하는 정도
❹ 지식 통합knowledge integration : 기업이 혁신에 관한 심층 지식을 획득하는 정도

이와 같은 조직 구성 요소들을 조합하면 다양한 조직 구성이 가능해진다. 한 극단에는 완벽한 통합complete integration이 위치하는데, 네 개의 구성 요소 모두에

서 점수가 제일 높다. 여기서는 기업이 자신의 혁신 프로젝트를 마음대로 관리하고, 혁신의 과정을 광범위하게 조정하고, 프로젝트 중에 생성되는 새로운 지식을 모두 흡수한다. 다른 한 극단에는 비 통합no integration이 위치하는데, 네 개의 구성 요소 모두에서 점수가 제일 낮다. 이는 중심 기업이 아닌 외부 회사가 혁신 프로젝트를 소유하고 운영하는 것을 말한다. 게다가 혁신 프로젝트를 수행하는 외부 기업과 중심 기업 간에 조정 기능이 없고, 둘 다 프로젝트에 대한 지식도 획득하지 않는다. 네 개의 조직 구성 요소들은 서로 간에 독립적이므로 양 극단에 있는 조직 구성 사이에는 많은 조직 구성들이 존재한다고 볼 수 있다.

5.4.2.3 명제

경영 혁신 문헌들을 검토하면서 여섯 개의 조직 구성 유형 이론을 구성할 수 있었는데, 이 6개의 혁신 유형은 [표 5.4]에 제시되어 있다.

표 5.4 제품 혁신 성공을 위한 이상적인 조직 구성 유형

	점진적 핵심 부품 변화		점진적 주변 부품 변화		급진적 부품 변화	
점진적 인터페이스 변화	조정 과제 소유권 지식	L H H H	조정 과제 소유권 지식	L L L L	조정 과제 소유권 지식	L L L H
급진적 인터페이스 변화	조정 과제 소유권 지식	H H H H	조정 과제 소유권 지식	H L L H	조정 과제 소유권 지식	H M H H

* 위험수준: L=낮음, M=중간, H=높음

이론은 혁신 유형마다 각자의 이상적인 조직 구성을 갖추는 것이 성공의 필요조건이라고 본다. 즉, 각각의 혁신 유형에 걸맞은 조정, 소유권, 과제, 지식의 통합수준이 있다는 것이다. 성공적인 프로젝트는 예측했던 조직 구성을 꼭 필요로 한다. 그렇지 않고 이상적이 조직 구성과 차이가 발생한다면 프로젝트의 성과는 높지 않을 것이다. 이러한 필요조건 형식을 반영하여 본 연구에서 검증하고자 하는 명제는 다음과 같이 기술하였다.

명제: 제품 혁신 프로젝트의 성공은 이상적인 조직 구성을 갖추었을 때만 가능하다.

5.4.2.4 연구 영역

우리의 이론은 모든 제품 혁신 프로젝트에 적용된다고 본다. 이론이 적용되는 연구 영역은 모든 제품 혁신 프로젝트 사례들이며, 지리적 위치, 업종, 시간 등에 제한을 받지 않는다.

5.4.2.5 개념 모형

본 이론은 여섯 개의 제품 혁신 프로젝트 유형 각각에 대해 조직 구성(독립 개념)과 성공(종속 개념) 간의 관계를 구체적으로 정의하고 있다.

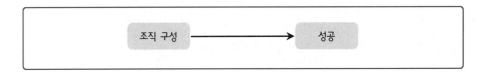

각 제품 혁신 프로젝트의 성공여부는 조직 구성에 달려있다고 가정한다.

5.4.3 연구 목적

본 연구의 목적은 혁신 프로젝트의 조직 구성과 제품 개발 성공 간의 관계에 대한 이론 발전에 공헌하는 것이다. 이를 위해 다음과 같은 새 명제를 검증하고자 한다.

명제: 제품 혁신 프로젝트의 성공은 이상적인 조직 구성을 갖추었을 때만 가능하다.

5.4.4 연구 전략

명제는 성공을 위한 필요조건을 구체적으로 정의하고 있다. 따라서 사례연구를 1순위 연구전략으로 선정하였다. 명제에서 제시한 조건이 존재할 때에만 성공이 가능하다고 예측한다. 성공적인 프로젝트에는 예상한 필요조건이 정말로 존재하는지 여부를 평가함으로써 명제를 검증할 수 있게 된다. 만약 예상한 필요조건이 없는데도 불구하고 프로젝트가 성공했다면 그 명제는 기각될 것이다. 한 개의 사례에서 기각이 발생한다 해도 명제를 기각하는 것이 원칙이다.

5.4.5 후보 사례

이론이 적용되는 연구 대상은 제품 혁신 프로젝트이다. 따라서 제품 혁신 프로젝트의 사례를 알아볼 필요가 있었다. 연구 목적상 이상적인 조직 유형 조건이 없는데도 불구하고 혁신 프로젝트가 성공했던 사례를 단 한 개만 발견해도 충분하였다. 따라서 성공한 사례면 어떤 사례를 선정하든 괜찮았고, 어떤 업종의 어떤 기업에서 있었던 프로젝트도 연구 대상이 될 수 있었다.

5.4.6 사례 선정

연구의 편의상, 한 국가의 한 업종에서 이론을 검증해 보기로 하였다. 네덜란드의 무선통신 산업을 대상으로, 2002년과 2003년에 있었던 30개의 무선통신기기 관련 혁신 프로젝트를 검토하였다. 뉴스기사와 웹사이트를 보면서 후보 사례들을 찾아냈고, 네덜란드 무선통신망 사업자와 같은 핵심 업체의 관계자도 만났다. 이 업종에서 등장한 새로운 제품과 서비스는 모바일 게임, 지역기반 서비스, 모바일 사무실 솔루션, 모바일 쇼핑과 같은 사례들이 있었다. 이 중에서 혁신의 유형에 따라 제품들을 선택했는데, 특별히 상대적으로 사례가 드물었던 급진적 혁신 프로젝트가 빠지지 않도록 주의하였다.

필요조건을 검증하기 위해 종속 개념(제품 혁신 프로젝트의 성공)을 중심으로 사례를 선정할 필요가 있었다. 어떤 프로젝트가 사례로 최종 선정되었는지를 알기 전에, 먼저 어떤 프로젝트가 성공했는지를 결정해야만 했다. 그런 다음 성공한 프로젝트들을 혁신 유형에 따라 분류하였고 각 분류마다 최소한 한 개의 성공적인 프로젝트가 포함되도록 했다.

5.4.7 가설

선정한 혁신 프로젝트에 대해 다음과 같은 가설을 제시하였다.

가설: 선정된 모든 성공적인 프로젝트는 이상적인 조직 구성으로 이루어졌을 것이다.

5.4.8 측정

사례, 즉 혁신 프로젝트가 성공했는지 그래서 연구에 포함할 수 있는지를 검토하기 위해 프로젝트를 맡았던 관리자들에게 질문지를 주고 작성하게 하였다. 질문지에는 프로젝트의 성과를 판단하기 위해 시장 진입 시간time-to-market과 관련한 목표를 달성했는지를 묻는 문항들을 포함하였다. 또한 내부의 프로젝트 납기, 품질, 예산 관리 성과를 묻는 질문들도 있었다. 프로젝트의 전반적인 성과를 묻는 통제 질문control item도 포함하였다. 각 지표마다 프로젝트 관리자의 기대만큼 실제로 성과가 나왔는지를 5점 척도, 즉 '매우 실망스런 성과'부터 '기대 이상의 높은 성과'까지로 측정하였다. 먼저, 처음 네 개의 질문에 대한 평균 점수를 계산하고, 그 다음에는 측정 오류를 줄이기 위해 이 네 개의 평균점수와 '전반적인 프로젝트 성과' 점수를 평균하였다. 여기서 성공적인 프로젝트는 3점 이상, 즉 기대에 부응하는 성과를 낸 프로젝트로 정의하였다. 우리가 분석한 30개의 프로젝트에서 성공적인 프로젝트는 모두 15개였고, 이 프로젝트들을 연구 대상 사례로 포함하였다.

각 사례마다 혁신 유형은 정성적 자료라 할 수 있는 프로젝트 개요서를 보고 결정하였다. 여기에 더해서 프로젝트 관리자로 하여금 인터페이스의 변화 정도에 관한 질문지를 작성하게 하였다. 이 질문지는 "응용 프로그램을 네트워크에 연결하는 인터페이스 관련 불확실성의 정도"와 "응용 프로그램이 연결되는 플랫폼의 표준화 정도"에 대한 4점 척도로 구성되어 있다. 여기서의 4점 척도는 "비표준"부터 "높은 수준의 표준"까지로 되었다. 보통, 신규로 출시한 네트워크는 맞춤형 플랫폼을 채택하는 반면, 점차 시간이 지나면서 응용 프로그램들의 개발과 상호접속을 관리하는 표준 플랫폼이 등장하게 된다. 프로젝트의 부품 기술의 변화 정도를 평가하기 위해 "응용 프로그램을 개발하는 데 소요되는 비용 관련 불확실성"을 측정하였다. 프로젝트도 핵심과 주변을 구분하기 위해 프로젝트 관리자와 인터뷰를 진행하였다. 핵심 부품이란 회사에 전략적으로 중요하면서 메인 시스템과 밀접하게 연동된다고 규정한 Gatingono 등(2002)의 정의를 적용하였다. 인터뷰를 하는 동안에는 응용 프로그램의 전략적 중요성을 평가하였다. 인터뷰에서의 평가 결과는 별도로 실시한 질문지 문항, "이 응용프로그램을 신속히 출시하기 위해 망 사업자가 느끼는 시급성" 결과와 비교하여 확정하였다. 망 사업자가 자신의 고객 기반을 신속히 구축하려면 전략적으로 중요한 응용 프로그램에 대해서는 높은 시급성을 느낀다고 가정하였다. 결합의 정도, 즉 응용 프로그램과 네트워크 간의 인터페이스 수는 프로젝트의 기술적 특성을 감안하여 결정하였다. 음성 서비스 혹은 문자 메시지 서비스 같은 응용프로그램은 모바일 네트워크의 통합적 특성을 갖고 있다. 즉, 많은 네트워크 요소들과 상호 연결되는 응용프로그램이다. 이와는 대조적으로, 주변적인 응용프로그램은 모바일 네트워크 혹은 많은 경우 응용 프로그램 플랫폼과 단일한 인터페이스를 거쳐 연결된다.

각 사례마다 프로젝트 관리자와 인터뷰를 한 후 네 가지 조직 구성 요소(조정, 소유권, 과업, 지식 통합)를 평가하여 조직 구성이 어떻게 되어 있는지를 결정하였다. 인터뷰 자료를 보고 각 요소에 대한 통합의 정도를 낮음, 중간, 높음으로 구분하였다. 이런 평정에 대한 측정 타당도를 검토하기 위해 연구자가 평가한 소유권 통합과 과업 통합을 프로젝트 관리자가 평가한 것과 비교하였다. 프로젝트 관리자는 "망 사업자가 모바일 응용프로그램 개발 프로젝트에 투자한 정도" 그리고 "망 사업자가 프로젝트 과업을 수행한 정도"와 같은 문항이 든 질문지를 사용하여 5점 척도로 평가하였다. 연구자가 인터뷰에 대해 평가한 결과와 프로젝트 관리자가 질문지에 응답한 평가 결과 간에는 큰 편차가 없었다.

우리는 다음과 같은 절차를 사용하여 자료를 수집하였다. 위에서 언급했듯이, 각 프로젝트 관리자들은 여섯 개의 프로젝트 유형을 구분해 주었을 뿐만 아니라 종속 개념과 독립 개념 모두에 있어 핵심적인 정보를 제공해 주었다. 만약 한 회사가 단독으로 수행한 프로젝트면 그 회사의 프로젝트 관리자를 인터뷰하였다. 만약 여러 회사가 참여한 프로젝트라면, 가장 중요한 회사의 프로젝트 관리자만 인터뷰를 하였다(어떤 경우에는 여러 회사의 프로젝트 관리자와 인터뷰를 하기도 했다). 프로젝트 관리자의 회사를 방문하였고 연구자가 있는 가운데 질문지를 작성하게 하였다. 연구자가 함께 있었기 때문에 필요하면 그 자리에서 질문의 뜻을 명료하게 설명할 수 있었으므로, 자기보고식 설문이 갖는 왜곡을 방지할 수 있었다. 질문지는 프로젝트의 조직 구성 요소에 대한 질문뿐만 아니라 프로젝트의 성과(응답자의 의견이기는 하지만)도 함께 담겨 있었다. 질문지를 다 작성한 후에는 반구조화된 인터뷰를 실시하였고 질문지와 동일한 주제와 순서로 진행하였다. 연구자는 예전에 전기통신 업종에서 일했던 경험이 있기 때문에 질문지에는 응답자에게 친숙한 단어를 담을 수 있었고 인터뷰도 수월하게 진행할 수 있었으며 자료의 의미도 해석할 수 있었다. 인 터뷰는 질문지에 나온 답변을 타당성 있게 해석하는 데 도움을 주었고, 이는 측정 타당도를 향상시켰다. 핵심적인 개념구성에서는 심각한 문제가 없었고 빗나간 해석 도 없었다. 인터뷰 중에는 현장 노트를 작성했으며 인터뷰가 끝나자마자 바로 자세 하게 요약을 하였다. 어떤 사례에서는 불분명한 자료를 이해하기 위해 인터뷰 이후 에도 응답자와 연락을 취하기도 하였다. 나중에 응답자로 하여금 사례 보고서를 검 토하게 하지는 않았다. 이미 질문지 자료와 인터뷰 자료를 일치하게 하는 것만으로 도 충분히 측정 타당도를 높였다고 보았기 때문이다. 대부분의 인터뷰는 1:1 대면 인터뷰로 진행되었다. 수집한 자료의 신뢰도를 높이기 위해 제일 처음 인터뷰는 두 명의 연구자가 함께 진행했고, 그러면서 인터뷰 방법에 대한 경험을 공유하고, 서 로가 절충한 인터뷰 방법을 만들고 따르도록 했다. 연구 참가자의 참여도를 높이고 이들이 제공한 자료의 질을 확보하기 위해 모든 자료는 비밀로 관리한다는 점을 분 명하게 제시하였다. 따라서 각각의 프로젝트는 "익명"으로 제시할 것이며 실제 정 보제공자를 확인할 수 없을 것이다.

5.4.9 자료 제시

수집한 자료는 [표 5.5]로 정리하였고, 각 열마다 사례 번호를 붙였다. 여섯 개 유형의 혁신 사례마다 최소한 한 개의 프로젝트는 성공한 것이 있었다.

표 5.5 15개 제품 혁신 프로젝트에 대한 자료

		(점진적) 핵심 응용 프로그램 변화		(점진적) 주변 응용프로그램 변화					(급진적) 응용프로그램 변화			
		이상적 유형	사례 1	이상적 유형	사례 2	사례 3	사례 4	사례 5	이상적 유형	사례 6	사례 7	사례 8
점진적 인터 페이스 변화	조정	L	L	L	H	H	H	H	L	H	H	L
	과업	L	L	L	L	H	M	M	L	L	L	L
	소유권	H	L	L	L	H	H	L	L	L	L	L
	지식	H	M	L	L	L	H	M	H	L	L	L
		이상적 유형	사례 9	이상적 유형	사례 10			이상적 유형	사례 11	사례 12	사례 13	사례 14	사례 15
급진적 인터 페이스 변화	조정	H	M	H	H			H	H	H	H	H	H
	과업	H	M	L	L			M	M	L	L	L	L
	소유권	H	M	L	L			H	L	L	L	L	L
	지식	H	M	H	L			H	M	L	L	L	L

* 위험수준: L=낮음, M=중간, H=높음

5.4.10 자료 분석

각각의 성공적인 혁신 프로젝트는 이상적인 조직 구성을 갖고 있다는 것이 가설이었다. 15개의 사례에서 이 가설을 "관찰된" 패턴([표 5.5]에서 사례 번호 아래에 표시됨)을 "예측한" 패턴(이상적 유형 아래에 표시됨)과 비교하면서 검증하였다. 만약 관찰한 조직 구성이 예측한 구성과 완전히 일치한다면, 즉 사례에 있는 네 개의 값이 이상적 유형과 정확하게 동일하다면 가설은 입증되는 것이다. 만약 관찰한 패턴이 예측한 패턴과 다르다면 가설은 기각된다. 이 검증을 15개 사례에 대해 수행했으며 모든 명제는 기각되었다.

5.4.11 이론적 시사점

15개 프로젝트 모두 네 개의 조직 구성 요소 중 최소한 한 개에서 이상적인 유형으로부터 빗나갔다. 성공적인 프로젝트 중에서 단 하나도 이상적 조직 구성 요소에 맞는 것을 찾을 수 없었기 때문에 우리의 가설, 즉 성공적인 혁신 프로젝트는 이상적인 조직 구성을 갖추어야 한다는 가설은 기각되었다. 이러한 결과가 의미하는 바는 다음과 같이 추측해 볼 수 있다.

❶ 명제가 잘못되었을 수 있다.
❷ 우리가 조사한 영역에서는 이론이 적용되지 않는다.
❸ 연구방법론에 문제가 있어 명제가 옳다는 가능성을 보여줄 수 없었다.

위에서 세 번째 추측과 관련하여, 검증 절차가 너무 엄격해서 명제를 입증할 수 없었다는 주장이 있을 수도 있다. 사실 네 개의 조직 구성 중 하나에서라도 작은 편차가 있으면 가설을 기각했을 정도이다. 그러나 대부분의 프로젝트들은 예측한 프로파일과 비교했을 때 약간 빗나간 정도가 아니라 실제로 많이 빗나가 있었다. 더군다나, 많은 사례(2, 6, 7, 10, 12~15)는 서로 유사한 프로파일을 보여주고 있다. 이 사례들이 다양한 혁신 유형에 걸쳐 나타났기 때문에 우리의 명제가 틀렸다는 점은 분명해진다. 혁신의 유형에 맞는 이상적인 조직 구성이란 아마 존재하지 않고, 그보다는 모든 프로젝트에 보편타당한 "최고의 조직구성"이 존재한다고 볼 수도 있다. 따라서 첫 번째 추측처럼 명제가 잘못되었을 수도 있다. 우리가 문헌연구를 통해 유형학 이론이나 명제를 정립했다 하더라도 틀렸을 수 있다. 그렇다면 문헌연구를 더 철저하게 진행할 필요가 있고 새로운 명제를 만들어내는 것이 가능하다. 생각해 볼 수 있는 새로운 명제는 이상적인 조직 구성과 프로젝트 성공 간에 확률적 관계가 있다고 보는 것이다. 기존에 이상적 조직 구성이 프로젝트 성공의 필요조건이라고 가정했던 것을 대체하는 명제이다. 지금까지의 분석자료를 보면 그런 명제를 지지할 수 있을 것 같다.

다른 가능성은 명제는 계속해서 옳지만 측정의 문제로 인해 연구 결과가 제대로 안 나왔다는 세 번째 추측이다. 자기보고식 질문지는 분명히 측정상의 왜곡 가능성을 갖고 있다. 종속 개념, 즉 성공의 측정도 에러로 인해 잘못되었을 수 있다. 성공을 묻는 질문 문항은 "기대에 부응하는" 성과를 어느 정도 냈는지였다. 어떤 프로젝트 관리자는 목표나 기대를 사전에 갖고 있지 않았거나, 혹은 사후적으로 갖게 된 경우들이 있다. 따라서 잘못 규정된 기대를 중심으로 성공에 대해 평가한다는 것은 매우 위험할 수 있고 잘못된 사례를 선정하게끔 했을 수도 있다.

우리의 명제가 여전히 옳을 수 있지만 그건 작은 영역에서만 가능하다는 것이 두 번째 추측이다. 유형학 이론이 검증되는 경험적 상황은 이동통신 응용 소프트웨어 분야였다. 여기서는 소프트웨어 응용 프로그램을 전기통신시스템의 "부품"으로 간주하였다. 조직 구성 이론을 도출하기 위해 분석한 문헌들은 대체로 물리적 제품, 즉 자동차나 컴퓨터 하드웨어 같은 제품에 들어가는 부품들이 중심이다. 따라서 소프트웨어 제품은 이 모형을 검증하는 데 적합하지 않을 수 있다.

5.4.12 반복연구

본 연구의 관찰에 근거하여 반복연구를 제안한다. 향후 반복연구는 물리적 제품 영역에서 현재의 명제를 검증하고, 이후에 다른 제품 유형으로 영역을 확장해 나갈 것을 제안한다.

5.5 사례연구 2의 방법론 성찰

5.5.1 이론

사례연구 1과 2는 유사한 이론을 제시하고 있다. 둘 다 조직적 특징에서 어떻게 성공이 오는지를 설명하고 있다. 사례연구 1에서는 세 개의 명제가 제시되었고, 각 명제는 각기 다른 조직적 특징에 관계된 것이었다. 세 개의 명제는 상호관련성이 없다. 하나가 기각되더라도, 나머지 두 개의 명제는 입증될 수 있다. 사례연구 2에서는 혁신 프로젝트 유형별로 가장 이상적인 조직 구성이 하나씩 있다고 보았나. 이상적인 조직 유형을 갖추어야 혁신 프로젝트가 성공한다는 명제를 설정하였다. 사례연구 2의 이론은 조직 구성 요소들 간에 상호관련성이 있다고 가정하고 있다. 그렇기 때문에 사례연구 1보다는 증명하기가 더 어려웠을 수 있다.

사례연구 2는 이론이 적용될 것으로 보는 영역에 제한이 없는 것으로 보고 있었다. 이론이 적용되는 영역은 모든 제품 혁신 프로젝트 사례들이며, 지역과 업종, 시간 등의 제한은 전혀 없다고 보았다. 이렇게 적용 영역이 광범위한 이론을 검증하는 것은 당연히 많은 반복연구를 필요로 한다. 사례연구 2의 후반에서는 연구 영역을 물리적인 제품에 한정하고 소프트웨어 제품에는 적용하지 말 것을 제안하고 있다.

사례연구 2에서, "성공"이라는 개념은 프로젝트의 목적과 기대에 대비하여 정의하였다. 즉, 기대한 것 이상의 결과가 나오면 성공으로 본 것이다. 따라서 성공은 프로젝트 시작 시 가졌던 기대나 야망의 수준과 관련된다. 만약 애초에 기대 수준이 낮았다면 성공의 가능성은 올라간다. 따라서 검증 결과는 특정 유형의 성공에만 타당할 수 있다. 이론에서의 주장과 검증 결과의 해석 간에 생길 만한 오해를 피하기 위해서는 성공에 대한 개념에 "결과에 대한 만족도"를 추가하는 방안도 있을 것이다.

5.5.2 연구 목적

본 연구의 목적은 새로운 이론을 검증하는 것이다. 검증하려는 명제는 기존에 검증된 적이 없다. 따라서 본 연구는 최초 이론 검증 연구라고 할 수 있다.

5.5.3 연구 전략

명제는 성공의 필요조건을 정의하고 있다. 필요조건을 검증하기 위해 가장 좋은 연구 전략은 실험이다. 두 번째로 좋은 연구 전략은 단일 사례연구이다. 반복연구 전략으로는 순차적 사례연구가 선호된다. 각각의 명제를 한 사례에서 검증한 후에 그 다음 사례를 선정해 가는 방식이다.

사례연구 2에서 사용한 연구 전략은 단일 사례연구와 병렬 사례연구를 합친 것이었다(병렬적 단일 사례연구에 대한 논의는 앞의 5.3.3을 참고).

5.5.4 후보 사례

네덜란드의 모바일 통신 업계에서 실시했던 프로젝트를 찾기 위해 2002년부터 2003년까지 2년 동안 뉴스 기사, 웹사이트, 통신업계 핵심 관계자들을 활용하였다. 이런 식으로 총 30개의 후보 사례를 찾아낼 수 있었다.

5.5.5 사례 선정

30개의 후보 사례 중에서 15개가 성공적인 프로젝트였다. 필요조건 명제를 검증하기 위해 성공 사례들을 선정하였다. 이후에 이 사례들은 6개의 혁신 프로젝트 유형별로 분류되었다.

표 5.6 제품 혁신 유형별로 선정된 사례의 수	
혁신의 유형	사례 수
핵심 부품 개발에 대한 점진적 혁신	1
주변 부품 개발에 대한 점진적 혁신	4
모듈 혁신	3
핵심 부품에 대한 기본 구조 혁신	1
주변 부품에 대한 기본 구조 혁신	1
급진적 혁신	5

사례 선정 결과를 볼 때, 이 연구는 단일 사례연구와 병렬적 사례연구 성격을 모두 갖고 있었다. 즉, 핵심 부품 개발을 위한 점진적 혁신 프로젝트와 핵심 부품 혹은 주변 부품에 대한 기본 구조 혁신 프로젝트는 단일 사례를 대상으로 하고 있고, 나머지 세 개의 혁신 프로젝트는 병렬 사례를 대상으로 하고 있다.

5.5.6 가설

이 연구에서의 명제는 필요조건 형식으로 정의하였고, 사례는 종속 개념이 존재한다는 것을 전제로 선정하였다. 따라서 가설은 연구 대상인 각 사례마다 독립 개념, 즉 조건이 존재한다고 보고 있다.

5.5.7 측정

사례를 선정하고 분류하기 위해 사례별로 처음에는 혁신의 유형을 그 다음에는 성공 여부를 결정하였다. 이어서 조직 구성 형태를 결정함으로써 관찰한 것과 기대한 것을 비교하고자 하였다.

제품 혁신 프로젝트의 성공 여부는 프로젝트 관리자가 작성한 질문지를 갖고 결정하였다. 프로젝트 관리자는 여러 개의 성공지표마다 5점 척도로 평가를 하였는데, 프로젝트의 성과에 대해 한 쪽에는 "실망했다"로 다른 한 쪽에는 "기대 이상으로 잘했다"가 있었다. 성공한 프로젝트란 점수 평균이 3점("기대한 바를 달성했다") 이상인 경우로 선정하였다. 가설 검증에 동원된 15개의 성공한 프로젝트들 모두 이런 기준에 따라 선정된 것으로 프로젝트 관리자를 실망시키지 않은 성과를 도출하였다고 볼 수 있다. 성공과 관련한 측정 타당도에 대해 몇 가지 의문이 제기될 수 있다. 성공을 "기대한 바를 달성한 정도"로 규정하는 것에 대해서는 5.4.1.1에서 측정 타당도에 문제가 있다는 점을 잠깐 제기하였었다.

사례연구 2는 혁신 유형이 결정되는 방식에 대해 자세한 설명을 제시하였다. 그러나 이와 같은 유형 분류는 유형 판단 규칙을 무 자르듯이 명쾌하게 적용하기에는 무리가 있었다고 본다.

조직 구성의 네 영역(조정, 소유권, 과제, 지식 통합)에 대한 값은 프로젝트 관리자와의 인터뷰를 통해 도출하였고, 그 중 두 요소는 프로젝트 관리자가 질문지의 4점 척도에 응답한 것과 비교하여 확정하였다. 그리고 두 평가의 결과에서는 큰 편차는 발견할 수 없었다고 한다.

5.5.8 자료 제시

사례연구 2는 앞서 소개한 사례연구 1에서만큼 프로젝트에 대한 정보를 자세

하게 제공하지 않았다. 그렇기에 프로젝트에 대해 알 만한 전문가들이 혁신 프로젝
트의 분류나 성공 여부를 쉽게 평가할 수 없었다. 15개의 프로젝트와 관련하여 검
증에 필요한 관련 자료, 즉 혁신 유형과 조직 구성 유형에 대한 자료는 [표 5.5]에
제시하고 있다.

5.5.9 자료 분석

가설 검증 연구는 "관찰한" 유형 분류를 예측한 것과 비교한다([표 5.5] 참고).
이 연구에서는 관찰한 "패턴"에 있는 네 개의 조직 구성 요소 점수들을 이상적인
조직 구성 패턴과 비교하였다. 이러한 검증 방식을 각각의 사례마다 개별적으로 실
시하였고, 그 검증 결과를 사례별로 평가하였다.

5.5.10 이론적 시사점

성공적인 제품 혁신 프로젝트는 이상적인 조직 구성을 갖추고 있다는 가설은
기각되었다. 15개의 사례를 보았을 때, 6개의 혁신 프로젝트 유형 모두가 기대한
필요조건을 갖추지 않았다는 것이 증명되었다.

사례연구 2는 한 가지 이론적 시사점을 제안하고 있는데, 명제 그 자체가 틀
릴 수 있다는 것이다. 그러나 연구 프로젝트 초반의 탐색 단계가 엄격하게 진행되
었던 점을 감안할 때, 명제 그 자체는 이론적이면서 실제적인 통찰에 기반하고 있
었다고 볼 수 있다. 따라서 연구의 결론은 소홀히 다룰 수 없는 의미를 갖고 있기
에 가설이 기각된 다른 이유들을 검토해 보아야 한다. 이에 대해서는 이래와 같이
설명하고자 한다.

❶ 사례연구 2는 너무 엄격한 검증 절차를 거쳤을 가능성을 배제하고 있다. 왜냐하
면 상당수의 성공적인 프로젝트들이 조금이 아니라 상당히 많이 예측했던 프로파일
에서 벗어났기 때문이다. 그러나 네 가지 조직 구성 요소들의 측정에서 뭔가 잘못된
점이 있었다면, 이는 검증에 직접적인 영향을 끼쳤을 것이다. 네 요소들에 대한 측
정 신뢰도가 너무 낮아서, 연구자가 중간 값들을 높음 혹은 낮음으로 재배치하였다
면 많은 결과가 가설을 지지하는 것으로 결론이 났을 수도 있다. 즉, 동일한 사례를
다른 측정 절차로 검증할 경우 다른 결과가 나올 수도 있다는 것이다.

❷ 이상적인 혁신 프로젝트 유형 그 자체가 너무 엄격했을 수도 있다. 모든 혁신 프

로젝트에서 네 가지 조직 구성 요소가 모두 예측한 대로 정확하게 일치해야 꼭 성공했다고 보아야 하는가? 각 제품 혁신 유형이 성공하기 위해서는 세 개의 요소로 구성된 이상적 조직이 필요조건이라고 해도 되지 않을까? 혹은 다른 말로 하자면, 왜 이상적 조직 구성은 네 가지 구성 요소마다 단지 하나의 값을 가져야 하나?

❸ 유형이 기반하고 있는 이론은 특정 업종을 중심으로 발전하여 왔다. 사례연구 2에서 이미 논의했듯이 다른 업종에서도 유형을 검증해 보아야 한다.

❹ 혁신 프로젝트의 성공 요인에 관한 문헌연구에서는 성공을 "상대적 성공"이 아닌 다른 방법으로 측정하고 있다. 만약 성공을 좀 더 안정적인 기준으로 정의한다면, 성공은 조직 구성에 의해 영향을 받는다는 점을 더 잘 보여주기 쉬워진다. 또한 "성공적인" 사례들을 좀 더 많이 찾을 수 있고 검증 대상으로 더 많이 포함할 수도 있다.

❺ 사례연구 2가 한 개의 유형을 검증한다고 했지만, 실제로는 여섯 개의 조직 구성 유형을 검증하고 있다. 각각의 이상적인 조직 구성별로 검증 결과를 평가해 볼 수 있고, 각각의 혁신 유형마다 구체적인 결론을 제시하는 것도 가능하다. 이에 대한 논의는 다음 장에서 더 자세히 다루고자 한다.

5.5.11 반복연구 전략

사례연구 2는 명제를 다른 영역, 예를 들면 무형의 소프트웨어보다는 유형의 제품에서 검증하는 반복연구 전략을 제시하였다. 이러한 결정은 15개 사례에 대한 검증 결과를 전체적으로 평가하여 내린 결론이다. 이와 다른 접근으로는 혁신 유형별로 각기 다른 연구 전략을 적용하는 방안이 있다. 세 개의 혁신 유형(주변부품 개발을 위한 점진적 혁신, 모듈식 혁신, 급진적 혁신)은 세 개에서 다섯 개의 병렬 검증을 실시하였지만 모두 기각되었다. 이는 명제가 틀렸고 새로운 명제를 만들 필요가 있다는 결론에 도달할 수도 있다. 사례연구 2는 더 철저한 문헌연구를 통해 왜 예측이 현재의 결과와 배치되었는지를 찾아야 한다고 제안한다. 그러나 명제를 다시 만들어야 한다는 결론은 다른 세 개의 혁신 유형을 고려할 때 너무 성급한 판단이다. 이들 세 개의 혁신 유형은 단지 단일 검증을 실시했을 뿐인데 가설이 기각되었다. 좀 더 적합한 전략은 이론을 폐기하기 전에 검증을 반복해보는 것이다. 이런 반복연구는 "가장 부합하는" 사례, 즉 입증하기 쉬운 사례를 발견하는 것이 중요하다.

입증이 불확실한 사례보다 입증 확률이 높은 사례를 대상으로 가설을 기각하는 것이 이론에는 더 큰 의미를 갖는다. 이는 새로 연구할 성공 프로젝트로는 소프트웨어보다는 제품 혁신에 관한 사례를 선정해야 함을 시사하고 있다. 따라서 사례연구 2의 반복연구는 선행연구에서 가장 많이 언급하는 영역을 중심으로 사례를 선정해야 한다. 그런 영역은 유형의 제품 영역이며, 유형학 이론을 구축하는 데 활용한 경험을 다시 활용해야 한다. 그런 사례에서도 가설이 기각된다면, 이론 그 자체가 정말로 틀리다고 주장할 수 있다.

참고문헌

Dittrich, K. 2004, *Innovation networks: Exploration and exploitation in the ICT industry.* Delft: Delft University of Technology.

Gatignon, H., Tushman, M.L., Smith, W. and Anderson, P. 2002, A structural approach to assessing innovation: Construct development of innovation locus, type, and characteristics. *Management Science, 48*(9): 1103-1122.

Gilsing, V. and Nooteboom, B. 2006, Exploration and exploitation in innovation systems: The case of pharmaceutical biotechnology. *Research Policy, 35*(1): 1-23.

Granovetter, M. 1973, The strength of weak ties. *American Journal of Sociology, 78*(6): 1360-1380.

Hagedoorn, J. 1990, Organizational modes of inter-firm co-operation and technology transfer. *Technovation, 10*(1): 17-30.

Hamel, G. and Prahalad, C.K. 1994, *Competing for the future.* Boston (MA): Harvard Business School Press.

Henderson, R.M. and Clark, K.B. 1990, Architectural innovation: The reconfiguration of existing product technologies and the failure of established firms. *Administrative Science Quarterly, 35*: 9-30.

Jaspers, F. and Van den Ende, J. 2005, Organizational forms for innovation in system industries: A typology test with case studies on the development of mobile telecom applications, in: Wynstra, J.Y.F., Dittrich, K., and Jaspers, F.P.H. (eds), 2005, *Dealing with dualities*, Proceedings of the 21st IMP Conference, 1-3 September 2005, Rotterdam. Rotterdam: RSM Erasmus University.

Jaspers, F. and Van den Ende, J. 2006, The organizational form of vertical relations: Dimensions of integration. *Industrial Marketing Management, 35*(7): 819-828.

Koza, M.P. and Lewin, A.Y. 1998, The co-evolution of strategic alliances. *Organization Science, 9*(3): 255-264.

March, J.G. 1991, Exploration and exploitation in organizational learning. *Organization Science, 2*(1): 71-87.

Sarker, S. and Lee, A.S. 2002, Using a positivist case research methodology to test three competing theories-in-use of business process redesign. *Journal of the Association for Information Systems, 2*(7). 7-79.

Teece, D.J. 1996, Firm organization, industrial structure, and technological innovation. *Journal of Economic Behavior and Organization, 31*: 193-224.

제6장
결정적 관계 검증 사례연구

앞 장에서는 충분조건 혹은 필요조건 형식의 명제를 검증하기 위해 사례연구를 어떻게 설계하고 수행하는지에 대해 다루었다. 본 장에서는 결정적 관계를 검증하기 위한 사례연구를 어떻게 설계하고 수행할지에 대해 논의하고자 한다. 결정적 관계를 검증하기 위한 방법론은 앞장에서 다룬 방법론과 다소 차이가 있을 것이다.

앞의 5장과 마찬가지로, "연구방법" 안내를 먼저 제시하고, 이어서 실제 사례연구의 예를 제시하고자 한다. 그런 다음, "방법론 성찰"을 통해 예로 제시했던 사례연구를 좀 더 자세히 평가하고 논의하고자 한다.

본 장의 목차는 다음과 같다.

6.1 결정적 관계 검증 방법

6.1.1 서론

본 장에서는 **결정적 관계**를 검증하기 위한 이론 검증 사례연구를 다룬다. 결정적 관계는 독립 개념의 값이 변하면 종속 개념의 값이 예측한 방식에 따라 항상 변할 것이라고 가정한다. 이때의 명제는 다음과 같은 형식을 갖는다.

"A가 커지면 B가 커진다" ("If A is higher then B is higher")

결정적 관계를 검증하기 위해 사례연구를 활용하는 방법에는 두 가지가 있다. 첫 번째 방법은 **종단적 단일 사례연구**longitudinal single case study이다. 사례에 있는 독립 개념이 시간에 따라 "자연스럽게" 변해가면, 이에 상응하는 종속 개념을 시간에 따라 혹은 사후에 측정하는 방법이다. 다른 한 방법은 **비교 사례연구**comparative case study로서, 독립 개념의 값이 다른 혹은 같은 두 개 이상의 사례를 선정한 후에 각 사례의 종속 개념을 측정하는 방법이다.

6.1.2 후보 사례

모집단에서 사례를 선정하는 방법은 다른 이론 검증 사례연구들과 동일하다 (이에 대해서는 5.1.2를 참고할 것).

6.1.3 사례 선정

종단적 단일 사례연구에서는 시간이 지날수록 독립 변인의 값에 비교적 큰 분산이 존재하는 단일 사례를 선정한다. 반면에 결과에 영향을 줄 만한 다른 변인들은 가능하면 시간이 지나도 비슷한 수준을 유지하는 것이 좋다. 이렇게 함으로써 (a) 동일한 사례 내에서 명제를 시간에 따라 다층적으로 검증할 수 있으며, (b) 명제가 참이 되려면 독립 개념의 값이 어느 정도 되어야 하는지에 대한 정보도 파악할 수 있다. 비교 사례연구에서는 서로 유사한 복수의 사례를 선정하지만 독립 개념의 값은 서로 달라야 한다.

선정해야 할 사례의 개수는 연구수행이 가능할 정도로만 최소한으로 선정하는 것이 일반적이다. 종단적 사례연구에서는 단 하나의 사례만으로도 충분하다. 비교 사례연구에서는 검증하려는 결정적 관계가 연속적으로 증가 혹은 감소하는 것이라면 두 개의 사례만으로도 적정하다. 그러나 다른 결정적 관계, 예를 들어 포물선을 그리는 관계라면 사례연구에 필요한 최소한의 사례 수는 결정적 관계가 어떤 모습이냐에 따라 달라진다. 첫 번째 검증을 한 후에는 검증 결과에 따라 반복연구 전략을 수립하고, 추가 검증을 위한 다른 사례를 선정할 수 있다. 반복연구의 횟수는 자원만 허락한다면 제한이 없다.

6.1.4 가설

명제에서 독립 개념의 값이 증가 혹은 감소함에 따라 종속 개념의 값도 결정적으로deterministically 즉 반드시 증가 혹은 감소한다고 제시했다면, 그때는 종단적 사례연구의 가설을 다음과 같은 형식으로 작성한다.

가설: 시간축의 측정 지점들 위에 종속 변인의 값들은 각각 대응하는 독립 변인의 값이 예측하는 방향에 위치할 것이다.

독립 변인과 종속 변인은 연속적으로 함께 증가하거나 감소하는 관계일 수 있다. 그러나 독립 변인과 종속 변인이 일정하게 증가하거나 감소하는 것이 아니라 어떨 때는 증가하기도 하고 감소하기도 하는 관계라면 이런 증가나 감소 관계를 하나의 세트라고 고려해 볼 수 있다. 이때는 가설을 다음과 같은 형식으로 작성한다.

가설: 시간축의 측정 지점들 위에 독립 변인의 관찰치 순서는 종속 변인의 관찰치 순서와 정확하게 같을 것이다.

예를 들어서,

- 다섯 개의 측정 지점은 시간에 따라 t1, t2, t3, t4, t5이고,
- 독립 변인의 값은 A1, A2, A3, A4, A5이며,

- 종속 변인의 값은 B1, B2, B3, B4, B5라고 할 때
- 독립 변인의 값을 증가치에 따라 배열해 본다. (예, A4, A5, A3, A1, A2)
- 독립 변인과 종속 변인 간에 연속적인 증가 혹은 감소가 예측될 경우라면, 종속 변인의 값은 정확히 (B4, B5, B3 B1, B2)라는 순서로 되어야 한다(혹은 명제에 따라서는 그 반대의 순서로 배열할 경우도 있다).

독립 변인과 종속 변인이 결정적 관계에 있을 때 비교 사례연구도 가능하다. 비교 사례연구의 가설은 다음과 같이 작성한다.

가설: 독립 변인의 관찰치에 따른 사례의 순서는 종속 변인의 관찰치에 따른 사례의 순서와 정확하게 같을 것이다.

이 가설은 또한 다음과 같은 충분조건 형식으로 작성해 볼 수 있다.

가설: 쌍을 이루는 사례의 경우, 사례 1의 독립 변인의 값이 사례 2의 독립 변인의 값보다 크다면(조건), 사례 1의 종속 변인의 값 또한 사례 2의 종속 변인의 값보다 클 것이다.

이와 같은 검증의 논리는 충분조건을 검증할 때와 동일하다. 만약 조건이 존재한다면, 결과도 함께 존재한다고 예측하는 가설을 만든다. 혹은 결과가 존재하지 않는다면, 조건 또한 존재하지 않을 것이라고 예측하는 것이 가설을 만든다.

6.1.5 측정

종단적 사례연구를 할 때는 두 변인에 대해 어떤 시점에 얼마나 많은 측정을 해야 하는지 결정해야 한다. 비교 사례연구를 할 때는 유사한 사례들이지만 독립 변인의 측정치가 다른 경우들이 있다. 이것은 독립 변인의 값을 사례 선정 초기 단계에서 이미 측정했다는 것을 의미한다. 그러므로 비교 사례연구에서는 각 사례의 종속 변인 값만 측정한다.

6.1.6 자료 제시

연속적으로 증가하거나 감소하는 관계로 예측한 경우, 종단적 사례연구에서의 측정 지점과 비교 사례연구에서의 사례는 모두 독립 변인 값의 순서에 따라서 배열한다.

6.1.7 자료 분석

연속적으로 증가하거나 감소하는 관계로 예측한 자료는 독립 변인의 순서를 종속 변인의 순서와 비교하며 분석한다. 가설은 두 개의 순서가 정확하게 같은지를 입증하는 것이며, 두 개의 순서가 낮은 것에서 높은 것으로의 방향인지 혹은 역방향인지를 가설에서 예측한 대로 비교한다. 만약 배열 순서가 다르면 그 가설은 기각된다.

배열 순서는 크게 다를 수도 있고 아주 조금 다를 수도 있다. 예를 들어, 대규모 자료를 비교했는데 단지 두 개의 측정값만 다를 수 있다. 만약 배열 순서가 아주 조금만 다르다면, 가설이 거의 입증되었다고 결론을 내리기 쉽다. 이런 결론은 대규모 측정 중에서 극소수의 예외가 발생할 경우에만 인정된다. 즉 실용적 결정주의 관점을 취하는 것이지만, 보통의 경우에는 예측한 패턴이 측정한 패턴과 일치하지 않는다면 그 가설을 기각한다.

6.1.8 이론적 시사점

이론적 시사점과 관련한 이슈는 모든 이론 검증 사례연구가 동일하므로 5장의 5.1.8 내용을 참고할 것

6.1.9 반복연구 전략

반복연구 전략과 관련한 이슈는 모든 이론 검증 사례연구가 동일하므로 5장의 5.1.9 내용을 참고할 것

6.2 사례연구 3: 이론 검증 연구(결정적 관계 검증)

도심 접근 시간 제한이 유통업체의 배송 비용에 끼치는 영향[1]

Hans Quak

6.2.1 서론

도심의 화물 운송은 현대의 도시화된 생활 방식을 유지하는 데 꼭 필요한 것이다. 화물 운송은 도시에서의 상거래와 여가 활동을 하는 데 중요할 뿐만 아니라 생활 자체를 유지하는 데 있어서도 꼭 필요하다. 그러나 운송은 여러 문제를 일으킨다. 이런 문제에는 소음, 매연, 혼잡, 화석 연료 사용, 시야 방해, 진동, 매연에 의한 건강 문제, 교통사고로 인한 사상자 발생, 녹지와 개방 공간의 훼손, 역사적 건물과 사회기반시설에 대한 손상 등이 있다(Brown과 Allen, 1999; Bainster 등, 2000).

최근에 시민과 정책결정자들은 도심 화물 운송의 여러 부작용을 심각하게 인식하고 있으며, 이를 줄이려는 정책을 입안하고 싶어 한다. 이런 기류는 특히 유럽에서 강한데, 도시의 사회적 지속가능성을 높이기 위해 가장 많이 도입하는 정책이 도심 접근 시간 제한 정책이다(OECD, 2003).

도심 접근 시간 제한이란 특정 지역의 모든 배송 활동을 특정 시간에만 수행하도록 한 것이다. 시간 제한의 목적은 쇼핑센터에 출입하는 대형 화물차로 인한 여러 부작용을 줄이고, 화물차를 쇼핑센터의 일반 방문 차량과 분리시킴으로써 도심에서의 삶의 질을 증진시키자는 것이다(Allen 등, 2004; Munuzuri 등, 2005). 네덜란드만 하더라도 도심 접근 시간 제한을 활용하는 비율이 계속 증가하고 있다. 1998년에 네덜란드에 있는 289개 대도시 중 41%가 이 제도를 시행했는데 2002년에는 53%로 증가하였다. 도시의 규모가 클수록 시간 제한 정책을 도입한 비율도

---

1) 본 장은 다음의 연구에 기초하고 있음: Quak, H.J. and De Koster, M.B.M., Exploring retailers' sensitivity to local sustainability policies, *Journal of Operations Management* (2007), doi:10.1016/j.jom.2007.01.020.

커진다. 2002년에 네덜란드의 상위 100개 도시 중 71%가 시간 제한 정책을 실시한 데 비해 상위 20% 도시는 모두 실시하고 있었다. 2002년에 평균적인 제한 시간은 약 4.5시간이었다(PSD, 2002). 많은 수송업체와 대형 유통업체들은 도심 접근 시간 제한을 가장 큰 물류 문제로 여기고 있다(Crum과 Vossen, 2000). Groothedde와 Uil(2004)은 네덜란드에서 도심 접근 시간 제한에 의해 발생하는 비용이 연간 2억 7천만 유로에 이른다고 주장하고 있다.

6.2.2 이론

6.2.2.1 연구 대상

연구 대상은 유통업체가 배송센터에서 판매점까지 제품을 운송하는 한 주 간의 물류 활동이다.

6.2.2.2 개념

관심을 갖는 개념은 다음과 같다.

- 시간 제한 압력time access window pressure: 압력은 두 개의 항목으로 구성되어 있다(제약의 수, 즉 시간 제한이 적용되는 지역의 수, 시간 제한의 길이).
- 배송 비용distribution costs: 배송 비용에 영향을 주는 네 개의 항목이 있다(왕복 운행 횟수, 운행 차량의 수, 총 운행거리, 총 소요 시간).

6.2.2.3 명제

이론에서는 시간 압력이 증가할수록 배송 비용도 증가한다고 보고 있다. 이유는 다음과 같다. 첫째, 유통업체는 차량을 한 번 운행하면서 모든 판매점들을 들르면 좋겠지만 그렇게 할 수 없기 때문에 왕복 운행의 수를 증가시킬 것이다. 둘째, 항상 왕복 운행을 하면 효율적이겠지만, 대개의 경우 시간 제약으로 인해 왕복 운행을 동시에 해야 하므로 차량 대수가 증가할 것이다. 셋째, 차량의 왕복 운행이 많아지면서 총 운행거리와 총 소요 시간도 증가할 것이다. 이와 같은 이론에 근거해서 다음과 같은 결정적 명제를 제시한다.

명제: 시간 제한의 압력이 실질적으로 증가하면 배송비용을 구성하는 네 항목의 수치도 증가한다.

이 명제에 대해 논란이 있을 수 있다. 유통업체들은 시간 제한 압력이 높아진다고 배송 비용을 구성하는 네 항목 모두 꼭 증가시켜야 한다고 느끼지 않을 수도 있다. 명제에서 '실질적으로 증가한다'는 표현을 썼는데, 이론이 아니라 현장에서 실제로 느끼는 의미를 반영하고자 하였다. 예를 들어, 시간은 분 단위로 증가하는 것이 아니고 한 시간에 최소한 15분 이상은 증가해야 증가라고 표현하였다. 대기 시간도 하루를 24시간 전체가 아니라 최대 몇 시간까지를 대기 시간으로 제한을 하였다. 그리고 "자주"나 "대체로"와 같은 한정어를 쓰지 않음으로써 명제를 결정적 관계로 구성하고자 했다.

6.2.2.4 영역

이 이론은 서부유럽의 물류 상황에 적용된다. 좀 더 구체적으로 보면, 도심 접근 시간 제한 제도를 시행하는 도시의 쇼핑센터에 판매점을 갖고 있으면서 배송센터에서 이들 점포로 제품을 배송하는 대규모 유통업체에 적용된다. 이렇게 적용되는 영역 중에서도 네덜란드의 유통업체들을 대상으로 연구를 실시하였다.

6.2.2.5 개념 모형

시간 제한에 대한 압력이 클수록 배송 비용은 증가한다는 명제는 다음과 같은 개념 모형으로 시각화할 수 있다.

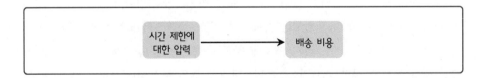

6.2.3 연구 목적

본 연구의 목적은 대규모 유통업체가 겪는 시간 제한 압력과 배송 비용 간의 관계에 대한 이론에 공헌하는 것이다. 이를 검증하기 위한 명제는 다음과 같다.

명제: 시간 제한에 대한 압력의 증가는 배송 비용을 구성하는 네 항목의 증가를 초래한다.

6.2.4 연구 전략

명제를 검증하기 위해서는 시간 제한 압력이 증가하였지만 유통업체의 배송 비용이 증가하지 않은 사례를 최소한 한 개 이상 발견할 필요가 있었다. 이를 위해 다양한 유통업체들을 조사하였고 각 업체마다 시간 압력의 증가가 항상 네 개의 배송 비용 요소들을 증가시키는지 평가해 보았다. 각 업체마다 배송 비용을 구성하는 요소들 각각에 대해 별도로 검증할 필요가 있었기 때문에 사례연구 전략이 적절하였다.

이 연구는 시간 제한 압력을 다양화할 필요가 있었다. 네덜란드에서 도시정책의 변화로 시간 제한 압력은 점차 증가하는 경향이 있지만 그 증가 속도는 느린 편이다. 그런 이유로 우리 이론을 실제 자료로 검증하기 위해 몇 년 전으로 되돌아가서 자료를 모을 필요가 있었다. 그러나 시간 제한 압력이나 배송 비용 모두 과거의 정확한 자료를 모으기란 쉽지 않았다. 우리는 이 문제를 해결하려고 0번부터 18번까지 19개의 시나리오를 만들었다. 각 시나리오에는 실제 시간 제한 압력의 수준이 담겨있는데 '전혀 압력이 없다'(시나리오 0)부터 '심각한 압력이 있다'(시나리오 18)까지 있고, 각 시나리오별로 유통업체의 현재 배송 자료를 활용하여 배송 비용을 계산하였다. 이런 방식으로 병렬적 종단 사례연구를 실시할 수 있었다.

6.2.5 후보 사례

이론이 적용될 수 있는 연구 대상의 범위는 시간 제한 정책이 시행되는 도시의 쇼핑센터에 위치한 대형 유통업체의 배송 활동이다. 즉, 대형 유통업체의 배송센터에서 일어나는 배송 활동 전체를 말한다. 전 세계의 유통업체의 배송센터와 배송 활동에 대한 종합 목록은 존재하지 않겠지만, 네덜란드 내에서라면 배송센터 전체를 목록화하는 것은 가능할 것이다. 슈퍼마켓, 백화점, 패션숍, 약국을 포함한 전문점 등은 쇼핑센터에 가장 공통적으로 입점해 있는 판매점들일 것이고 이들에 대한 잠정적인 목록을 만들었다.

6.2.6 사례 선정

네덜란드에서 배송센터와 판매점 간에 상품을 운송하는 14개의 유통업체를 후보 사례로 선정하였다. 우리는 업체들이 갖고 있는 경쟁 전략을 고려하여 선정하였다. 경쟁 전략에는 할인형 업체(저가전략), 비용에 초점을 둔 업체(시장의 중간 세분시장에 초점), 차별화와 고객만족에 초점을 둔 업체(고급전략)로 구분하여 선정하였다. 어떤 업체들은 네덜란드 내에 배송센터를 두고 있으면서 해외의 판매점에 제품을 공급하고 있었다. 이런 판매점들은 배제했는데, 해외 판매점을 분리해 내기가 불가능했던 세 개의 유통업체는 예외적으로 연구에 포함할 수밖에 없었다. 예를 들어, 하루 한 번의 배송에 네덜란드 내와 해외 납품이 함께 얽혀있는 경우이다. 그러므로 우리는 사례 2, 3, 7에서 벨기에와 독일에 있는 판매점들도 포함할 수밖에 없었다. [그림 6.1]에서는 본 연구에 포함된 14개 판매점의 위치를 모두 보여주고 있다.

그림 6.1 선정한 판매점들의 위치

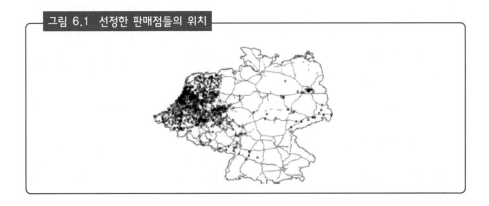

모든 판매점들은 주간 단위로 순환하는 운행 계획을 갖고 있었는데, 사례 2는 4주, 사례 4는 2주 단위의 운행 계획을 갖고 있다. 사례를 비교하기 위해 이들 운행 계획을 평균인 한 주로 통일하여 사용하였다. 특이한 것은 사례 4의 경우이다. 이 업체는 4개의 배송센터를 보유하고 있었고, 하나의 전국 배송센터가 모든 판매점에 배송을 하고 있었다. 그렇지만 몇몇 판매점들은 나머지 3개의 지역 배송센터로부터도 배송을 받고 있었다. [표 6.1]은 선정된 14개 유통업체의 주요 특징들을 보여주고 있다.

사례	판매점의 유형	경쟁 전략	판매점의 수	창고의 수	주간 배송 수
표 6.1 주요 사례의 특징					
1	약국	원가우위	498	1	515
2	백화점	원가우위(할인점)	106	1	132
3	백화점	원가우위	275	1	791
4	백화점	차별화	93	4	751
5	백화점	원가우위	13	1	68
6	패션	원가우위	108	1	510
7	패션	원가우위(할인점)	475	1	952
8	패션	시장 반응	180	1	900
9	패션	시장 반응	122	1	244
10	패션	시장 반응	133	1	266
11	식료품 (가공포장제품)	원가우위(할인점)	77	1	224
12	식료품 (가공포장제품)	차별화	134	1	663
13	식료품 (가공포장제품과 신선제품)	원가우위 (저가 할인점)	38	1	820
14	식료품(신선제품)	차별화	134	1	1,431
Total			2,386	17	8,267

6.2.7 가설

　본 연구의 독립 변인은 시간 제한 압력이다. 시나리오 0에서는 시간 압력에 대한 제약이 없다. 다른 시나리오에서는 시간 압력의 두 영역을 다르게 하였다([표 6.2] 참고). 먼저, 시간 제한의 길이는 오전 6시와 정오 사이의 6시간을 하위 시나리오로 해서 A1-6라고 했고, 오전 6시 30부터 11시까지의 4.5시간을 하위 시나리오로 B1-6, 오전 7시부터 10시까지의 3시간을 C1-6로 하였다([표 6.2]의 세로줄 참고). 시간 제한의 횟수는 시나리오 1에 있는 네덜란드의 가장 큰 대도시 5개의 쇼핑센터부터 시나리오 6에 있는 250개 대도시의 쇼핑센터까지 달랐다([표 6.2]의 가로줄 참고).

표 6.2 시간 제한 압력의 시나리오

시간 제한의 길이	시간 제한이 있는 지역의 수					
	네덜란드 5개 대도시	네덜란드 10개 대도시	네덜란드 25개 대도시	네덜란드 50개 대도시	네덜란드 100개 대도시	네덜란드 250개 대도시
06:00 ~12:00	A1	A2	A3	A4	A5	A6
06:30 ~11:00	B1	B2	B3	B4	B5	B6
07:00 ~10:00	C1	C2	C3	C4	C5	C6

각각의 유통업체에 대해 다음과 같은 두 개의 가설을 작성하였다.

가설 1: 시간 제한의 길이(A, B 혹은 C)와 관련하여, 배송 비용을 구성하는 네 항목 값의 순서 배열은 시간 제한이 적용되는 지역의 증가 숫자(1~6)와 정확하게 일치할 것이다.

가설 2: 시간 제한이 적용되는 지역의 숫자와 관련하여(1~6), 배송 비용을 구성하는 네 항목의 값은 시간 제한의 길이(A~C)와 정확하게 일치할 것이다.

6.2.8 측정

우리는 여러 수준의 시간 제한 압력이 14개 네덜란드 유통업체의 비용에 끼치는 실질적인 영향을 계산하여 배송 비용의 값을 산출했다. 이를 위해 먼저 한 일은 14개 업체가 한 주 동안에 실제로 어떤 배송 활동을 하는지에 대한 자료를 수집한 것이었다. 모든 사례마다 다음과 같은 네 개의 절차로 측정을 했다.

* 배송 혹은 물류담당 관리자와의 공개 인터뷰를 실시하였고, 여기서 각 유통업체의 운영 현황과 도심 화물의 운송 활동, 그리고 시간 압력에 대한 업체의 반응을 알 수 있었다.
* 질문지를 이용해서 각 업체의 운영 수준에 대한 자세한 데이터를 수집하였다.
* 사내 자료를 통해 각 업체의 주간 운송 계획에 대한 정보를 파악하였다.
* 부가정보가 필요하면 이메일이나 전화로 파악하였다.

수집한 자료를 수학 모형에 넣었고 시간 제한 압력별로 네 가지 항목의 비용을 산출하였다. 수학 모형에서는 차량 운행과 관련해서 여러 문제들을 해결해야 했다. 예를 들어, 추가 운행 차량의 숫자를 최소화하였다. 왕복 운행 계획을 새로 만들기 위해 차량 운행 계획 소프트웨어인 SHORTREC 7.0(Ortec 컨설턴트들이 개발)을 사용하기도 했다. 이렇게 해서 새로 계산한 유통업체의 왕복 운행 계획을 갖고 우리는 배송 비용 영역에 대한 값을 도출해 내었다(유통업체의 실제 배송 데이터, 그리고 앞서 언급한 수학 모형은 Quak와 De Koster의 2007년 자료를 참고할 것).

6.2.9 자료 제시

우리는 각 유통업체와 네 개의 배송 비용 항목에 대해 [표 6.2]에 있는 18개의 셀 모두를 채웠으며, 그 결과 56개(4×14)의 표를 만들었다. 각 표는 [그림 6.2]에서 보듯이 14개 유통업체마다 그래프 형태로도 제시했다([그림 6.2]는 사례 8을 샘플로 제시하고 있음). [그림 6.2]에서 두 개의 시간 제한 입력 영역을 볼 수 있다. 즉, X축은 업체별로 각 시나리오에 따라 나타나는 시간 제한이 적용되는 지역의 수를 일컫는다. 시간 제한 길이에 대한 수치는 각 시나리오(A, B, C)에 따라 제시하였다.

6.2.10 자료 분석

가설 1은 14개 유통업체에서 네 개의 배송 비용 항목을 조사하면 표의 3개 행, 즉 A, B, C마다 각각 1부터 6까지의 여섯 개 값이 비용 증가 순서와 똑같은 순서로 배열된다고 정의하고 있다. 가설 2는 14개 유통업체에서 네 개의 배송 비용 항목을 조사하면 표의 6개 열, 즉 1~6마다 A부터 C까지의 세 개의 값이 비용 증가와 똑같은 순서로 배열된다고 정의하고 있다.

우리는 실제 수치를 찾아서 56개 표 각각마다 두 개의 가설 모두를 검증하였고, 그 결과를 제시하기 위한 방법으로 [그림 6.2]를 사용하였다. [그림 6.2]에서는 네 개의 배송 비용 항목들의 수치가 시간 제한에 의해 영향을 받는 영업점 수가 증가할수록 함께 증가하는 모습을 보여주고 있는데, 시간 제한을 받는 지역의 수가 적은 왼쪽부터 많은 오른쪽까지 선의 모양이 증가하는 모습을 분명하게 가시적으로 보여주고 있다. 각 그래프마다 시나리오 C의 선은 계속해서 시나리오 B보다 높게 나타나고, 시나리오 B 역시 A보다 높게 나타나고 있다. 이는 시간 제한의 길이가 감소함에 따라 네 배송 비용 항목의 수치가 증가한다는 사실을 보여주는 것이다.

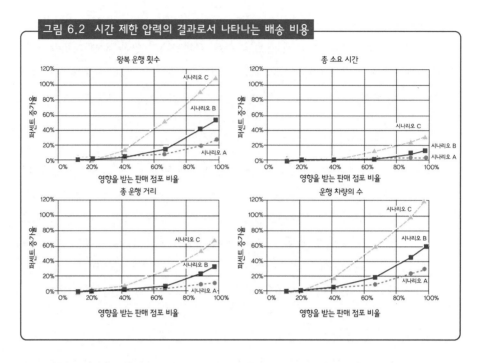

그림 6.2 시간 제한 압력의 결과로서 나타나는 배송 비용

검토한 제한 지역의 수치를 볼 때, 4개의 배송 비용 항목의 값이 시나리오 A 가 시나리오 B 혹은 C에서보다 높았던 사례는 없었기 때문에, 그리고 B에서의 값 이 C에서의 값보다 높았던 적이 없기에, 따라서 제한이 적용되는 지역의 수치가 증 가함에 따라 배송 비용 항목의 수치가 감소하는 사례는 나타나지 않았다고 보고, 사례 8에서는 명제 1이 입증되었다고 보았다. 우리는 동일한 검증을 14개 사례 모 두에 대해 수행하였고, 예외 없이 모든 사례에서 가설을 입증할 수 있었다.

6.2.11 이론적 시사점

두 개의 가설은 모든 사례에서 입증되었다. 본 가설이 추론된 명제는 옳았음 을 보여준다.

6.3 사례연구 3의 방법론 성찰

6.3.1 이론

사례연구 3의 연구 대상은 명확하게 제시되어 있다. 다루고자 하는 개념과 변인들의 조작적 정의도 자세하게 제시되었다. 즉, 시간 제한 압력은 (a) 시간 제한 지역의 수, 즉 시간 제한 정책이 적용되는 지역의 수와 (b) 시간 제한의 길이로 구성되어 있다. 그리고 배송 비용은 왕복 운행의 횟수, 차량의 수, 총 운행 거리, 총 소요 시간으로 구성되어 있다. 변인들을 조작적으로 정의해야 각기 다른 시나리오를 위한 데이터를 만드는 것이 가능하다. 명제는 시간 제한 압력이 실제로 증가하는 것이 배송 비용을 구성하는 네 개 항목을 증가시킨다고 정의한다. 이는 결정적 관계로 표현될 수 있는데, 일부 상황에서는 시간 제한 압력이 증가되어도 비용 증가가 없는 어떤 비현실적인 경우도 있을 것이다. 예를 들어, 시간 제한 압력이 단지 몇 분만 증가하는 것만으로 운송 차량을 새로 투입하는 것은 비현실적이다.

이론의 영역은 배송센터에서 영업점까지 상품을 운송하는 모든 대형 유통업체를 포함하고 있는데, 영업점들은 시간 제한 정책이 적용되는 도시의 쇼핑 지역에 위치하고 있다. 연구 대상이 될 사례들은 서유럽 지역에 국한되었는데, 이곳의 유통업체와 지역정부는 시간 제한이라는 정책에 익숙한 곳들이다. 따라서 본 연구는 다른 분야, 예를 들어 슈퍼마켓, 백화점, 패션매장, 전문점 등과 같은 분야에도 적용하는 것이 가능하다.

6.3.2 연구 목적

이 연구의 목적은 시간 제한 압력과 유통업체의 배송 비용 간의 관계에 대한 명제를 검증하는 것이다.

6.3.3 연구 전략

명제는 시간 제한 압력과 배송 비용 간의 결정적 관계를 정의하고 있다. 결정적 명제는 순차적 실험을 통해 가장 잘 검증할 수 있다. 즉, 단일 실험을 통해 독립 변인의 처치 효과가 종속 변인에서도 나타나는지를 알아보는 것이다. 이런 실험을 본 연구에서 하는 것은 현실성이 없었다. 왜냐하면 그런 실험을 하려면 지방 정부가 시간 제한 압력을 바꿔야 하는데, 본 연구를 위해 정책을 바꾸는 것은 현실적으로 불가능하다. 연구 전략으로서 실험이 가능하지 않다면, 종단적 단일 사례연구가 차선책이다. 사례연구 3은 이런 가능성을 논의하였지만 종단적 단일 사례연구가 불가능하다고 결론을 내렸다. 왜냐하면 시간 제한 압력과 배송 비용에 대한 정확한 이력 자료를 수집하는 것이 매우 어려웠기 때문이다. 그러나 이 문제는 시나리오들을 만들면서 해결하였다. 시간 압력 수준이 서로 다른 시나리오들을 만들고, 유통업체들이 현재 갖고 있는 배송 자료를 사용하면서 각 시나리오별로 배송 비용을 계산하였다. 이런 방식으로 사례연구 3은 종단적 단일 사례연구 방식을 모방하여 실시하였다. 더 나아가, 병렬적 단일 사례연구 방식도 설계하였다. 앞의 5.3.3에서 논의했듯이, 병렬적 사례연구 방식의 장점은 단 한 번의 (병렬) 검증을 통해 명제를 기각할 기회가 단일 사례연구보다 커진다는 데 있다. 그러나 이 연구방식의 단점은 필요보다 더 많은 검증을 수행해야 하는 데 있다. 또한 병렬 사례의 수를 많이 증가시키면, 의식하지 못하는 사이에 확률적 분석으로 바꿔어버릴 위험이 존재한다.

6.3.4 후보 사례

이론이 적용되는 연구 대상의 모집단은 서유럽의 모든 대형 유통업체에서 수행하는 모든 배송 활동이며, 이들의 점포는 대부분 시간 제한이 적용되는 도시들의 쇼핑 지역에 위치해 있다. 이 영역의 사례들은 네덜란드 유통업체들로서 6.2.2.4에서 정확하게 묘사하였다.

6.3.5 사례 선택

여러 후보 사례들 중에서 14개의 네덜란드 유통업체들이 선정되었다. 선정된 유통업체들은 경쟁 전략이 서로 달랐는데, 할인형 업체(저가전략), 비용에 초점을 둔 업체(시장의 중간 세분 시장에 초점), 차별화와 고객만족에 초점을 둔 업체(고급전략)로 구분하여 선정하였다. 이러한 시도, 즉 사례들 중에서 "대표적"인 표본을 선정하는 것은 본 연구가 병렬적 사례연구로 설계되었다는 것을 보여준다.

6.3.6 가설

이 연구에서의 명제는 결정적 관계로서, 연속적인 증가 관계를 내포하고 있다. 따라서 가설은 측정 지점에서 종속 변인의 관찰치에서 나타나는 배열 순서는 독립 변인의 관찰치에서 나타나는 배열 순서와 정확하게 일치되어야 한다고 정의하고 있다. 독립 변인인 시간 제한 압력은 두 개의 항목, 즉 시간 제한이 있는 지역의 수와 시간 제한의 길이로 구성되므로 두 개의 가설을 제안할 필요가 있었다.

6.3.7 측정

18개 시나리오에서 정의하는 조건에 따라 모든 유통업체의 자료를 생성하기 위해서는 실제로 운영되는 운송 자료를 수집할 필요가 있었다. 자료 수집 출처가 얼마나 많았는지를 설명하였는데, 인터뷰 자료(면대면, 이메일, 전화 인터뷰), 질문지 자료, 문서 등의 방법으로 자료를 수집하였다. 그러나 자료에 대한 자세한 정보가 제공되지 않아서 수집한 자료의 품질은 평가할 수 없었다. 18개 시나리오에서 규정한 조건별로 14개 사례의 4가지 배송 비용 항목은 수학 모형을 통해 만들었다. 이 모형에 대해 설명하고 있는 별도의 논문을 참고자료로 제공하였으며 좀 더 자세한 설명을 덧붙이고 있다.

6.3.8 자료 제시

[그림 6.2]에서는 한 개의 사례를 예시로 하여 여러 시나리오에 대한 자료를 제시하였다. 이 자료는 가설을 검증하는 데 필요한 배열 순서를 간접적으로 보여주고 있다.

6.3.9 자료 분석

각 유통업체마다 36개의 배열 순서(4개의 표마다 3개의 행과 6개의 열을 갖고 있다)를 만들었다. 이들 36개의 배열 순서가 완벽하게 일치하는지를 조사하였다. 각 유통업체별로 가설 1(배송 비용 4개 항목 중 3개의 행)에 대해 12개의 검증을 그리고 가설 2(각 배송 비용 항목별로 6개의 열)에 대해서는 24개의 검증을 했다는 것을 의미한다. 두 개의 가설 모두 입증되었다.

6.3.10 이론적 시사점

사례연구 3은 두 개의 가설이 모든 사례에서 입증되었다고 결론을 내렸다. 이론의 시사점은 따로 논의하지 않았지만, 제시한 명제가 최소한 네덜란드의 대형 유통업체의 경우에는 참이라는 점을 분명하게 보여준다. 이 연구 결과의 실제적 시사점은 시간 제한이 적용되는 지역의 수가 증가하면서 시간 제한의 길이가 감소하는 것은 배송 비용을 오히려 더 높인다는 점이다. 따라서 유통업체들은 지방 및 중앙정부와 함께 사회적 지속가능성의 경제적 비용에 대해 논의할 때 이 정보를 활용할 수 있을 것이다.

6.3.11 반복연구

사례연구 3에서는 향후의 반복연구에 대해 제안하지 않았다. 이론 개발을 위해서는 어떤 유형의 유통업체에 본 명제가 적용이 가능한지, 적용할 수 없는지를 아는 것이 중요하다. 예를 들어, 분산된 배송센터를 갖춘 다층적^{multiple} 배송체제를 갖춘 유통업체에도 이 명제가 참일 수 있는가? 혹은 다른 나라의 유통업체에도 참일 수 있는가? 따라서 다른 나라에서 다른 배송체제를 갖춘 유통업체를 대상으로 반복연구를 하는 것이 이 이론의 향후 발전을 위해 도움이 될 것이다.

참고문헌

Allen, J., Browne, M., Tanner, G., Anderson, S., Chrisodoulou, G., and Jones, P. 2004, Analysing the potential impacts of sustainable distribution measures in UK urban areas, pp. 251-262, in: Taniguchi, E. and Thompson, R.G. (eds), *Logistics systems for sustainable cities*. Amsterdam: Elsevier.

Banister, D., Stead, D., Steen, P., Akerman, J., Dreborg, K., Nijkamp, P., and Schleicher-Tappeser, R. 2000, *European transport policy and sustainable mobility*. London: Spon Press.

Browne, M. and Allen, J. 1999, The impact of sustainability policies on urban freight transport and logistics systems, pp. 505-518, in: Meermans, H., Van De Voorde, E., and Winkelmans, W. (eds), *8th World Conference on Transport Research (WCTR)*. Antwerp: Elsevier.

Crum, B. and Vossen, M. 2000, Knelpunten in de binnenstadsdistributie, inventarisatie van de beschikbare kennis en ervaringen. Leiden: Research voor Beleid.

Groothedde, B. and Uil, K. 2004, Restrictions in city-distribution and a possible alternative using the citybox, pp. 1-16, in: Bovy, P.H.L.(ed.), *A world of transport, infrastructure and logistics, 8th TRAIL Congress 2004*. Delft: DUP Science.

Munuzuri, J., Larraneta, J., Onieva, L., and Cortes, P. 2005, Solutions applicable by local administrations for urban logistics improvement. *Cities, 22*(1): 15-28.

OECD 2003, Delivering the goods - 21st century challenges to urban goods transport. OECD working group on urban freight logistics, Paris.

PSD 2002, Van B naar A. Platform Stedelijke Distributie, Den Haag. Quak, H.J. and De Koster, M.B.M. 2007, Exploring retailers' sensitivity to local sustainability policies. *Journal of Operations Management,* doi:10.1016/j.jom.2007.01.020.

제**7**장
확률적 관계 검증 사례연구

경영학의 많은 명제들이 명시적 혹은 묵시적으로든 변인 간의 확률적 관계를 다루고 있다. 사례연구로 확률적 관계를 검증하는 것은 여타 다른 방법론들과 차이가 있다. 본 장에서는 확률적 관계를 검증하기 위해 사례연구를 어떻게 설계하고 수행할지를 설명하고자 한다.

앞의 장들과 마찬가지로 "연구방법" 안내를 먼저 제시하고, 이어서 실제 사례연구의 예를 제시하고자 한다. 그런 다음에, "방법론 성찰"을 논의할 것이다.

본 장의 목차는 다음과 같다.

- 7.1 확률적 관계 검증 방법
- 7.2 사례연구 4: 유통업체의 배송 전략이 도심 접근 시간 제한에 대한 민감도에 끼치는 영향(Hans Quak 연구)
- 7.3 사례연구 4의 연구 방법론 성찰

7.1 확률적 관계 검증 방법

7.1.1 서론

본 장에서는 **확률적 관계**를 검증하는 이론 검증 사례연구를 다룬다. 확률적 관계는 독립 개념의 값이 변하면 종속 개념의 값이 예측한 방식에 따라 변할 가능성이 있다고 가정한다. 이때의 명제는 다음과 같은 형식을 갖는다.

"A가 커지면 B가 커질 가능성이 있다"("If A is higher, then it is likely that B is higher")

확률적 관계는 비교 사례연구로 검증할 수 있다.

7.1.2 후보 사례

모집난에서 사례를 선정하는 방법은 다른 이론 검증 사례연구들과 동일하다 (이에 대해서는 5.1.2의 논의를 참고할 것).

7.1.3 사례 선정

설문조사가 아닌 비교 사례연구를 실시하는 가장 큰 이유는 표본에서 자료를 수집하는 것이 불가능하기 때문이다. 단순히 사례가 없다는 이유일 수도 있고, 시간이나 비용 문제로 자료를 수집하는 것이 불가능해서일 수도 있다. 만약 사례가 없는 경우라면 명확한 사례 선정 절차를 통해 좀 더 많은 사례를 모으도록 해야 한다. 시간과 비용문제라면 작은 표본에서 자료를 수집하는 방법을 찾아야 할 것이다. 가장 좋은 사례 선정 전략은 무선 표집과 같은 확률적 표집이다. 마치 설문조사의 연구처럼 표집을 하는 것이다. 그러나 큰 모집단은 사례의 종류가 다양하기 때문에 대표적인 표본을 선정하는 것이 매우 어렵다. 큰 모집단에서는 동일한 모집단이라도 여러 표본을 갖고 반복연구를 하면 서로 다른 연구 결과가 나올 가능성이 커진다. 이런 이유 때문에 큰 모집단에서 표집하는 것을 피하고, 대신에 작은 모집단을 찾아내서 사례들 간의 편차를 작아지게 하는 것이 좋다. 작은 모집단에서는 확률적 표집이 훨씬 쉬우며, 얼마 안 되는 사례 모두를 연구에 포함시켜 전수조사를 할 수도 있다. 영역 내의 여러 부분에서 작은 모집단 단위로 반복연구를 여러 차례 실시한다면 일반화가능성도 높아질 수 있다.

비교 사례연구를 유사 설문조사quasi survey 방식으로 하는 경우, 확률적 관계를 검증하는 데는 얼마나 많은 사례가 필요한지에 대해 해줄 조언은 없다. 일반적으로 사례는 많을수록 좋다. 그러나 가용한 사례의 수는 제한적일 수밖에 없다. 이런 제한점만 없다면 항상 설문조사가 연구 전략으로 선택되었을 것이다. 연구에 포함되어야 할 사례의 수에 대해 해줄 수 있는 가장 좋은 조언은, 가능하면 최대한 많은 사례를 포함하라는 것이다. 그러나 자원의 제약을 고려하여 포함시킬 수 있는 최대한의 사례이어야 한다.

7.1.4 가설

비교 사례연구는 명제를 작성할 때, 독립 변인의 값이 증가함에 따라 종속 변인의 값이 증가하거나 감소할 가능성이 있다고 표현한다. 여기서 검증 대상의 변화는 연속적으로 증가하거나 감소된다고 가정한다. 가설은 종속 변인의 관찰치에 나타난 사례의 배열 순서는 독립 변인의 관찰치에 나타난 사례의 배열 순서와 '비슷하다'고 표현한다. 결정적 가설이라면 두 개의 배열 순서는 정확하게 같아야 하지만, 확률적 가설이기 때문에 '비슷하다'be like라고 표현한다.

7.1.5 측정

표본의 모든 사례들에서 독립 변인과 종속 변인의 값을 측정한다.

7.1.6 자료 제시

만약 독립 변인과 종속 변인 간의 관계를 검증하는 것이 서로 연속적으로 증가하거나 감소하는 관계를 밝히는 것이라면, 독립 변인의 값에 따라 사례의 순서를 배열한다. 혹은 종속 변인의 값에 따라서도 사례의 순서를 배열할 수 있다.

7.1.7 자료 분석

자료를 분석할 때는 독립 변인의 배열 순서를 종속 변인의 배열 순서와 비교한다. 만약 두 개의 배열 순서가 정확하게 일치한다면 가설은 입증되는 것이다. 만약 배열 순서가 다르다면 두 개의 배열 순서가 서로 관계가 없는 것인지, 혹은 배열 순서에 유사한 경향성이 있는지를 보고 결론을 내려야 한다. 설문조사라면 통계적 방법을 사용해서 두 변인의 분포 간에 관계가 있는지를 판별할 수 있다. 그러나 비교 사례연구에서는 사례가 너무 작아서 통계적 방법을 사용할 수 없다.

통계적 방법을 동원하지 않고도 검증을 할 수 있는 간단한 방법이 있는데, 예를 들어 독립 변인의 값에 따라 배열된 사례들을 몇 개의 집단으로 나누고(예를 들어, 4분위로) 각 집단의 평균 순위를 계산한다. 그런 다음 종속 변인의 값에 따라 배열된 사례들도 몇 개 집단으로 만들어서 그 순위의 평균값이 일치하는지를 조사하는 것이다.

7.1.8 이론적 시사점

이론적 시사점과 관련한 이슈는 모든 이론 검증 사례연구와 동일하다(이에 대한 논의를 보려면 5.1.8을 참고할 것).

7.1.9 반복연구

반복연구와 관련한 이슈도 모든 이론 검증 사례연구와 동일하다(이에 대한 논의는 5.1.9를 참고할 것).

7.2 사례연구 4: 이론 검증 연구(확률적 관계 검증)

유통업체의 배송 전략이 도심 접근 시간 제한에 대한 민감도에 끼치는 영향[1]

Hans Quak

7.2.1 서론

6장의 사례연구에서는 유통업체들이 도심 제한 시간에 대응하느라 배송 비용이 높아졌다는 것을 보여주었다. 일부 업체의 배송 비용은 다른 업체보다 상대적으로 높았다. 이는 왕복 운행마다 들러야 하는 점포의 수와 관계된 것이고, 회사들의

---

[1] '본 장은 다음의 연구에 근거하고 있음': Quak, H.J. and De Koster, M.B.M., Exploring retailers' sensitivity to local sustainability policies, *Journal of Operations Management* (2007), doi:10.1016/j.jom.2007.01.020.

배송전략으로 인해 생긴 차이이다.

7.2.2 이론

7.2.2.1 연구 대상

본 연구의 대상은 유통업체들의 배송 활동이며 이는 앞의 사례연구 3과 동일
하다.

7.2.2.2 개념

본 연구에서 다루는 개념은 다음과 같다.

• 배송 전략: 이 개념은 다섯 개의 요소로 구성되어 있다. (a) 왕복 운행 시 들러야
하는 점포의 수(이 수치는 왕복 운행 중에 접할 수 있는 시간 제한의 횟수와 상관관
계가 있을 것이다) (b) 운송 차량의 적재 중량(이 수치는 운송 차량 한 대가 왕복 운
행 시 적재할 수 있는 제품의 수량, 인도할 수 있는 화물 규모, 하차 횟수에 영향을
준다) (c) 정차 시간(시간 제한 지역에서 사용할 수 있는 시간을 의미한다) (d) 거리
(배송센터에서 판매점까지의 거리이다) (e) 자발적인 시간 제한(회사의 자체적인 정
책으로 쇼핑시간 이전 혹은 이후에만 배송을 하겠다는 정책, 혹은 제품을 수령할 수
있는 담당자의 근무시간에만 배송을 하겠다는 정책 등이 있다)

• 시간 제한 압력: 압력은 두 개의 요소로 구성되어 있다. (a) 시간 제한의 수(시간
제한이 적용되는 지역의 수), (b) 시간 제한의 길이

• 총 배송 비용: 배송 비용의 지표로는 총 배송 비용 하나만 사용한다(총 배송 비용
은 앞의 6장에서 배송 비용의 지표로 사용했던 네 개 항목을 더해서 나온 금액이다).

7.2.2.3 명제

기존의 이론을 검토한 결과, 유통업체의 배송 전략 항목 점수가 높을수록 그
유통업체의 "시간 제한 압력에 대한 민감성"은 높아질 것으로 보았다. 배송 전략,
즉 왕복 운행당 들러야 하는 점포의 수에서 점수가 높은 업체는 점수가 낮은 업체
에 비해서 시간 제한 압력의 변화가 일어날 때 총 배송 비용이 상대적으로 많이 증

가할 것이다. 이 이론에 근거해서 우리는 총 배송 비용을 구성하는 세부 항목마다 각각의 확률적 명제를 만들었다.

명제 1: 왕복 운행당 들러야 하는 점포의 수가 많은 업체는 점포의 수가 적은 업체에 비해서 시간 제한 압력의 변화가 일어날 때의 총 배송 비용 증가가 상대적으로 높을 것이다.

명제 2: 적재 중량이 큰 차량을 보유한 업체는 작은 중량의 차량을 보유한 업체에 비해서 시간 제한 압력의 변화가 일어날 때의 총 배송 비용 증가가 상대적으로 높을 것이다.

명제 3: 정차 시간이 긴 업체는 정차 시간이 짧은 업체에 비해서 시간 제한 압력의 변화가 일어날 때의 총 배송 비용 증가가 상대적으로 높을 것이다.

명제 4: 배송센터와 판매점까지의 운송거리가 긴 업체는 운송거리가 짧은 업체에 비해서 시간 제한 압력의 변화가 일어날 때의 총 배송 비용 증가가 상대적으로 높을 것이다.

명제 5: 자발적인 시간 제한 정책을 덜 엄격하게 시행하는 업체는 정책을 엄격하게 시행하는 업체에 비해서 시간 제한 압력의 변화가 일어날 때의 총 배송 비용 증가가 상대적으로 높을 것이다.

7.2.2.4 영역

사례연구 3과 마찬가지로 이론이 적용되는 영역은 시간 제한 정책이 적용되는 도시의 쇼핑센터에 판매점을 갖고 있으면서 배송센터에서 이들 점포로 제품을 배송하는 유통업체들이다.

7.2.2.5 개념 모형

우리는 시간 제한 압력과 총 배송 비용 간에 결정적 관계가 있다고 가정하였고, 이 관계는 이미 앞의 6장에서 사례연구 3을 통해 다루었다. 여기 7장에서는 시간 제한 압력과 총 배송 비용이 유통업체의 "배송 전략"에 따라 증가 혹은 감소 비율이 상대적으로 다르다고 가정한다.

7.2.3 연구 목적

본 연구의 목적은 명제 1~5를 검증함으로써 시간 제한에 대한 유통업체의 민감도와 배송 전략 간의 관계에 관한 이론에 기여하는 것이다.

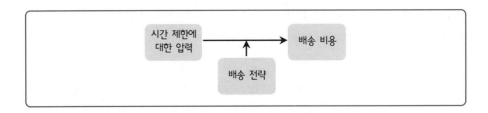

7.2.4 연구 전략

본 연구를 위해 비교 사례연구 전략을 선정하였다.

7.2.5 후보 사례

편의적인 목적에서 앞의 사례연구 3에서 선정했던 사례들을 후보 사례로 선정하였다.

7.2.6 사례 선정(Case selection)

본 연구를 위해 후보 사례들 중에서 14개의 사례를 선정하였다.

7.2.7 가설

배송 전략에서 차이가 있는 유통업체들이 시간 제한 압력의 차이에서도 변화가 있는지를 관찰해야 했다. 검증을 위해서 시간 제한의 길이, 즉 시나리오 A, B, C를 상수로 고정시키고 시간 제한만을 수준 1부터 6까지로 하여 변화시키기로 하였다. 다음의 가설을 시나리오 A, B, C 각각에 대해 별도로 검증하기로 하였다.

가설 1: 왕복 운행당 들려야 하는 점포의 수가 많은 업체는 점포의 수가 적은 업체보다 시간 제한의 수준이 1부터 6까지 증가할수록 총 배송 비용도 평균적으로 더 가파르게 증가한다.

가설 2: 적재 중량이 큰 차량을 보유한 업체는 작은 중량의 차량을 보유한 업체보다 시간 제한의 수준이 1부터 6까지 증가할수록 총 배송 비용도 평균적으로 더 가파르게 증가한다.

가설 3: 정차 시간이 긴 업체는 정차 시간이 짧은 업체보다 시간 제한의 수준이 1부터 6까지 증가할수록 총 배송 비용이 평균적으로 더 가파르게 증가한다.

가설 4: 배송센터와 판매점 간의 운송거리가 긴 업체는 운송거리가 짧은 업체보다 시간 제한의 수준이 1부터 6까지 증가할수록 총 배송 비용이 평균적으로 더 가파르게 증가한다.

가설 5: 자발적인 시간 제한 정책을 덜 엄격하게 시행하는 업체는 정책을 엄격하게 시행하는 업체보다 시간 제한의 수준이 1부터 6까지 증가할수록 총 배송 비용이 평균적으로 그리고 상대적으로 더 높게 증가한다.

7.2.8 측정

우리는 사례연구 3에서 사용했던 것과 동일한 자료를 활용하였다.

시간 제한 압력은 시간 제한에 의해 영향을 받는 판매점의 수와 시간 제한의 길이로 결정하였나.

총 배송 비용은 주당 운행 거리(Km), 총 운행시간(상차 및 하차 시간 그리고 대기 시간을 포함), 사용된 차량의 수와 종류, 왕복 운행 횟수에 대한 자료를 금전적 가치로 변환하여 주당 유로화 금액으로 계산하였다. 변인의 비용은 대개 시간당 그리고 킬로미터당 발생하였다. 우리는 이 비용이 타당한지 각 유통업체들마다 확인하였고, 업체에서 실제 비용을 반영한다고 인정하는 것에 한해 적용하였다. 초과 근무에 대한 시간당 비용은 정상 근무 시간보다 높게 하였다.

배송 전략의 5가지 항목은 다음과 같이 정의하였다.

- 왕복 운행당 들르는 점포의 수: 한 주에 차량 한 대가 왕복 운행 중 들르는 판매점의 평균 숫자를 계산하여 측정하였다. 이 수치는 차량 한 대에 실려 판매점마다 보내야 하는 화물의 평균 숫자와 동일하다. 이는 만차적재(FTL: fulltruckload) 형태의 배송(즉, 한 곳에 배송할 것을 모두 모아서 한 번의 운행으로 배송하는 방식)에서 부분적재(LTL: less-than-truckload) 형태의 배송(한 번의 배송에 여러 곳의 배송지에 보낼 것을 배송하는 방식)에 이르기까지 다양하였다(Stock과 Lambert, 2001).

- 차량의 적재 중량: McKinnon 등(2003)의 연구에 기초하여 6가지의 차량 유형을 구분하였다. 우리는 이 유형들을 하중계수가 증가하는 순서에 따라 정렬했는데, 가장 작은 중량으로 시작해서 가장 큰 중량으로 끝나도록 하였다([표 7.1] 참고). 우리는 각 유통업체의 평균적인 차량 적재 중량을 각 차량 분류에 들어있는 차량 숫자에 따라 계산하였다.

• 차량당 정차 시간: 정차 시간은 두 부분으로 분리할 수 있다. 하나는 정차 시의 고정 정차 시간이고 다른 하나는 정차 시 가변 정차 시간이다. 고정 정차 시간은 주 차공간을 찾는 시간, 주차하는 시간, 판매점의 담당자에게 화물 도착을 통지하는 시 간이 망라되었다. 가변 정차 시간은 하차시켜야 하는 화물의 수량에 따라 달라진다. 예를 들어, 한 유통업체(사례 13번)는 분리식 스왑바디(swap body) 컨테이너를 사 용하여 차량 없이도 하차가 가능하도록 되어 있었다. 즉, 트럭이 만재화물 컨테이너 를 갖고 와서 내려놓고는 이전에 배송했던 (빈) 컨테이너를 싣는 시간을 10분 이내 로 끝냈다. 판매점에서 상하차 프로세스를 단축했던 경우는 운송 기사를 도와주는 판매점 담당자가 가용한 경우이었다.

• 판매점과 배송센터 간의 거리: 이 항목은 유통업체의 판매점과 배송센터 간의 평 균 거리(킬로미터)를 갖고 측정하였다.

• 자발적인 시간 제한: 이 항목은 3점 서열척도를 사용하였다. 자발적 시간 제한은 '엄격하다, 보통이다, 길다' 세 가지 중 하나를 선택하게 했다. 유통업체가 엄격한 시 간 제한 정책을 시행하는 이유는 쇼핑 고객과 공급 활동을 분리시키기 위해서이다. 그래야 판매점이 오픈하기 전에 판매대에 물건을 채울 수 있다. 다른 이유에는 정부 에서 시행하는 시간 제한 정책이 적용되기 전에 빨리 떠나도록 하기 위해서다. 흔히 제한 지역이 가까이 있을 경우에 시간 제한에 걸리지 않도록 빨리 출발시키는 방식 을 취한다. 만약 차량이 제 시간에 떠나지 못하면 벌금을 내든가 아니면 이후 배송 이 지체될 수밖에 없다. 보통 수준의 시간 제한 정책을 갖는 이유는 물건을 받을 수 있는 담당자가 있는 동안에 상품을 공급하기 위해서이다. 긴 시간 제한 정책을 갖는 이유는 유통업체가 판매점에 사람이 없는 시간에라도 물건을 배송하기 위해서다. 이 런 경우는 흔히 운전기사가 판매점 혹은 판매점의 창고 열쇠를 갖고 있다.

표 7.1 적재 중량으로 정렬한 운송 차량 유형

값	유형	특징	예
1	소형트럭	2축, 7.5톤 미만	
2	중형트럭	2축, 7.5톤 초과 18통 미만	
3	대형트럭	2축 이상, 18톤 미만	
4	도시형 세미 트레일러	3축 굴절식	
5	굴절식 차량	굴절식, 3축 초과	
6	차량연결봉 조합식 차량	조합식, 3축 초과	

표 7.2 사례별 배송 전략 항목

사례	왕복 운행 시 정차 수	차량의 적재 중량	차량당 정차 시간	판매점과 배송센터 거리	자발적 시간 제한
1	5.4	3.9	64	110	보통이다
2	1.2	5.6	122	127	보통이다
3	2.4	3.5	155	103	보통이다
4	3.4	4.9	83	76	보통이다
5	1	4.9	63	89	엄격하다
6	4.2	5.5	185	116	보통이다
7	9.1	5	181	198	길다
8	8.3	1.8	165	103	길다
9	7.2	1	72	86	보통이다
10	10.2	2.6	256	102	길다
11	1.2	4.9	47	71	보통이다
12	1.3	4.7	78	42	보통이다
13	1.1	3	17	32	보통이다
14	6.3	4.9	134	42	보통이다

7.2.9 자료 제시

[표 7.2]는 14개 사례별로 다섯 가지 배송 전략의 수준을 보여주고 있다. [그림 7.1]에서는 다섯 가지 배송 전략 항목의 수치가 증가하면 어떻게 총 배송 비용

의 평균이 증가하는지를 보여주고 있다. [그림 7.1]의 그래프는 6장에 있던 그래프([그림 6.2])와 차이가 있다. 그래프의 선은 시간 제한의 길이가 아니라 배송 전략별 수치가 어떻게 다른지를 보여준다.

7.2.10 자료 분석

우리의 가설은 배송 전략의 각 항목에서 높은 수치를 가진 사례가 낮은 수치를 가진 사례보다 시간 제한 압력에 대한 민감도도 높을 것으로 보는 것이었다. 우리는 각각에 대해 4개 집단으로 사례들을 분류한 후 배송 전략의 다섯 가지 중 네 개 항목별로 검증을 하였다. 네 가지 배송 전략 항목은 판매 점포의 수, 차량의 적재 중량, 정차 시간, 판매점까지의 거리로 하였다. 이후의 절차는 첫째, 사례들을 배송 항목의 오름차순으로 정렬하여 가장 낮은 수치를 가진 세 개의 사례를 그룹 1로 만들었다. 그룹 2는 그 위에 수치를 가진 네 개의 사례, 그룹 3은 그 위의 네 개 사례, 마지막으로 그룹 4는 가장 높은 수치를 가진 세 개의 사례로 만들었다.

배송 전략 중에 자발적인 시간 제한은 측정 척도를 '엄격하다, 보통이다, 길다'라는 세 수준으로 구분하였고 여기에 맞추어서 14개의 사례들을 3개 집단으로 분류할 수 있었다([표 7.2] 참고). 이후에는 네 개의 그룹 간에 시간 제한의 수가 1부터 6까지 증가하면서 배송 비용이 얼마나 가파르게 증가하는지를 기울기로 비교할 수 있었다. 우리의 가설은 배송 전략의 각 항목별로 다음과 같은 패턴이 있을 것으로 예측하였다. 그룹 1의 선은 가장 낮은 곳에 있으면서 기울기가 가장 작을 것이다. 그룹 2는 그룹 1보다는 높은 곳에 있으면서 기울기가 좀 더 가파를 것이다. 그룹 3은 그룹 2보다 좀 더 높은 곳에 있으면서 기울기가 더 가파를 것이다. 그룹 4는 가장 높은 곳에 있고 기울기도 가장 가파를 것이다. [그림 7.1]은 왕복 운행 시 들려야 하는 점포의 수, 배송센터와 판매점 간의 거리, 정차 시간, 자발적 시간 제한과 같은 항목에서 관찰한 패턴이 기대한 것과 같다는 것을 보여준다. 다만 하나의 항목, 차량의 적재 중량에서는 그림(B)에서 보듯이 그룹 1의 패턴이 기대한 패턴과 일치하지 않았다. [그림 7.1]은 시나리오 C만 보여주고 있지만, 여기서 제시하지 않은 시나리오 A와 B에서도 우리가 관찰했던 패턴은 시나리오 C에서의 패턴과 유사하였으며, 여기서도 기대했던 차이, 즉 영향력의 크기가 다르다는 것을 보여주었다. 우리는 본 연구를 통해 가설 1, 3, 4, 5는 입증되었고, 가설 2는 기각되었다고 결론을 내렸다.

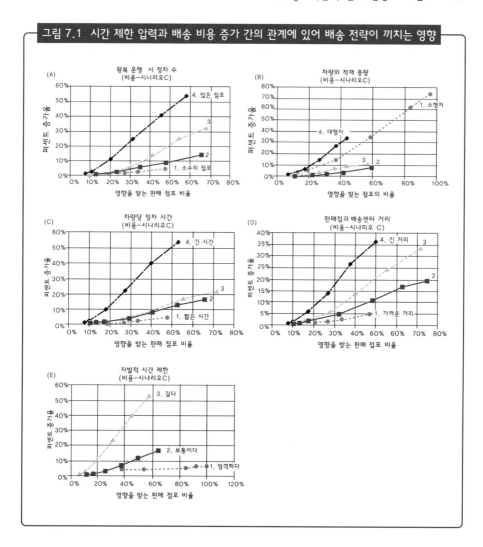

그림 7.1 시간 제한 압력과 배송 비용 증가 간의 관계에 있어 배송 전략이 끼치는 영향

[그림 7.1] 배송 비용은 배송 전략의 주요 영역에서 시간 제한 압력을 받아 증가하고 있다. A에서 E까지의 각 그래프는 배송 전략 항목을 의미하며, 그래프 내에 있는 선들은 배송 전략의 영역에 있는 값들이 어떤지를 나타낸다. 위의 그래프들은 [표 6.2]에 있는 시나리오 C, 즉 안정적인 시간 제한의 시나리오에 해당한다.

7.2.11 이론적 시사점

네 개의 가설이 입증되었고, 네 개의 가설이 도출된 각 명제는 옳다고 보았다.

그러나 차량의 적재 중량에 관한 가설은 기각되었다. 차량의 적재 중량에 관한 명제를 좀 더 살펴보자. 이 명제는 시간 제한으로 인해 차량 운행을 한 번만 하는 것으로는 배송을 완료하기가 어렵다는 아이디어에서 나왔다. 따라서 차량의 수를 증가시킬 것이고, 반면에 차량당 하중은 감소시킬 것으로 보았다. 즉, 대형화물차를 운용하는 유통업체는 운행 차량에 화물을 채우는 데 어려움을 겪을 것이고 부분 적재만 한 채로 운행을 할 수밖에 없다고 보았다. 반면에 소형화물차를 운용하는 유통업체는 만재적재한 차량을 운용할 것으로 본 것이다.

가설을 기각함에 따라 우리는 위와 같은 추론이 잘못되었다고 결론을 내렸다. 화물차량의 적재 중량 그 자체는 시간 제한의 민감도에 결정인자가 아닌 것으로 보인다. 이를 어떻게 설명할 수 있을까? 지금 와서 생각해보니 여기에는 다른 요인, 즉 차량의 적재 중량보다 훨씬 더 중요한 결정인자가 있는 것으로 보인다. 만약 차량의 실제 적재 중량뿐만 아니라 다른 요인들, 예를 들어 운전사의 근무시간, 판매점의 운영시간 등이 차량의 운행 길이를 결정한다면, 이런 요인들이야말로 차량의 미사용 적재 중량이 어느 정도나 총 배송 비용에 영향을 주는지를 설명해 줄 수 있을 것이다. 아마도 적재 중량 외의 제약요소들이 차량의 운행량에 제약을 주는 것으로 보인다. 그렇다면, 시간 제한 압력은 왕복 운행 수가 많을수록 적재 중량 외의 요소들에 의해 더 영향을 받을 것이다. 이 논리를 적용한다면, 소형 차량을 이용하는 게 비용효과적이기는 하지만, 나중에 왕복 운행의 수가 많아진다면 결국 시간 제한 압력에 더 민감해지고 배송비용도 더 증가한다고 추론할 수 있다. 이러한 추론으로 다음과 같은 명제를 만들어볼 수 있다.

명제 6: 자기 운송 차량의 적재 중량을 충분히 활용할 능력이 낮은 업체는 그런 능력이 높은 업체보다 시간 제한 압력이 일어날 때 총 배송 비용이 더 높게 증가할 것이다.

7.2.12 반복연구 전략

새로운 명제를 만들었으므로 새로운 이론 검증 연구가 필요하다. 향후 이론 검증을 위해서는 "차량의 적재 중량을 충분히 활용하는 능력"이라는 개념을 정의할 필요가 있고, 마찬가지로 이에 대한 변인을 어떻게 측정할지 결정하여야 한다.

7.3 사례연구 4의 방법론 성찰

7.3.1 이론

사례연구 4는 연구 대상을 사례연구 3과 동일하게 유통업체가 배송센터에서 판매점까지 제품을 배송하는 활동으로 하였다. 개념과 변인에 대한 조작적 정의도 사례연구 3에서와 같이 정밀하게 잘 정리되었다. 배송 전략의 하위 항목에 대응하는 형태로 다섯 개의 명제를 두고 있으며, 배송 전략 항목과 총 배송 비용 간에 확률적 관계가 있다는 명제를 제시하였다. 이론이 적용되는 영역은 사례연구 3과 같이 판매점에 제품을 공급하는 모든 대형 유통업체들이다. 이들은 도심 접근 시간 제한이 적용되는 도시의 쇼핑센터에 판매점을 두고 있는 유통업체들이다. 연구 대상의 모집단은 서유럽이라는 지리적 경계에 의해 한정되며 이곳의 유통업체와 지방정부는 시간 제한 정책에 익숙해져 있다. 이런 특징을 감안할 때 현재의 이론을 슈퍼마켓, 백화점, 패션점포, 전문점 등과 같은 다른 분야에도 적용이 가능할 것으로 보인다.

7.3.2 연구 목적

이 연구의 목적은 다섯 개의 명제를 검증하는 것이다. 각 명제들은 다섯 개 배송 전략이 시간 제한 정책에 대한 유통업체의 민감도에 어떤 영향을 끼치는지를 설명하고 있다.

7.3.3 연구 전략

각 명제는 시간 제한 압력과 배송 비용 간의 확률적 관계를 구체적으로 설명하고 있다. 이런 확률적 명제는 실험을 통해 가장 잘 검증될 수 있다. 그러나 본 연구에서는 실험이 불가능했다. 실험을 하려면 업체들이 연구의 목적에 맞추어서 자신들의 전략을 바꾸어야 하는데, 이는 실제로는 불가능한 요구다.

실험이 가능하지 않았으므로 두 번째로 좋은 연구 전략은 설문조사다. 그러나 설문조사의 경우에는 통계 분석을 해야 하고, 그러기 위해서는 사례의 수가 대규모여야 한다. 이 연구에서는 사례의 수가 너무 적어서 통계 분석이 불가능했다. 따라서 세 번째로 좋은 전략인 비교 사례연구를 선정하였다.

7.3.4 후보 사례

이론이 적용되는 연구 대상의 모집단은 서유럽에 있는 모든 유통업체의 배송
활동들이며, 이들 업체들은 도심 접근 시간 제한 정책이 적용되는 도시에 자신들의
판매점들을 두고 있다. 이 영역에서 네덜란드의 유통업체들을 후보 사례로 선정하
였다.

7.3.5 사례 선정

가능하면 작은 모집단을 선정할 것을 제안한다. 그래야 표본의 대표성과 관련
한 문제를 피할 수 있기 때문이다. 그 이유에 대해서는 7.1.3에서 설명하였다. 서로
다른 경쟁 전략을 지닌 14개의 네덜란드 업체를 어떻게 연구의 표본으로 선정하였
는지는 앞의 6.2.6에서 설명하였다. 이들 업체들은 세 개의 유통 유형, 즉, 저가전
략을 펼치는 할인형 업체, 시장의 중간 세분 시장을 공략하고 비용에 초점을 둔 업
체, 고급전략으로 차별화와 고객만족에 초점을 둔 업체로 구분할 수 있다는 점에서
네덜란드의 유통 현황을 대표한다고 볼 수 있다. 앞의 6장의 방법론 성찰(6.3.5)에
서는 사례의 대표성이 사례연구 3에 그리 필요하지 않은 것으로 언급하였다. 그러
나 현재의 사례연구 4는 유사 설문조사 방식이므로 확률적 표본이 더 선호된다. 물
론 확률적 표집 방식은 현실적으로 힘든 점이 많다.

7.3.6 가설

이 연구에서의 명제는 확률적 관계를 정의하고 있다. 가설은 배송 전략의 항
목에서 점수가 높은 유통업체 그룹이 점수가 낮은 그룹보다 총 배송 비용이 (평균적
으로) 더 가파르게 증가한다고 본다.

7.3.7 측정

사례연구 3과 동일하게 실증적 자료를 수집했고 이를 활용하여 비용 수치를
산출하였다.

7.3.8 자료 제시

[그림 7.1]은 세 개의 시나리오 중에서 하나의 시나리오 결과를 예시로 보여주고 있다. 자료 제시 방법을 보자면, 각 독립 변인의 자료를 기초로 구분한 집단들간에 총 배송 비용이 평균적으로 얼마나 가파르게 증가하는지를 기울기를 통해 직접 비교하고 있다.

7.3.9 자료 분석

각 사례는 네 개의 집단으로 분류되어 있는데 평균이 배열되는 순서는 완벽하게 일치되어야 한다. [그림 7.1]의 그래프를 보면 배열의 순서가 완벽하게 일치한다는 것을 볼 수 있다. 그래프에는 네 개의 선들이 왼쪽에서 오른쪽으로 나란히 증가하는 모습으로 나와 있고, 배열 순서 또한 그룹 1은 가장 낮은 곳에, 그룹 4는 가장 높은 곳에 있다. 그리고 네 개의 선들은 교차하는 것이 전혀 없이 나란하게 증가한다. [그림 7.1]은 관찰 검사로도 가설이 실제로 맞다는 것을 보여준다. 본 사례에서 독립 변인들, 즉 왕복 운행 시 들려야 하는 점포의 수, 배송센터와 판매점 간의 거리, 정차 시간, 자발적인 시간 제한이라는 변인들은 기대한 패턴과 일치했다. 하나의 항목, 즉 차량의 적재 중량에서는 그룹 1에서의 패턴이 기대한 패턴과 일치하지 않았다([그림 7.1]의 B).

7.3.10 이론적 시사점

네 개의 가설을 입증했으며 하나의 가설은 기각되었다. 이 연구의 발견, 특히 차량의 적재 중량에 관한 가설의 기각은 새로운 명제가 필요함을 논의하였다.

7.3.11 반복연구 전략

사례연구 4는 새로운 명제를 검증하기 위해서는 새로운 이론 검증 연구가 필요하다는 것을 제안하는 것으로 결론을 냈다. 여기에 더해서, 입증된 명제들이라도 지속적인 반복연구가 필요하다는 것을 제안하고자 한다.

참고문헌

McKinnon, A.C., Ge, Y., and Leuchars, D. 2003, *Analysis of transport efficiency in the UK food supply chain.* Edinburgh: Logistics Research Centre Heriot-Watt University.

Quak, H.J. and De Koster, M.B.M. 2007, Exploring retailers' sensitivity to local sustainability policies. *Journal of Operations Management, 25*(6), 1103-1122.

Stock, J.R. and Lambert, D.M. 2001, *Strategic logistics management.* New York: McGraw-Hill.

제**3**부

이론 수립 연구

．
．
．

제**8**장

이론 수립 연구

이론 수립 연구의 목적은 사례를 관찰하여 나온 증거에 근거하여 새로운 명제를 만듦으로써 이론 개발에 공헌하는 것이다. 이런 이론 수립 연구를 포함하여 이론 지향 연구의 목적은 일반적으로 다음과 같이 기술한다(3장 3.1.1의 "이론 지향 연구와 실제 지향 연구의 연구 목적"을 참고).

본 연구의 목적은 ○○○(구체적인 연구 주제)의 이론 개발에 기여하는 것이다.

이론 지향 연구의 목적은 이론 검증 연구 혹은 이론 수립 연구 중 하나로 구분된다. 둘 중의 하나로 구분하는 과정은 앞의 3장의 3.2.5 "이론 지향 연구를 위한 탐색"에서 다루었는데, 먼저 이론에 대해 탐색하고 이어서 실제에 대해 탐색을 하는 과정으로 설명하였다([흐름도 2] 참고). 본 제3부에서는 이론 수립 연구를 중심으로 논의하고자 한다.

앞의 3장에서는 이론 수립 연구에 시간을 쓰는 것보다는 탐색과 이론 검증 연구를 결합하는 것이 이론 개발에 더 효과적이라고 설명하였다. 이렇게 주장한 이유가 있다. 흔히 연구 대상에 관한 기본적인 이론들은 실무자들의 마음과 대화 속에 이미 존재하고 있는데, 이러한 "상용이론"은 탐색 과정을 통해 쉽게 발견할 수 있다. 탐색 과정, 즉 문헌들을 확인하고 평가하는 것, 실무자와 대화를 나누는 것, 실제 상황에 접하기 위해 방문하고 참여해보는 것은 연구제안서의 작성 과정에서 비교적 짧은 시간에 완료할 수 있다. 따라서 탐색 과정을 잘만 진행하면 "탐색적 연구" 혹은 "이론 수립 연구"보다 더 효율적이고 효과적으로 연구를 진행할 수 있다.

이처럼 탐색 과정을 통해 명제를 만들 수 있다고 주장은 하지만 꼭 그렇지 않은 상황들도 있다. 이때는 이론 수립 연구를 진행해야 하는데, 우리는 이론 수립 연구를 "근거 기반 명제 개발 연구"라고 정의한다. 이론 수립 연구의 목적은 일반적으로 다음과 같은 형식으로 만든다.

　　본 연구의 목적은 ~에 관한 새로운 명제를 만듦으로써 ○ ○ ○ (연구 주제)의 이론 개발에 기여하는 것이다.

　　위와 같은 연구 목적 기술은 일반적인 형식으로서 이후에는 네 가지 유형의 이론 수립 연구 중 하나로 좀 더 구체화되어야 한다. 이에 대해서는 [흐름도 2B]에 소개되어 있고 아래에 좀 더 자세하게 설명하고 있다.

8.1 이론 수립 연구의 연구 목적

　　[흐름도 2B]에서는 연구를 위한 네 개의 출발점을 구분하고 있다.

- 독립 개념과 종속 개념에 대해 알고 있지만 두 개념 간의 관계 유형이 결정적인지 확률적인지를 아직 모르는 경우, 연구의 목적은 관계의 유형을 확인하는 것이다.

- 독립 개념은 알고 종속 개념은 아직 모르는 경우, 연구의 목적은 종속 개념을 확인하고 구체화하는 것이며 동시에 독립 개념과 종속 개념 간의 관계 유형을 구체화하는 것이다.

- 종속 개념은 알지만 독립 개념을 아직 모르는 경우, 연구의 목적은 독립 개념을 확인하고 구체화하는 것이며 동시에 독립 개념과 종속 개념 간의 관계 유형을 구체화하는 것이다.

- 독립 개념과 종속 개념을 둘 다 모르는 경우, 연구의 목적은 두 개념을 확인하는 것이며 때로는 두 개념 간의 관계 유형을 구체화하는 것이다.

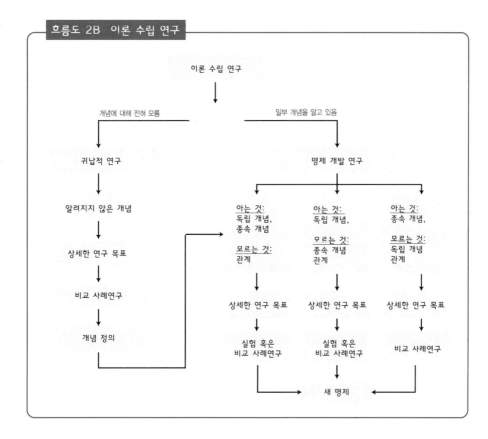

흐름도 2B 이론 수립 연구

8.1.1 개념 간의 관계 구체화

[그림 8.1]은 독립 개념과 종속 개념 두 개 모두 알고 있지만 둘 사이의 관계 유형이 결정적인지 아니면 확률적인지 모르는 경우를 나타내고 있다. 이런 상황에서 시작하는 이론 수립 연구의 목적은 다음과 같이 기술한다.

본 연구의 목적은 개념 A와 B(독립 개념과 종속 개념을 기술) 간의 관계를 구체화함으로써 ~주제의 이론 개발에 기여하는 것이다.

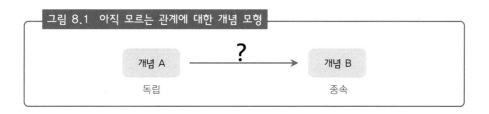

그림 8.1 아직 모르는 관계에 대한 개념 모형

중요한 것은 이론 수립 연구는 개념 간에 어떤 관계 유형인지 추측이 불가능할 경우에만 필요하거나 적합하다는 것이다. 독립 변인과 종속 변인을 아는 대부분의 상황에서는 이들의 관계에 대한 아이디어도 가질 것이다. 예를 들어, 실무자들은 어떤 요인이 "영향을 준다"거나 어떤 요인을 "중요하다"라고 암묵적 혹은 명시적으로 얘기할 것이다. 만약 개념 A가 프로젝트를 위해 정말 "중요한" 성공 요인이라면 그 관계는 은연중에 필요조건으로 정의된다. 다른 말로 하자면, 이미 아는 두 개념이 서로 어떤 관계인지, 그래서 명제를 어떻게 표현할지를 진짜로 모르는 경우란 거의 없다.

8.1.2 모르는 개념의 발견

이론 수립 연구에서는 [그림 8.2]와 [그림 8.3]에 있는 상황, 즉 독립 개념이나 종속 개념 중 하나는 알지만 다른 하나를 모르는 경우도 있을 것이다. 하나의 개념은 알고 다른 한 개념은 모르는 상황에서 시작하는 이론 수립 연구는 연구 목적을 다음과 같이 작성한다.

본 연구의 목적은 알려진 개념 B에 대해 ("원인이 되는") 독립 개념 A를 발견하거나 혹은 알려진 개념 A의 ("결과로 나온") 종속 개념 B를 발견하고, 이후에 개념 A와 B 간의 관계를 구체화함으로써 ~주제의 이론 개발에 기여하는 것이다.

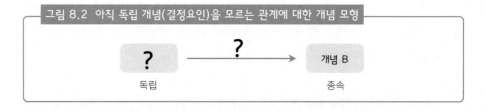

그림 8.2 아직 독립 개념(결정요인)을 모르는 관계에 대한 개념 모형

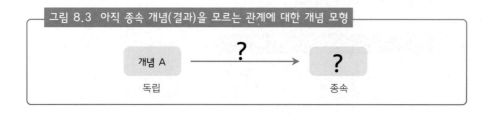

그림 8.3 아직 종속 개념(결과)을 모르는 관계에 대한 개념 모형

대부분의 이론 수립 연구는 결과를 설명하기 위해 원인을 발견하거나, 혹은 원인으로 인해 나타나는 결과를 설명하는 형식을 띠고 있다.

8.1.3 개념과 개념 간의 관계 발견

이론 수립 연구는 개념을 모르는 상황([그림 8.4] 참고)에서 출발하는 경우도 있는데 아마도 매우 드물 것이다. 그런 이론 수립 연구의 목적은 다음과 같이 작성한다.

본 연구의 목적은 관심을 두는 ~현상에 관한 이론 개발에 기여하는 것이다.

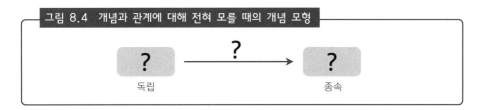

그림 8.4 개념과 관계에 대해 전혀 모를 때의 개념 모형

언뜻 보면 이런 연구 목적은 가당치 않은 것으로 보인다. 어떻게 무엇을 찾을지에 대한 아무 아이디어도 없이 단순히 어떤 것, 즉 개념과 개념 간의 관계를 발견하기 위해 실증연구를 수행할 수 있단 말인가? 그러나 이런 일은 실제로 학문적 연구에서 꽤 흔한 상황이다. 이런 경우는 암묵적 혹은 명시적으로 "독창적original 연구"를 하려는 시도이며, 이전에는 그 아무도 발견할 수 없었던 현상을 발견하려는 선한 노력이다. 이것은 바로 근거이론ground theory의 암묵적 목적 중 하나이기도 하다(9장의 9.1.4를 참고).

8.1.4 개념의 발견

개념을 발견하려는 연구는 흔히 관심을 두는 현상을 여러 유형으로 나누어보고 기술하는 데 목적을 둔다. 그렇게 함으로써 관심을 두는 현상이 다양한 상황에서 어떻게 보이는지 통찰을 얻고자 하는 시도이다. 그러나 특정 유형이 어떻게 발생하게 되었는지를 독립 개념들과의 인과관계로 굳이 설명하려 들지는 않는다. 또한 종속 개념과의 관계를 찾아 효과에 대해서도 설명하려 하지 않는다. 이런 종류의 이론 수립 연구는 연구 목적을 다음과 같이 작성한다.

본 연구의 목적은 관심을 두는 ~현상을 발견하고 기술함으로써 ~주제에 관한 이론 개발에 기여하는 것이다.

그림 8.5 아직 모르는 개념

?

8.2 이론 수립 연구의 원리

탐색과 이론 수립 연구를 통해 명제를 만들 수 있지만, 탐색은 연구가 아니므로 이론 수립 연구에서 차별화 하려는 것이 무엇인지를 설명하고자 한다. 연구는 관찰을 통해 도출한 증거를 분석함으로써 명제를 만들고 검증한다. 반면에 탐색은 실무자가 현상에 대해 얘기하는 것을 듣고(연구자가 접근할 수 있는 증거에 기반을 둔 것이든 아니든) 명제를 만드는 방식이다. 이론 수립 연구로부터 도출한 명제는 관찰에 근거한 것이어야 하며, 명제의 주요 개념들은 지표화되거나 측정이 가능한 상태로 관찰할 수 있을 때 정당화될 수 있다.

이론 검증 연구에서는 명제의 개념을 조작적으로 정의함으로써 타당화될 수 있고 측정의 신뢰도 또한 높일 수 있었다. 그러나 이론 수립 연구에서는 타당도와 신뢰도 같은 기준들이 적용되지 않는 것처럼 보일 수도 있다. 왜냐하면 명제의 주요 개념들이 자료 자체에서 도출되었기 때문이다. 그렇지만 도출된 명제가 단순한 탐색이 아니라 연구를 위해 선정한 연구 대상인 사례들을 통해서 옳다고 증명되었다는 것이 이론 수립 연구의 핵심이다. 이론 수립 연구를 통해 나온 개념은 정밀하게 정의되어야 하고, 개념이 개발되는 데 근거가 되었던 자료들 또한 개념의 측정 수치로서 타당하고 신뢰할 만한지 평가를 받아야만 한다. 따라서 타당도와 신뢰도는 다른 연구에서와 같이 이론 수립 연구에서도 연구 품질을 평가하는 중요한 기준이 된다.

개념을 측정하는 데 적용되는 이 같은 추론 방식은 개념들 간의 관계 유형을 측정하는 데도 동일하게 적용된다. 이론 수립 연구로 명제를 개발한다면, 그 명제는 측정값을 얻는 사례들 속에서 옳다는 것을 밝혀내야만 한다(내적 타당도). 이론 수립 연구의 결과로 명제가 나오는 것뿐만 아니라, 연구 그 자체가 최초 검증이라는 성격도 함께 지닌다.

8.3 이론 수립 연구의 연구 전략

이론 검증 연구에서는 명제의 유형(결정적 혹은 확률적 명제)이 연구 전략을 결정한다고 설명하였다. 그러나 이론 수립 연구를 하는 이유는 아직 명제를 갖고 있지 못해서이다. 그렇다면 어떤 논리를 갖고 연구 전략을 선정해야 하나? 연구 전략 선정에서 가장 중요한 기준은 효율성과 편의성이라고 본다. 이론 수립 연구의 유일한 목적은 명제를 만드는 것이므로 가능하면 단순하면서도 경제적이어야 한다. 즉, 어떤 명제 혹은 개념을 생성하는 데 드는 투자는 최소한으로 그쳐야 한다. 이런 방침은 탐색 연구의 경우에도 마찬가지이며, 명제를 만들 필요가 있는 상황에서는 함께 적용된다.

연구전략은 어떤 주제와 현상을 다루냐에 따라 효율성과 편의성을 고려하여 선정한다. 연구전략을 선택할 때, 다음과 같은 방식을 사용한다.

❶ 실험 연구가 유용하고 가능할지를 결정한다. 만약 그렇지 않다면,
❷ 이론 수립 비교 사례연구를 실시한다.

위의 ❶번과 관련하여 이론 수립 실험 연구는 두 개의 상황에서 유용하다.

• 독립 개념 A를 알고 있고 종속 개념 B를 알아야 하는 상황
• 독립 개념과 종속 개념을 모두 알고 있지만, 이들의 관계에 대해서는 모르는 상황

위의 두 상황에 대한 실험을 설계할 수 있는데, 독립 개념 A의 값을 조정한 후에 그 효과를 관찰한다. 만약 종속 개념 B를 알고 있다면, 독립 개념 A의 값이 다른 두 개의 실험적 상황을 만들고 종속 개념의 값을 측정한다. 만약 종속 개념 B를 아직 모른다면, 먼저 종속 개념에 대해 파악한다. 독립 개념의 값을 실험 상황에

서 변화시키고, 실험자는 각기 다른 실험 조건들 사이에서(통제조건들과 함께) 의미 있는 차이를 발견하려 노력한다. 그러나 앞의 4장에서 이론 검증 연구를 설명할 때도 언급했듯이 실험 연구는 사회과학 연구에는 적용하기가 어렵다.

만약 실험이 불가능하다면, 그때는 효율성과 편의성이라는 원리를 적용하여 아주 적은 사례들만을 선정하도록 한다. 사례의 수를 최소한으로 해야 하는 이유가 있다. 첫째, 어떤 원인이나 결과가 있는지 모르고 앞으로 나올 명제에 있을 개념들이 서로 어떻게 관계되는지도 모른다면, 원인이나 결과의 범위가 어느 정도인지, 그리고 비교할 필요가 있는 사례들의 범위가 어느 정도인지를 파악해야 한다. 둘째, 앞에서와 달리 시작할 때부터 결정적 관계라는 어떤 증거를 이미 갖고 있다면, 결과를 한 개 이상의 사례에서 찾거나(충분조건의 관계를 갖는 후보 사례를 발견하기 위해) 혹은 원인을 한 개 이상의 사례에서 찾아야 한다(필요조건의 관계를 갖는 후보 사례를 찾기 위해). 다른 유형의 관계(결정적 관계 혹은 확률적 관계)를 발견하려면 더 많은 사례들이 필요하다. 이때도 사례의 수는 세 개가 최저 수준이다. 이런 점을 고려할 때 비교 사례연구가 적합한 연구 전략임을 알 수 있다.

8.4 결론 및 시사점

이론 수립 연구를 성공적으로 수행하게 되면 그 결과로서 한 개 이상의 새 명제를 갖게 되며 그 과정에서 최초 검증도 거치게 된다. 앞의 3장에서 논의했듯이, 이론 개발은 명제를 만들고, 최초 검증을 하고, 지속적으로 반복연구를 하는 가운데 이론이 견고해지고 일반화가능성도 높여가는 것이다. 이것이 의미하는 바는, 이론 수립 연구의 다음에는 항상 다른 연구 대상, 다른 집단, 다른 모집단을 검증하는 반복연구가 뒤따른다는 점이다.

8.5 요약

본 장에서의 내용은 네 가지 이론 수립 연구의 유형으로 요약해 볼 수 있다.

• 두 개념을 알고 있다면 개념 간의 관계를 알기 위해 실험이나 비교 사례연구를 통해

명제를 개발한다.

- 독립 개념이나 종속 개념 중 하나를 알고 있고 다른 하나를 모른다면, 두 개념 간의 관계를 알기 위해 실험이나 비교 사례연구를 통해 명제를 개발한다.
- 독립 개념과 종속 개념을 모두 모르는 경우에, 두 개념 간의 관계를 알기 위해서는 비교 사례연구를 통해 명제를 개발한다.
- 비교 사례연구를 통해 관련 개념을 찾고 기술한다.

이론 수립 사례연구를 설계하고 시행하는 구체적인 방법에 대해서는 9장에서 다룰 것이다.

제**9**장

이론 수립 사례연구

본 장에서는 이론 수립 연구를 하는 데 실험 연구 전략이 가능하지 않다고 보고 사례연구를 하는 것으로 결정되었다고 가정한다. 그리고 앞 장에서와 같이 다음과 같은 목차로 진행한다.

- 9.1 이론 수립 사례연구의 설계와 실행 방법
- 9.2 사례연구 5. 비즈니스 서비스 제공 업체를 상대하는 직원에 대한 명제 개발
- 9.3 사례연구 5의 방법론 성찰

9.1 이론 수립 사례연구의 설계와 실행 방법

9.1.1 서론

본 장에서는 비교 사례연구로 진행해야 하는 이론 수립 사례연구를 설명하고자 한다. 내용은 사례 선정, 아직 모르는 상태에 있는 개념의 발견, 측정, 자료 제시, 개념 간의 관계를 발견하는 순서로 다룬다.

9.1.2 후보 사례

후보 사례는 연구 대상이 되는 사례들에서 선정한다. 사례를 찾기 위해서 두 가지 기준을 따르도록 한다. 하나는 편의성이고, 다른 하나는 개념 간의 관계를 발견할 가능성을 최대화하는 것이다. 두 번째 기준을 따르기 위해서는 후보 사례

들이 독립 개념과 종속 개념을 제외하고 모든 특성에서 서로 유사해야 한다. 이는 달성하기 힘든 것인데, 대부분의 이론 수립 연구에서는 한 개 혹은 두 개의 개념 모두를 모르는 상태이기 때문이다. 따라서 "유사한" 사례를 발견하는 가장 효율적인 방법은 이론 영역에서 작은 모집단을 선정하고 그 안에서 사례를 수집하는 것이다.

9.1.3 사례 선정

만약 유사한 사례로 구성된 작은 모집단을 발견하였다면, 그 모집단 안에서 몇 개의 사례를 선정해야 한다. 이때 선정하는 사례들은 알고 있는 개념의 속성 값이 가능하면 서로 간에 많이 다르도록 한다.

선정할 사례의 수는 이미 알고 있는 개념의 유형과 그 개념의 속성이 가진 값에 따라 달라진다. 개념의 유형은 [그림 8.2]의 개념 B, [그림 8.3]의 개념 A, [그림 8.1]의 개념 A와 B 같이 구분해 볼 수 있다. 그리고 후보 사례에서 개념의 속성 값이 어떻게 다른지를 보고 필요한 사례의 수를 결정하다. 예를 들어, 우리가 아직 모르는 프로젝트 성공 요인에 관심이 있다면([그림 8.1]), 얼마나 많은 사례를 선정할지는 개념 B의 유형에 따라 달라진다. 만약 개념 B가 성공과 실패로 이분화될 수 있는 거라면 각각에 대해 가능한 값, 예를 들어 성공과 실패를 한 쌍의 사례로 해서 연구를 시작할 수 있다. 만약 개념 B가 구간 변수interval variable로 측정된다면, 예를 들어 성공을 수입 금액의 규모로 측정한다면 구간 간의 변량을 최대로 해야 한다. 만약 우리가 주어진 조건 혹은 개념 A의 결과에 대해 아직 모르고 있고([그림 8.3]) 이에 대해 알려고 한다면 얼마나 많은 사례를 선정해야 하고 어떤 사례 유형이 필요한지는 개념 A의 유형이 무엇이냐에 따라 다르다. 만약 개념 A가 이분화될 수 있는 거라면, 각각의 가능한 값, 즉 조건 A가 있는 것과 없는 것을 한 쌍의 사례로 해서 연구를 시작할 수 있다. 만약 A가 구간 변인, 예를 들어 인력 규모나 지출 금액으로 측정한 것이라면, 각 구간 간의 변량은 최대로 해야 한다. 만약 개념 A와 B 모두 알고 있다면([그림 8.1]) 두 개념이 갖고 있는 값의 변량이 최대화되는 방식으로 사례를 선정하는 것이 좋다. 만약 연구의 시작 시점에 모든 개념을 모르는 상태라면 ([그림 8.4]와 [그림 8.5]), 이들 개념의 변량에 근거해서 사례를 선정할 수 없고 거의 무작위 방식으로 사례를 선정해야만 한다.

설명상자 12　마이클 포터(Michael Porter)의 사례 선정

마이클 포터가 1990년에 발표한 '국가의 경쟁우위'(The competitive advantage of nations')는 사례연구에 근거한 이론이다. 포터는 한 국가의 산업 조건이 글로벌 경쟁에서 어떻게 성공할 수 있었는지를 설명해줄 수 있다는 점을 발견하고자 했다. 이 이론은 "국제 시장에서는 국가가 아니라 기업이 경쟁을 한다"면서 국가의 전략 대신에 기업의 전략에 초점을 맞추었다. 포터의 연구팀은 10개의 주요 교역국가 중에서 해외시장에서 성공적이었던 기업들을 선정하였다(종속 개념). 그런 다음 국가의 성공을 설명하는 결정인자들을 확인하였다(독립 개념).

포터의 연구팀은 국가의 성공에 영향을 주는 4개의 결정인자("다이아몬드의 네 꼭짓점)를 발견하였다. (1) 생산요소: 숙련공이나 인프라 같은 생산요소에 있어서의 국가의 포지션, (2) 수요조건: 그 업종의 제품이나 서비스에 대한 국내 수요, (3) 연관산업이나 지원산업: 국제적으로 경쟁력을 갖춘 공급 산업과 기타 연관 산업의 존재유무, (4) 기업의 전략, 구조, 경쟁: 기업을 세우고, 조직하고, 관리하는 정부 정책의 조건과 국내 경쟁의 특징. 이러한 4개의 결정요인은 경쟁에서 성공하는 데 필요조건이며, 포터는 이를 "선진 경제의 중추를 형성하는 지식집약형 산업에서 경쟁상의 성공을 달성하고 유지하기 위해서는 '다이아몬드' 모두에서 우위가 필요하다"고 주장했다(1990: 73).

포터의 사례 선정 절차는 두 가지 이유에서 문제가 된다. 첫 번째는, 연구에 성공적이지 않았던 기업이나 국가를 포함하지 않았다. 포터가 필요조건과 성공조건을 구분할 수 없었거나, 다른 한편으로는 필요조건과 사소한 조건을 구분할 수 없었다고 본다. 예를 들어서, 만약 4개의 결정요인들이 모든 선진국(성공적인지 않았던 나라들까지 포함해서)의 어느 기업이나 산업분야에 존재하는 것이라면, 그 결정요인들은 "필수적인 것"이 되겠지만, 정책적 함의는 사소한 것이 된다. 분명히 포터는 성공적이지 않았던 국가와 기업의 조건에 대해 독자가 갖고 있는 지식에 암묵적으로 의존하고 있다. 두 번째는 이런 형태의 사례 선정은 확률적 관계를 발견할 수 없게끔 한다. 만약 포터가 "필요조건"이 되는 결정요인을 갖추지 않은 단일 사례를 대상으로 연구했다면, 필요조건을 발견하지 못했을 뿐만 아니라 결정요인과 성공 간의 관계 유형 또한 발견하지 못했을 것이다. 따라서 포터의 사례 선정은 오로지 필요조건 후보들을 발견하는 데 있어서만 적합한 것이었고 운 좋게도 그 조건들을 발견할 수 있었던 것이다.

9.1.4 관련 증거의 도출

만약 이론 수립 사례연구를 미지의 개념 모형([그림 8.2]부터 [그림 8.5]까지)부터 시작한다면, 후보가 될 개념은 선정한 사례 내에서 발견하여야 한다. 만약 개념에 대해 이미 알고 있고 개념 간에 어떤 관계가 있는지를 찾아서 명제를 만들어야 한다면([그림 8.1]), 이번 단계(관련 증거의 도출)를 건너뛰고 곧바로 개념을 측정하는 단계(9.1.5 참고)로 가도 된다.

이론 수립 사례연구에서 개념을 발견하는 구체적인 "방법"은 존재하지 않는다. 원론적으로 말하자면, "모든 방법이 가능하다." 3장에서 다룬 탐색 과정을 거치면 된다. 탐색은 하나의 사례에서 가능하고, 혹은 하나 이상 또는 모든 선정된 사례에서도 가능하다. 복수의 사례에서 나온 자료를 비교하여 개념을 발견하는 데 널리 쓰이는 방법으로는 "근거이론"(GT: Ground Theory)이 있다. 근거이론에 대해서는 Strauss와 Corbin의 교재(1988)가 널리 사용되는데, 근거이론에서는 개념을 어떻게 발견하는지 자세하게 설명하고 있다. (1) "오픈 코딩"이라 불리는 절차에 따라 자료를 "코딩"하고, (2) 이 코드들을 다른 사례들 사이에서 비교한다.

이론 수립 사례연구에서는 이 단계를 통해 나온 결과물을 후보 개념이라고 한다. 이 개념들은 최초에는 몰랐던 개념이지만 이제 개념 모형을 만들 수 있게 되었고, 여기서부터는 [그림 9.1]과 [그림 9.2]에서처럼 연구를 시작할 수 있게 된다.

비록 탐색이 개념을 발견하는 과정과 그 개념을 평가하는 기준이 명확하지는 않지만, 적절한 시점에 필요한 개념을 도출하게 해준다. 탐색 활동에서 평가 기준이 불명확한 문제는 후보 개념을 발견한 이후에 나머지 과정을 잘 관리함으로써 어느 정도 균형을 맞출 수 있다. 이에 대해서는 9.1.5 '코딩' 부분에서 논의하겠다.

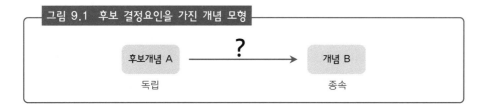

그림 9.1 후보 결정요인을 가진 개념 모형

후보개념 A —— **?** ——▶ 개념 B

독립   종속

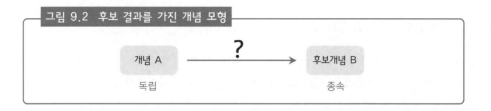

그림 9.2 후보 결과를 가진 개념 모형

개념 A ——— **?** ——→ 후보개념 B

독립   종속

9.1.5 코딩

만약 이론 수립 사례연구가 [그림 9.1]과 [그림 9.2]에서 멈추고 후보 개념이 기존의 연구에서 검증이 안 된 것이라면, 이 이론 수립 연구는 연구로서의 자격을 인정받기가 거의 어려운 채 "집약적 탐색"intensive exploration에 그칠 가능성이 크다. 앞의 8장에서 논의했듯이, 좋은 이론 수립 연구라면 다루려는 명제가 사례를 통해 옳다고 증명되어야 하고, 그럼으로써 후보 개념이 사례들 가운데서 타당하고 신뢰할 만한 방법으로 측정되는 것이 핵심이다. 그리고 이것이 이론 수립 연구를 "탐색"과 차별화시켜 준다. 그러려면 첫 번째 단계로서 후보 개념을 정교하게 정의해야 한다. 이는 개념 정의를 개발할 때 정교성이나 확실성과 같은 기준을 적용하는 일반적인 방법과 원칙적으로 동일하다.

근거이론은 이론을 "발견"한다면 그 개념의 정의는 연구 중에 수집한 데이터 내에 "근거를 두어야 한다grounded"고 주장한다. 예를 들어, Strauss와 Corbin은 "오픈 코딩open coding"에서 발견한 개념을 다음 단계의 코딩, 즉 "축 코딩axial coding"이라 불리는 방법을 통해 다듬고 정의하는 방법을 설명하였다. 우리 관점에서는 이런 식으로 개념 정의의 기초를 다지는grounding 활동이 이론 수립 연구에 꼭 필요한 것은 아니라고 본다. 그러나 축 코딩에도 장점은 있다. 개념을 정의할 때 다른 사례에서 그 속성 값이 이미 타당하게 "측정"된다는 것이다. 그 이유는 근거이론의 결과는 개념의 정의 형식으로 나오게 되는데, 그 개념의 정의는 "근거가 되었던" 자료에 이미 참고되어 있기 때문이다.

만약 개념의 정의를 근거이론이 아닌 다른 방식으로 도출할 수 있거나, 혹은 알고 있는 개념에서 출발한다면([그림 8.1]), 연구의 다음 단계는 타당하고 신뢰할 만한 측정 도구를 개발하는 것이다. 측정을 위한 절차는 부록 1의 "측정"을 참고하기 바란다.

9.1.6 자료 제시

측정을 성공적으로 하게 되면 각 사례에서 관련 개념의 값을 모두 확보하게 되고, 이 값들을 자료 매트릭스에 제시할 수 있게 된다. 이런 매트릭스 중에서 가장 단순한 형식은 개념 A의 행과 개념 B의 열로 구성된 것이다. 이 매트릭스는 이론 수립 사례연구의 최종 분석을 위한 토대가 된다.

9.1.7 자료 분석

자료분석의 목적은 (a) 개념 A와 개념 B 간에 관계가 있는지, (b) 관계가 있다면 어떤 종류의 관계인지에 대해 결론을 도출하는 것이다. 두 개념 간의 관계를 "발견"해 가는 과정을 시작하기 전에 먼저 자료 매트릭스에서 강력한 인과관계 유형(결정적 관계)이 있는지 판단하고, 그 다음에는 약한 인과관계(확률적 관계)가 있는지를 알아보는 것이 좋다. 강력한 인과관계, 즉 100%의 변량을 모두 설명하는지를 알아내는 것은 매우 중요하다. 그렇게 하지 않으면, 자료 매트릭스가 강한 인과관계에 관한 증거를 가졌는데도 단지 확률적 관계를 발견하는 오류를 저지를 수 있다. 자료 매트릭스를 탐색하는 순서는 다음과 같다.

❶ 충분조건인지를 찾고,
❷ 필요조건인지를 찾고,
❸ 결정적 관계인지를 찾고,
❹ 확률적 관계인지를 찾는다.

9.1.7.1 충분조건

첫 번째로, 충분조건에 관한 증거가 있는지 평가한다. 개념 A의 특정 값으로 인해 항상 개념 B의 특정 값이 나온다면 충분조건이 있는 것이다. 선정한 사례에서 충분조건이 존재하는지는 자료 매트릭스에서 사례들의 순서와 짝지어봄으로써 알 수 있다. 개념 A의 값이 동일한 사례들을 함께 집단으로 묶었을 때, 그 집단에서 개념 B의 값이 상수라면 이는 개념 A의 특정 값이 관찰한 사례에서는 개념 B의 충

분조건이라는 증거로 여겨질 수 있다. 이런 절차는 이론 검증 사례연구에서 충분조
건을 검증하는 방식과 매우 유사하다. 이런 관계는 다음과 같은 형식으로 만들어
볼 수 있다.

명제 1: A의 값 X_A는 B의 값 X_B의 충분조건이다.

위의 명제에서 X_A는 A의 값이며 이 값에 따라 하위집단이 정의되고 이를 통해
개념 간의 관계를 발견한다(예를 들어, 경영층의 최소한의 지원). 그리고 X_B는 하위집
단에서 관찰되는 B의 값을 말한다(예를 들어, 프로젝트의 성공).

9.1.7.2 필요조건

두 번째로, 필요조건에 관한 증거가 있는지 평가한다. 만약 개념 B의 특정 값
이 오로지 개념 A의 특정 값이 있을 경우에만 존재한다면 필요조건이 있다는 것이
다. 필요조건도 자료 매트릭스에서 사례들의 순서를 짝지어봄으로써 알 수 있다.
개념 B의 값이 동일한 사례들을 함께 집단으로 만들고, 그 집단에서 개념 A의 값이
상수라면 이는 개념 A의 특정 값이 개념 B의 필요조건이라는 증거로 여겨질 수 있
다. 이런 관계는 다음과 같은 형식으로 만들어 볼 수 있다.

명제 2: A의 값 X_A는 B의 값 X_B의 필요조건이다.

위의 명제에서 X_B는 B의 값이며 이 값에 따라 하위집단이 정의되고 이를 통해
개념 간의 관계를 발견한다(예를 들면 프로젝트의 성공). 그리고 X_A는 A의 하위집단에
서 관찰되는 A의 값을 말한다(예를 들어, 경영층의 최소한의 지원).

9.1.7.3 결정적 관계

세 번째로, 결정적 관계에 대한 증거가 있는지를 평가한다. 결정적 관계는 개
념 A의 값이 증가 혹은 감소할 때 개념 B의 값이 (일정한 방향으로) 변화하게 하는
것이다. 결정적 관계가 존재하는지는 자료 매트릭스에서 사례의 배열 순서로 평가
할 수 있다. 개념 A의 값 순서에 따라서 개념 B의 값도 증가 혹은 감소하는 순서대

로 배열된다면 개념 A와 B간에 결정적 관계가 있다는 증거로 채택할 수 있다. 결정적 관계는 다음과 같은 형식으로 작성할 수 있다.

명제 3: 개념 A는 개념B와 결정적 관계를 갖고 있다.

9.1.7.4 확률적 관계

마지막으로, 확률적 관계에 대한 증거가 있는지를 평가한다. 확률적 관계는 개념 A의 값이 증가 혹은 감소하는 것이 개념 B의 값을 증가 혹은 감소시키는 기회로 크게 작용하는 것을 의미한다. 확률적 관계가 존재하는지도 역시 자료 매트릭스에서 사례의 배열 순서로 평가할 수 있다. 만약 개념 A의 값 순서에 따라 개념 B의 값 역시 증가하거나 감소하는 것으로 보인다면(항상 그런 것은 아니지만), A와 B가 확률적 관계를 가진 증거로 채택할 수 있다. A와 B 사이에 확률적 관계가 실제로 존재하는지를 평가하는 기준은 제7장에서 확률적 관계를 검증했던 기준과 동일하다. 확률적 관계를 작성하는 방법은 다음과 같다.

명제 4: 개념 A는 개념 B와 확률적 관계를 가진다.

만약 자료에서 올바르게 도출된 명제라면(그리고 선정했던 사례들에서 맞다고 증명되었다면), 그 명제는 이론 수립 사례연구의 적합한 결과가 된다.

9.1.8 자료 분석의 예시

다음의 자료 매트릭스 예시는 혁신 프로젝트의 성공을 결정하는 요인에 대한 이론 수립 연구에서 갖고 온 것이다. 이 예시는 10개의 다양한 사례들, 즉 성공한 5개의 사례와 성공하지 못한 5개의 사례를 보여주고 있다([표 9.1]). 이 표는 각 사례별로 1개씩, 총 10개의 열이 있고 4개의 독립 개념(혹은 성공요인)과 종속 개념(성공 혹은 성공하지 않은 것)을 갖고 있다.

표 9.1　혁신 프로젝트의 "성공" 요인에 관한 자료 행렬표

	경영층의 지원	인프라	금전적 투자	팀 규모	성공
사례 1	H	H	H	10	Y
사례 2	H	H	H	7	Y
사례 3	H	H	H	7	Y
사례 4	H	H	L	6	Y
사례 5	M	H	L	4	Y
사례 6	M	L	L	11	N
사례 7	M	H	L	6	N
사례 8	L	H	L	6	N
사례 9	M	L	L	3	N
사례 10	L	L	L	3	N

* 위험수준: L=낮음, M=중간, H=높음
* Y 성공; N 실패

9.1.8.1 충분조건

충분조건은 개념 A의 특정 값으로 인해 항상 개념 B의 특정 값이 나올 때 존재한다. 자료 매트릭스에는 4개의 잠재적인 성공요인이 있는데, 이 요인들이 성공에 대해 충분조건이 될 수 있다. 경영층의 지원이 높았던 사례들을 보면 프로젝트들이 모두 성공적이었다는 것을 알 수 있다. 반면에 경영층의 지원이 낮았던 두 사례를 보면 모두 성공적이지 못했음을 알 수 있다. 따라서 경영층의 지원이 높은 경우는 프로젝트 성공을 위해 충분조건인 것으로 보이고, 경영층의 지원이 낮은 경우는 프로젝트가 성공하지 못하는 데 충분조건인 것으로 보인다. 이런 결과를 명제로 나타내면 다음과 같다.

> 명제 1a: 경영층의 높은 지원은 혁신 프로젝트가 성공하는 데 충분조건이다.
> 명제 1b: 경영층의 낮은 지원은 혁신 프로젝트가 실패하는 데 충분조건이다.

만약 명제가 참이라면, 혁신 프로젝트를 어떻게 성공적으로 만들 수 있을지가 분명하다. 그러나 이러한 명제는 이론 수립 사례연구에서 만들어진 것이고, 처음으로 검증을 해본 것에 지나지 않는다. 만약 우리가 다른 잠재적인 성공요인들에 대해서도 계속 검증한다면, 인프라의 점수가 낮았던 세 개의 사례가 왜 실패했는지도 알게 될 것이다. 이를 통해 다음과 같이 세 번째 명제도 만들 수 있을 것이다.

명제 1c: 낮은 인프라 수준은 혁신 프로젝트가 실패하는 데 충분조건이다.

이런 식으로 팀 규모 3이 프로젝트 실패에 충분조건이 되는 명제를, 팀 규모 7이 프로젝트 성공에 충분조건이 되는 명제를 계속해서 만들어 갈 수 있다. 그러나 이들 명제들은 팀 규모가 다를 때의 결과에 대한 추가적인 명제가 없이는 제대로 이해하기 어려운 것처럼 보인다.

9.1.8.2 필요조건

필요조건은 개념 B의 특정 값은 개념 A의 특정 값이 존재할 때에만 존재하는 경우에 해당한다. 자료 매트릭스에서는 성공이 Yes 혹은 No 두 개의 값을 갖는다. 그러므로 성공적인 사례에서 복수의 성공요인이 같은 값을 갖는지를 알아보아야 한다([표 9.2]). 그런 다음, 실패했던 사례에서 복수의 성공요인이 같은 값을 갖는지를 알아본다([표 9.3]).

[표 9.2]를 보면 다섯 개의 성공 프로젝트에서 오직 인프라만 높은 값을 갖는다. 이는 다음의 명제로 작성할 수 있다.

명제 2a: 높은 인프라 수준은 혁신 프로젝트가 성공하는 데 필요조건이다.

표 9.2 성공한 혁신 프로젝트에 관한 자료 행렬표

	경영층의 지원	인프라	금전적 투자	팀 규모	성공
사례 1	H	H	H	10	Y
사례 2	H	H	H	7	Y
사례 3	H	H	H	7	Y
사례 4	H	H	L	6	Y
사례 5	M	H	L	4	Y

* 위험수준: L=낮음, M=중간, H=높음
* Y 성공; N 실패

이런 식으로, [표 9.3]에서도 5개의 실패한 프로젝트는 모두 금전적 투자의 수준이 낮다는 것을 알 수 있다. 이를 다음과 같은 명제로 만들 수 있다.

명제 2b: 낮은 금전적 투자는 혁신 프로젝트가 실패하는 데 필요조건이다.

표 9.3	실패한 혁신 프로젝트에 관한 자료 행렬표				
	경영층의 지원	인프라	금전적 투자	팀 규모	성공
사례 6	M	L	L	11	N
사례 7	M	H	L	6	N
사례 8	L	H	L	6	N
사례 9	M	L	L	3	N
사례 10	L	L	L	3	N

* 위험수준: L=낮음, M=중간, H=높음
* Y 성공; N 실패

9.1.8.3 결정적 관계

결정적 관계는 개념 A값의 증가나 감소가 지속적으로 개념 B값의 변화를 동일한 방향으로 가져온다. 따라서 이런 관계의 유형은 독립 개념과 종속 개념 모두가 두 개 이상의 값을 갖고 있고 이들 값은 순서가 있다고 가정한다. 경영층의 지원이라는 독립 개념은 두 개 이상의 값을 갖고 있고 순서도 있지만, 성공이라는 종속 개념은 단지 두 개의 값을 가지고 있지 순서가 있는 것은 아니다. 따라서 우리는 이 자료 매트릭스에서는 후보가 될 만한 결정적 관계를 확인할 수 없다.

9.1.8.4 확률적 관계

확률적 관계에서는 개념 A의 값이 증가 혹은 감소하는 것에 따라 개념 B의 값이 증가 혹은 감소되는 경우가 많은 것을 의미한다. 확률적 관계가 존재한다는 것은 자료 매트릭스에서 개념 A에 따라 나타나는 사례의 배열 순서로 평가할 수 있다. 만약 개념 B의 값, 즉 배열 순서가 일관성은 없지만 증가하거나 감소한다면, 이는 A와 B가 확률적 관계를 갖고 있다는 증거로 채택될 수 있다.

자료 매트릭스에서 이런 절차를 독립 개념 4개 모두에 대해 적용해 볼 수 있다. [표 9.4]는 팀 규모와 성공 간에 확률적 관계가 존재한다는 것을 보여준다. 단지 2개의 사례(사례 5와 6)가 팀 규모와 성공 간에 결정적 관계가 있다는 가정을 위반하고 있다(이는 "팀 규모 7 이상은 성공을 위해 충분하다"와 "팀 규모 6 이하는 실패에 충분하다"라는 식으로 작성해 볼 수 있다). 자료 매트릭스에서 나타난 경향은 다음과 같이 작성해 볼 수 있다.

명제 3a: 팀 규모가 클수록, 혁신 프로젝트의 성공할 가능성은 높아진다.

표 9.4 팀 규모와 관련한 자료 행렬표

	팀 규모	성공
사례 6	11	N
사례 1	10	Y
사례 2	7	Y
사례 3	7	Y
사례 4	6	Y
사례 7	6	N
사례 8	6	N
사례 5	4	Y
사례 9	3	N
사례 10	3	N

* Y 성공; N 실패

[표 9.5]는 경영층의 지원이라는 독립 개념과 성공이라는 종속 개념 간에 확률적 관계가 존재한다는 것을 지지한다. 그러나 이는 앞서 도출한 명제 1a와 1b와 크게 다르지 않다. 마찬가지로, 인프라와 성공 간에 그리고 투자와 성공 간의 확률적 관계가 있다고 제안할 수는 있지만 이 또한 명제 2a와 2b와 크게 다르지 않다. 이러한 예시들은 확률적 관계를 제안하는 설문조사에서의 통계적 검증이 실제로 존재하

표 9.5 경영층의 지원과 관련한 자료 행렬표

	경영층의 지원	성공
사례 1	H	Y
사례 2	H	Y
사례 3	H	Y
사례 4	H	Y
사례 5	M	Y
사례 6	M	N
사례 7	M	N
사례 8	M	N
사례 9	L	N
사례 10	L	N

* 위험수준: L=낮음, M=중간, H=높음
* Y 성공; N 실패

는 결정적 관계를 쉽게 숨겨버릴 수도 있다는 점을 보여준다. 이런 이유로 이론 수립 연구에서는 확률적 관계를 찾기 전에 먼저 결정적 관계가 있는지를 파악해야 한다.

9.1.9 결과

지금까지 논의한 분석의 결과는 모두 복수의 명제를 도출하였다. 만약 자료 매트릭스에 있는 개념 A와 B 간의 관계가 다소 무선적이었다면 명제를 만들어 내는 데 실패했을 수도 있다. 만약 그렇게 된다면 탐색 과정을 추가적으로 시도하고, 그 결과로 다른 후보개념과 후보명제들을 만들어야 할 것이다.

분석을 적절하게 수행하였고 5장부터 7장까지 기술한 이론 검증 절차를 적절하게 적용하였다면, 그 결과로 나온 명제들은 선정한 사례에서는 옳다고 증명될 것이다. 이는 최초 검증이 이루어진 것이고, 그 이후부터는 반복연구를 설계하고 수행할 수 있다는 점을 내포하고 있다.

 설명상자 13   시 당국을 성공적으로 돕기 위한 이론 수립

Yin은 Peter Szanton의 1981년 출간된『조언을 제대로 받지 못한(Not well advised)』이라는 책을 "다중 사례 반복연구 설계의 탁월한 예"로 소개한 적이 있다(2003: 49) Yin이 소개한 이 연구는 우리의 반복연구의 정의에 따르면 반복연구가 아니라 이론 수립 비교 사례연구의 좋은 예라고 할 수 있다.

Szanton은 시 공무원과 협력하려는 시도를 했지만 모두 실패했던 대학교 8개의 사례를 연구하였다. 그런 다음 역시 협력에 실패했던 비대학 기관들을 두 번째 집단으로 해서 5개의 사례를 추가로 연구하였다. 세 번째 집단은 시 당국이 아니라 기업을 성공적으로 도왔던 3개의 대학교들로 구성하였다. 마지막 네 번째 집단은 시 당국을 도와주는 데 성공한 3개의 사례로 구성하였다. 두 번째부터 네 번째까지 집단에 대한 사례연구 결과, 새로운 아이디어를 제시하는 것뿐만 아니라 실행하는 데 관심을 갖는다면, 시 당국이 조언을 수용한다는 중요 결론에 도달하였다. 두 개의 결론은 다음과 같이 만들어졌다.

1. 새로 나온 아이디어를 실행한다면 시 당국을 지원하는 것이 성공적이다.

2. 시 당국은 기업과는 다른 요구를 가지고 있다(이 결론은 Yin이 '중요한 것'이라고 제시하였다).

두 가지 결론 모두 반복연구의 결과가 아니다. 왜냐하면 반복연구의 개념은 최초의 검증

후 다음 검증을 수행하는 것이기 때문이다. 이 연구에서는 최초의 명제가 형성되지 않았고 검증 또한 수행되지 않았다. 따라서 반복연구의 예시가 될 수 없다. 두 개의 결론은 비교 사례연구를 통해 나온 이론 수립의 결과물이다.

명제 1은 "실행에 대한 관심"은 시 당국을 성공적으로 돕는 데 필요조건이라고 진술하고 있는데, 이는 자료 매트릭스를 검사한 근거에서 나온 것이다. 자료 매트릭스는 시 정부를 도와주려는 16개의 집단(8+5+3)으로 구성되었는데, 13개의 성공적이지 못한 집단에서 실행 활동이 없었다는 것이 충분한 증거라고 전제하고 있다. 명제 2는 "시 당국이 특별한 요구를 가지고 있다"고 진술하고 있는데, 이는 자료 매트릭스에서 6개(3+3)의 성공적인 집단을 조사하면서 추론한 것으로 보인다. 성공적으로 기업을 지원했던 3개의 집단에서는 실행 활동이 없었다는 것이 충분한 증거라고 전제하고 있다.

9.2 사례연구 5: 이론 수립 연구

비즈니스 서비스 제공업체를 상대하는 직원에 대한 명제 개발[1]

Wendy Van der Valk and Finn Wynstra

9.2.1 서론

구매에 관한 연구는 전통적으로 제품 구매에 집중되었다. 그러나 서비스 구매는 제품 구매와는 다른 측면이 있다(Fitzsimmons 등 1998; Axelsson와 Wynstra, 2002; Smeltzer와 Ogden, 2002). 서비스가 갖고 있는 기본적인 특징들, 즉 서비스의 무형성, 상황에 따라 달라지는 서비스 품질의 이질성, 서비스 제공 후 사라지는 소멸성은 구매 과정에도 영향을 준다. 이런 서비스 구매의 특징은 제품 구매 과정과 비교해서 일부 특성이 더 중요하거나, 더 어렵거나, 그냥 다르거나 하는 식으로 나타났

---

1) 본 장은 다음의 연구에 근거하고 있음: Van der Valk, W., F. Wynstra, & B. Axelsson의 2006년 연구, "Identifying buyer-seller interaction patterns in ongoing service exchange: Results of two explorative case studies," (Internal working paper, May 2006).

다(Axelsson과 Wynstra, 2002). 서비스 마케팅 분야에서는 고객과 서비스 제공자 간의 지속적인 업무 협력을 통해 서비스가 탄생한다는 점을 강조해 왔다(Lovelock, 1983; Zeithaml와 Bitner, 1996; Grönroos, 2000). 그러나 구매 분야의 연구자들은 지속적인 업무 협력의 특성을 밝히는 데까지는 성공하지 못했다.

우리의 연구는 특별히 구매 의사결정 후 구입사와 공급사 간의 지속적인 업무 협력 관계, 즉 계약기간 동안의 협력에 초점을 두고 있다. 구입사와 공급사 간의 업무 관계는 제품이나 서비스가 판매되고 구입되는 순간, 즉, 교환되는 순간에 일어날 뿐만 아니라, 거래 후에 서비스가 구입사 비즈니스의 한 부분이 될 때도 일어난다. 그런 다음 구입사와 공급사 간의 지속적인 비즈니스 관계가 형성된다. 구입사와 공급사가 서비스 교환이 진행 중인 동안의 업무 협력 관계는 다음과 같은 요소들에 영향을 준다.

- 상호작용 빈도
- 상호작용 강도
- 구입사와 공급사 영업사원들의 유형(고객과 공급자 접촉에서의 위계적 그리고 기능적 측면)(Cunningham과 Homse, 1986).

Wynstra 등(2006)은 비즈니스 서비스의 분류 기준을 제시했는데, 구입사가 제공받은 서비스를 내부에서 어떻게 사용하느냐를 기준으로 삼았다. 이들은 서비스를 어떻게 사용하느냐가 구입자-판매자 간의 상호작용 과정을 설계하는 데 주요 결정인자 중 하나라고 주장하면서 서비스의 유형을 다음과 같은 네 가지로 구분하였다.

❶ 소비 서비스consumption service 이 서비스는 구입사 내부에 남아있지만 구입사의 핵심 업무 과정에 영향을 끼치지는 않는다. (예, 기내 청소 서비스)

❷ 장치 서비스instrumental service 이 서비스는 구입사 내부에 남아있고 구입사의 핵심 업무 과정에 영향을 끼친다. (예, 운항 지원을 위한 정보통신 기술 서비스)

❸ 준-제조 서비스semi-manufactured service 이 서비스는 구입사가 최종 고객에게 제공하는 특정 제품의 투입 요소로 활용됨으로써 완제품을 통해 최종 고객에게까지 전달된다. (예, 특정 운항 일정에 반영되는 기상 예측)

❹ 부품 서비스component service 구입사의 최종 고객에게 직접 전달된다. (예, 공항에서의 수하물 위탁 서비스)

Wynstra 등(2006)은 서비스의 유형이 다음과 같은 항목에 영향을 준다고 하였다.

- 구입사와 서비스 공급사 간의 상호작용의 핵심 목표
- 구입사와 서비스 공급사 측의 영업 사원 유형
- 구입사와 서비스 공급사에 중요하다고 생각되는 역량

Van der Valk 등(2006)은 위와 같은 항목은 구입사가 위험이 높다고 인식하는 서비스의 경우에 더 변동성이 크다고 주장한다.

본 연구에서는 구입사가 서비스 공급사와의 상호작용을 조직하는 방법에 대해 관심을 가지며, 특별히 그런 상호작용을 다루는 직원들의 유형을 어떻게 조직하는지 알아보고자 한다. 우리는 구매사가 서비스 구매에 성공하기 위해서는 직원들의 유형을 어떻게 구성해야 할지 암묵적인 "이론"을 갖고 있으며, 자신들의 생각을 서비스의 유형에 맞추어서 변화시킬 것이라고 가정한다. 연구자들은 기존의 연구를 살펴보고 구입사와도 논의하는 가운데 새로운 가정을 추가하였는데, 구입사들은 서비스 구매에 포함된 위험을 산정하고 이를 고려하여 누가 담당자가 될지를 결정함으로써 구매 후의 업무 과정을 담당하게 한다고 한다. 연구자들은 이런 가정에 근거해서 구입사가 자신들의 상호작용 방식을 실제로 어떻게 조직하는지에 대한 이론을 구축하였다. 즉 네 가지 서비스 유형과 여러 위험 수준을 고려해서 구매사와 공급사의 상호작용에 참여할 담당 직원을 선정할 것으로 보았다.

9.2.2 후보 사례

이론이 적용되는 대상은 비즈니스 서비스 구매사와 공급사가 구매 계약을 한 후에 일어나는 상호작용 사례이다. 따라서 구매사와 공급사 간에 진행하는 수많은 상호작용 업무들을 들여다보아야 했다. 연구의 궁극적인 목적은 상호작용의 유형이 어떻게 구매 성공에 영향을 끼치는지에 대한 이론을 만드는 것이므로, 이 이론 수립 연구를 구매 거래에서 비교적 성공 경험이 많은 업체에 한정해야 한다고 생각했다.

우리는 사례가 될 구매 업체들을 고를 때 두 가지 이유에서 제조업체가 아닌 서비스 업체를 선택하였다. 첫 번째, 서비스 업체가 제조 업체보다 서비스 구매에 더 전문적인 접근을 할 것으로 생각했다. 두 번째, 최종 고객에게 전달되는 두 서비스 유형, 즉 부품과 반제품은 제조업체보다는 서비스 업체에서 더 잘 찾을 수 있을 것으로 기대했다.

우리는 의도적으로 구매전담 부서를 보유한 대기업을 선정하고자 했다. 대기업이 구매 업무를 성공적으로 이끄는 데 필요한 암묵적 지식을 더 잘 보유하고 있을 것으로 생각했다.

우리는 한 회사가 아니라 두 회사를 대상으로 연구를 수행했다. 그 이유는 두 가지이다. (1) 독립 개념(서비스의 유형)의 두 값을 복수로 관찰하기 위해, (2) 관찰한 변량이 구매 업체들에서 지속적이고 체제적으로 일어나는지를 알기 위해서이다. 우리는 서로 특징이 다른 두 서비스 업체를 연구 대상으로 선정하였다. 한 업체는 일상 업무 서비스routine service 제공 업체이다. 즉 고객의 비교적 단순한 문제를 해결하는 업체이다(Axelsson과 Wystra, 2002). 일상 업무 서비스는 보통 대규모의 유사 업무, 즉 표준화된 처리를 기반으로 한 업무들이다. 예를 들어, ADSL 연결 서비스나 모바일 전화 서비스 등이 여기에 속한다. 일상 업무 서비스 제공업체로 KPN 로열 더치 텔레콤(KPN Royal Dutch Telecom)을 선정하였는데, 이 업체는 네덜란드 통신 시장에서 주요 선도업체이다.

다른 업체는 전문 서비스professional service 제공업체, 즉 지식 제공자 역할을 하는 업체로서 복잡한 문제를 해결하는 업체이다(Axelsson과 Wynstra, 2002). 거래는 신중하게 진행되고 공급사와 직접 접촉하면서 상당한 수준의 창의성을 발휘해야 한다. 예를 들어, 질병을 앓거나 실업 상태였던 구성원을 위한 재활 활동이나 의료 진단 서비스를 제공한다. 우리는 전문 서비스 업체로 UWV라는 네덜란드 기관을 선정했는데, 이 기관은 18,000명의 종업원을 보유하고 있으면서 네덜란드 기업에서 근무하는 약 1백만 명의 근로자에게 보험 운영 서비스를 제공하고 있다.

9.2.3 사례 선정

KPN과 UWV에는 공식 편지를 보낸 다음 전화로 접촉하면서 연구에 대한 소개 미팅을 갖자고 요청을 했다. 첫 미팅에서 구매 기업의 담당자와 함께 사례연구 프로

토콜, 즉 연구가 어떻게 수행되는지와 회사로서는 얼마나 많은 시간을 들여야 하는
지를 논의하였고, 서로에게 기대하는 바를 분명하게 밝히기 위해 노력하였다. 회사
에서 연구에 참여하기로 동의한 다음, 두 번째 미팅에서는 연구 대상이 될 서비스
업체를 선정하였다. 각 회사마다 네 개 유형의 서비스별로 관련 업체 하나씩을 제공
해 달라고 요청하였다. KPN은 장비 서비스에서 두 업체를 소개해 주었는데, 이들
업체는 성공의 정도가 각각 달랐다. 하나는 매우 성공적이었고 다른 하나는 전혀 성
공적이지 않았기 때문에 두 업체 모두를 사례에 포함시키기로 하였다. KPN과 UWV
에서 선정한 사례들을 목록으로 만들었고 이는 [표 9.6A]와 [표 9.6B]에 간략하게
정리되어 있다. 연구가 진행되면서 준-제조 서비스 분류에 선정했던 두 개의 사례가
부품 서비스 분류에 더 적합하다는 것을 발견하였다. 이들 사례를 준-제조 서비스
사례로 분류하기보다는 부품 서비스로 재분류하였다.

9.2.4 관련 증거 도출

우리는 반구조화 면담을 통해 자료를 수집하였다. 각각의 서비스마다 두 번에
서 세 번의 면담을 진행하였다. 서비스를 외부에 위탁하는 업무를 담당하는 바이어
(구매담당자)와의 면담은 대부분 구매 과정에 초점을 두었다. 반면 계약자 혹은 현업
부서 사용자와의 면담은 구매 후 일어난 일에 초점을 두었다. 대개의 경우 바이어
(구매담당자)를 처음에 만났고, 계약자 혹은 현업부서 사용자는 바이어의 소개를 받
아서 만났다. 각 서비스별로 정보제공자에 대한 정보는 [표 9.6A]와 [표 9.6B]에

표 9.6A KPN에서 선정한 사례의 내용과 정보		
유형	서비스	정보제공자
부품	콜센터	▶ 마케팅/콜센터 부서의 카테고리 관리자 ▶ 인사(HR) 콜센터
부품	사무실과 가정에서의 개설 업무 (예, 인터넷 광케이블 연결)	▶ 기술지원 및 엔지니어링 부서의 카테고리 관리자
장비	IT 아웃소싱	▶ ICT 부서 카테고리 관리자 ▶ Royal KPN의 최고정보책임자(CIO) ▶ 전임 최고정보책임자(CIO)
장비	마케팅 (미디어, 홍보, 프로모션, 시장연구, 콘텐츠)	▶ 마케팅/콜센터 부서 카테고리 관리자 ▶ 구매, 마케팅, 홍보의 카테고리 관리자 ▶ 카테고리 구매자
소비	임시노동직(청소용역 서비스 인력)	▶ 구매부서, 재경부서, 인사 서비스 관리자 ▶ 인사 콜센터

유형	서비스	정보제공자
부품	연금행정 (종업원들로부터의 수금, 연금관리, 지급)	▶ 인사조직 분야 선임급 구매담당자 ▶ 연금펀드 책임급 관리자
부품	복리후생 지불 (UWV를 대리하여 지불)	▶ 설비분야 선임급 구매직원 ▶ 금융자산관리 관리자
장비	사무자동화(소프트웨어, 하드웨어, 총무서비스)	▶ ICT 선임급 구매직원 ▶ 유럽 입찰오피스 자동화 담당 PM(프로젝트 관리자)
소비	임대관리와 유지보수를 포함한 오피스 인프라 (전화, 인터넷)	▶ 선임급 관리자 ▶ Work Unit 서비스의 자산관리자 ▶ 서비스 관리자

표 9.6B   UWV에서 선정한 사례의 내용과 정보

정리해 두었다. 면담은 약 1시간 30분에서 2시간 정도 소요되었다. 이 시간 동안 종속 개념에 관한 다양한 자료(역량, 성과목표, 의사소통과 적응, 성공 등)를 수집하였고, 바이어가 생각하는 구매 서비스 관련 위험 수준에 대해서도 자료를 수집하였다. 인터뷰 질문 목록은 IMP(Industrial Marketing and Purchasing) Group이 본 연구와 유사한 연구(Håkansson, 1982)에서 사용한 질문지에 기초하여 만들었다. 이 질문지를 통해 주제와 관련한 정보를 획득하면서 동시에 다양하면서도 많은 정보를 모을 수 있었다. 정보제공자들은 관련되었다 생각하는 정보는 무엇이든 얘기할 수 있었다. 각각의 면담 결과를 요약 자료로 만들었고, 이를 다시 면담에 응했던 정보제공자에게 보내서 내용이 타당한지 검증을 받았다. 이 요약 자료들을 사례의 항목별로 합쳐서 다시 분류하였다. 이는 다시 정보제공자에게 보내서 일관성이 없는 부분은 삭제해 달라고 했고, 어떤 부분은 명료하게 다시 작성해 달라고 요청하기도 했다. 특히 구매 후에 어떤 사람들이 공급사와 상호작용하는지를 알아보기 위해 면담 시에는 다음과 같이 질문하였다.

- 어떤 부서가 공급사와의 업무에 일차적으로 관계합니까?
- 어떤 부서가 서비스 구매 후에 서비스 진행을 관리합니까? 관리는 어떤 식으로 일어납니까?
- 어떤 부서가 공급사를 관리하나요? 관리는 어떤 식으로 하나요?
- 공급사 측에서 보자면 우리 쪽의 상대부서 담당자는 누구인가요?

서비스 공급업체와의 상호작용에 관계된 직원들은 [표 9.7A]에 나타나 있다.

표 9.7A 서비스 제공업체와 상호작용하는 데 참여하는 담당직원

유형	KPN의 담당직원	UWV의 담당직원
부품 1	▶ 구매(카테고리 매니저) ▶ 사업담당 직원	▶ 연금펀드 위원회 직원 ▶ 퇴직연금국 직원 ▶ 구매부서 ▶ 외부 컨설턴트
부품 2	▶ 조달부서 ▶ 영업담당 직원(Business rep.)	▶ 금융경제부 디렉터 ▶ 금융자산관리부서 ▶ 구매부서 ▶ 법무부서 직원 ▶ 외부 컨설턴트
장비 1	▶ IT ▶ 조달 ▶ 법무 ▶ 전임 IT 비즈니스 부문 디렉터 ▶ 경영진	▶ ICT부서 디렉터 ▶ 구매부서 ▶ 계약관리부서 ▶ 법무부서 ▶ 서비스 관리부서 ▶ IT 설계자(Architects)
장비 2	▶ 구매부서(카테고리 관리자) ▶ 마케팅/홍보부서 ▶ 비즈니스 이해관계자	
소비	▶ 임시직의 유형에 따라 참여의 수준과 유형이 달라짐	▶ 법무부서 ▶ 재무 관리부서 ▶ ICT 관리부서 ▶ 서비스 관리 ▶ 시설 전문가 ▶ 외부 인력

구매자가 생각하는 서비스 관련 위험 수준에 대해 질문했는데, 이에 대한 응답은 [표 9.7B]에 기술되어 있다.

표 9.7B 위험(Risk) 수준

	소비		장비			부품			
	KPN	UWV	KPN1	KPN2	UWV	KPN1	KPN2	UWV1	UWV2
위험	L	L	H	M	H	H	L	H	H

* 위험수준: L=낮음, M=중간, H=높음

9.2.5 코딩

명제 구축에 필요한 관찰 결과를 비교하기 위해 직원들을 분류하였는데, 이때 Porter가 구분한 가치창출 기능(1985: 45-48)이라는 개념을 사용하였다. Proter는 7가지 기능을 제안했는데, 우리는 여기에 "내부 고객"을 하나 더해서 모두 8개의 기능을 사용하였다. 이렇게 함으로써 한 편으로는 특정 전문성이 필요해서 참여하게 된 부서와 다른 한편으로는 구매한 서비스의 고객이기 때문에 참여한 부서를 혼동하지 않게 되었다.

소비 서비스와 관련하여 UWV ICT는 내부 고객이면서, 동시에 서비스의 결과물에 관련된 하위 부서를 함께 갖고 있었다. 그럼에도 ICT 부서의 주요 역할은 내부 고객이었기 때문에 UWV의 담당직원은 내부고객을 대표하는 것으로 분류하였다.

장비 서비스와 관련하여 KPN 1 사례의 경우 IT 전문가들은 비즈니스 프로세스 엔지니어로서의 역할을 수행하고 있었고, 서비스 공급사의 업무를 KPN의 정책에 따르도록 하는 게 주된 일이었다. UWV에서 서비스 관리부서에서 나온 사람들(ICT 운영직원들)은 서비스 제공업체에 대한 일상적인 관리 업무로 바빴기 때문에 제조(서비스의 전달)로 분류하였다. 그리고 경영층의 참여를 재경부서 직원 및 외부 컨설턴트의 참여와 마찬가지로 인프라로 분류하였다. KPN 2의 경우에는, 마케팅 부서가 프로세스 엔지니어 역할을 하면서 마케팅 에이전시의 활동을 KPN의 비즈니스 전략에 연결하는 역할을 담당하고 있었다. 동시에, 마케팅 부서는 마케팅 에이전시의 내부 고객이기도 했다.

부품 서비스와 관련하여, UWV의 법무부서 직원은 외부 컨설턴트와 같이 인프라로 분류하였다.

9.2.6 자료 제시

코딩 절차를 통해 얻은 점수를 [표 9.8]에 제시하였다. 이 표에서 ☆표가 된 셀은 서비스를 구매한 기업(세로줄)에서 8개 분류(가로줄) 중 하나에 담당 직원이 참여했다는 것을 보여주고 있다.

9.2.7 자료 분석

[표 9.8]에 대한 초기 검토를 통해 세 가지를 알 수 있었다.

❶ 각 서비스 유형에 있는 사례들은 비교적 유사한 담당자들로 구성되었다.
❷ 서비스 유형 간에는 담당자들의 특성이 달랐다.
❸ 구매 담당자들은 서비스의 유형에 상관없이 모든 사례에 관여하고 있다.

표 9.8 구매사의 직원 유형

| | 서비스 유형 | | | | | | | | |
| | 소비 | | 장비 | | | 부품 | | | |
	사례 1 KPN	사례 2 UWV	사례 3 KPN1	사례 4 KPN2	사례 5 UWV	사례 6 KPN1	사례 7 KPN2	사례 8 UWV1	사례 9 UWV2
위험	L	L	H	M	H	H	L	H	H
마케팅/영업						☆		☆	☆
프로세스 엔지니어			☆	☆	☆				
제조 (서비스 전달)					☆				☆
인프라			☆		☆			☆	☆
구매	☆	☆	☆	☆	☆	☆	☆	☆	☆
인사									
기술									
내부고객	☆	☆	☆	☆	☆		☆		

* 위험수준: L=낮음, M=중간, H=높음

서비스 유형이 달라진다고 해서 구매부서의 참여가 달라지는 것은 없었기에 구매부서의 참여는 분석에서 제외하기로 하였다.

소비 서비스와 관련하여 우리는 다음과 같은 충분조건 형식의 명제를 만들었다.

명제 1a (P1a): 소비 서비스와 관련한 업무(상호작용)에 내부고객 직원들이 항상 참여한다.

이 명제는 소비 서비스 구매에 관한 두 개의 사례([표 9.8]의 사례 1 KPN과 사례 2 UWV)에 공통적으로 적용되는 것을 기술한 것이다. 장비 서비스와 관련해서는 다음과 같은 충분조건 형식의 명제를 만들었다.

명제 1b (P1b): 장비 서비스와 관련한 업무(상호작용)에는 구매업무 담당 직원이 내부고객 담당자와 마찬가지로 항상 참여한다.

이 명제는 장비 서비스 구매에 관한 세 개의 사례(사례 3 KPN 1, 사례 4 KPN 2, 사례 5 UWV) 모두에 공통적으로 적용되는 것을 기술한 것이다. 이 서비스 유형에 관한 세 개의 사례에서 인프라나 제조부서의 직원들의 참여에 관해서는 모순되는 것들이 발견되었기 때문에 이들에 대한 명제는 포함시키지 않았다.

부품 서비스와 관련해서는 다음과 같은 충분조건 형식으로 명제를 만들었다.

명제 1c: (P1c): 위험 수준이 높은 부품 서비스와 관련한 업무(상호작용)에서는 외부고객 담당자(흔히 마케팅 부서)가 항상 참여한다.

이 명제는 위험 수준이 높은 부품 서비스 구매에 관한 세 가지 사례(사례 6 KPN 1, 사례 8 UWV 1, 사례 9 UWV 2)에 공통적으로 나타나는 것을 기술한 것이며, 위험 수준이 낮은 사례 7에서는 다른 패턴을 보였기 때문에 제외하였다. 이때는 구매부서가 내부고객을 대표하여 참여한다. 사례 7에서 관찰된 이런 패턴은 위험이 낮다고 여겨지는 소비 서비스에서의 패턴과 유사한 것이다. 이런 관찰을 근거로 해서 우리는 다음과 같은 충분조건 형식의 명제를 만들었다.

명제 2 (P2): 위험 수준이 낮은 서비스는 항상 유사한 상호작용 패턴을 보이는데, 내부고객을 대표하는 담당자만이 항상 참여한다. 이 패턴은 각 서비스 유형마다 동일하게 적용되며, 같은 서비스 유형이라도 위험이 중간과 높은 수준인 서비스에서는 패턴이 다르게 나타난다.

P2는 위험이 낮은 구매였던 세 개의 사례(사례 1 KPN, 사례 2 UWV, 사례 7 KPN 2)를 관찰하고 추론한 것이다. 이번 연구에서 장비 서비스에 대한 구매이면서 위험이 낮았던 사례는 없었기 때문에 P2가 장비 서비스에도 동일하게 적용되는지에 대해서는 정의할 수 없었다. 자료에 근거한 연구가 되도록 명제 P1b를 다음과 같이 다시 작성하였다.

P1b: 위험이 중간과 높은 수준인 장비 서비스에서의 업무(상호작용)에서는 구매업무를 담당하는 직원이 내부고객을 대표하는 직원과 마찬가지로 항상 참여한다.

9.2.8 결과

본 이론 수립 사례연구에서 우리는 구매사를 서비스 유형에 따라 구분하였고 이들의 활동을 적절하게 분류해 보았다. 자료를 통해서 서비스 구매계약 이후에 참여하는 구매사의 직원 유형이 서비스 유형에 따라 달라진다는 점을 제안하였다.

본 연구를 통해 다음과 같은 명제를 만들 수 있었다.

P2: 위험 수준이 낮은 서비스에는 내부고객을 대표하는 직원만이 항상 참여하는 상호작용 패턴을 갖고 있다.

P1a: 소비 서비스와 관련한 상호작용에는 내부고객을 대표하는 담당자가 항상 참여한다.

P1b: 위험이 중간과 높은 수준인 장비 서비스에서의 상호작용은 구매업무를 담당하는 직원이 내부고객을 대표하는 직원과 마찬가지로 항상 참여한다.

P1c: 위험 수준이 높은 부품서비스에서의 상호작용은 외부고객을 대표하는 직원(흔히 마케팅 부서직원)이 항상 참여한다.

네 개의 명제 모두는 충분조건 형식으로 되어 있다.

이 결과를 KPN과 UWV의 직원들과의 토론회에서 발표하였다. 이 토론에서 나온 피드백을 통해 우리가 만든 명제들이 적절하다고 평가할 수 있었다. 직원의 유형과 성공 간에는 어떤 관계가 있을지 그 본질에 대해서는 향후 연구를 통해 정의하고 검증할 필요가 있겠다.

9.3 사례연구 5의 방법론 성찰

9.3.1 이론 수립 사례연구의 정당화

사례연구 5는 종속 개념을 모르는 명제에서 출발하였다. 이런 형식의 명제는 [그림 8.3]과 유사한 [그림 9.3]의 형식을 띤다.

이 연구를 시작할 때 어떤 종류의 종속 개념을 찾으려 하는지 알고 있었다. 즉

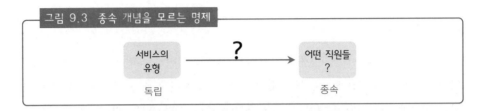

그림 9.3 종속 개념을 모르는 명제

공급사의 직원들과 상호작용하는 구매사의 직원들이 어떻게 구성되는지를 알아보려 한 것이다. 그러나 이들 직원들을 어떻게 특정지을 수 있는지에 대한 개념들은 알려지지 않았으며, 구매한 서비스의 유형에 따라 종속 개념, 즉 직원들의 속성을 연결짓는 명제도 알려진 것이 없는 상황이었다.

어떤 "탐색" 과정을 시도할지에 대한 정보도 주어지지 않았다. 그렇지만 9.2.8에서 언급했듯이 업체 관계자들과 개최한 토론회에서 탐색 활동을 매우 성공적으로 진행할 수 있었다. 업체 관계자들은 본 연구에서 만들려고 하는 여러 버전의 명제들을 생성해 낼 수 있는 능력을 갖추고 있었다. 회사가 구매한 서비스의 유형은 인위적으로 처치할 수 있는 것이 아니었기에 실험은 가능하지 않다는 점은 분명하다.

9.3.2 후보 사례

이론 수립 연구의 후보 사례는 가능하면 작은 모집단에서 찾아야 한다. 이 연구에서 개발하려는 명제는 비즈니스 서비스를 구매한 후 구매사와 공급사 간에 일어나는 의사소통 영역을 대상으로 하였다. 이 연구의 연구자는 오랫동안 대형 구매 관리자 네트워크에 관계해 왔기 때문에 구매 서비스를 제공하는 많은 기업들을 알고 있었고, 구매 관리자들을 통해서 이들의 상호작용 패턴에 관한 자료를 수집할 수 있었다.

네덜란드 기업 중에서 후보 사례를 찾았지만 구매 전담 부서를 갖고 있는 대기업에 한정하였다. 이 연구의 목적은 서비스 구매라는 넓은 스펙트럼에서 서비스 유형과 상호작용 유형 간의 관계를 발견하는 것이 아니었다. 그보다는 구매 서비스에 경험이 많은 기업 내에서 두 유형의 관계를 발견하는 것이 연구의 목표였기 때문에, 구매 전담 부서를 가진 대기업을 선택한 것은 옳았다고 본다.

9.3.3 사례 선정

이미 알고 있는 개념은 속성 값의 변량을 최대한 크게 하려고 서비스 유형마다 최소한 두 개의 구매 사례를 선정하였다. 이론 수립 연구에서는 단일 회사에서 일어나는 구매 활동과 같이 작은 모집단에서 사례를 선정하는 것이 좋다. 그렇게 하면 서비스 유형과 직원 유형 간에 있는 특정 관계를 더 잘 발견할 수 있다. 그렇지만 그 결과로 나온 명제는 다른 집단 혹은 모집단, 즉 다른 회사나 다른 업종을 대상으로 추가적인 검증을 할 필요가 있다. 연구에서 만든 명제는 한 회사 내에서만 적용될 가능성이 다분히 있다. 이런 상황을 피하기 위해 두 개의 회사로부터 사례를 선정한 것이다. 그렇게 함으로써 서비스 구매의 유형이 업무에 참여하는 직원의 유형에 어떤 영향을 주었는지를 발견하는 데 어려움을 주었지만(물론, 기업마다 담당자를 선정하는 정책의 차이가 더 큰 영향을 줄 수 있지만), 그와 동시에 발견한 명제의 강건성^{robust}을 반복연구에서도 검증해 낼 가능성이 높아졌다고 본다.

9.3.4 관련 증거의 도출

서비스 계약 후의 실행 업무에서는 어떤 부서들이 참여하는지를 정보제공자들에게 물어보면서 자료를 수집하였다. 수집한 답변들은 [표 9.7]에 정리를 하였다. 다양한 답변을 개념의 속성값으로 전환하기 위해 Porter가 설명한 7개의 가치창출 기능(1985: 45~48)을 적용하였다. 여기에 자료 수집 과정에서 드러난 "내부고객"(즉, 서비스를 활용할 부서의 직원)이라는 개념을 8번째로 추가하였다. 이들은 기능부서의 전문가와는 구분되는 사람들이다. 이 연구의 결과는 [그림 9.4]에 묘사되어 있다.

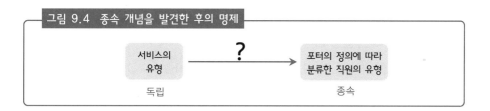

그림 9.4 종속 개념을 발견한 후의 명제

9.3.5 코딩

Porter가 언급한 업무기능들의 정의를 소개하지는 않았지만 이를 활용하여 [표 9.7A]에 기술한 자료들을 [표 9.8]과 같이 코딩한 것은 매우 타당하고 신뢰할 만하다. 위험 수준이 얼마나 되는지에 대한 정보는 주어진 것이 없었다. 아마도 구입한 서비스의 위험 수준이 얼마나 높은지와 낮은지를 회사의 정보제공자들에게 물어봤을 것으로 보인다. 어떤 서비스는 처음에는 준-제조 서비스로 분류했다가 나중에는 부품 서비스로 다시 분류하기도 했는데 이는 독립 개념이 타당하고 신뢰할 만하게 측정되었다는 점을 보여준다.

9.3.6 자료 제시

변수들에 대해 파악한 점수들은 자료 매트릭스 형식으로 [표 9.8]에 제시되어 있다.

9.3.7 자료 분석

앞의 9.1에서 "이론 수립 사례연구의 설계와 실행 방법"에서 제일 먼저 충분조건에 대한 증거가 있는지를 찾으라고 조언하였다. 독립 개념의 특정 값이 항상 종속 개념의 특정 값에 영향을 준다면 충분조건이 존재하는 것이다. 이는 독립 개념의 모든 특정 값마다 종속 개념이 항상 존재하는지 평가해야 한다는 것을 의미한다. 이 연구에서는 (독립 개념으로서)준-제조 서비스를 부품 서비스로 재분류한 후에 남은 세 가지 서비스 유형, 그리고 구매자가 지각하는 프로젝트의 위험 수준에 대해 조사를 실시하였다.

구매 담당자는 항상 존재하고 있었다. 따라서 구매 담당자는 변인이 될 개념이 아니라 상수라고 보았고 분석에서 제외하였다.

[표 9.9](앞의 9.8과 동일하다)의 처음 두 세로열(사례 1과 2)을 보면, 소비 서비스에는 항상 내부고객의 직원들이 있다는 것을 분명하게 보여준다. 따라서 소비 서비스를 구매하는 것이 업무 상호작용에 내부고객 부서의 직원을 참여시키는 것의 충분조건이 된다고 주장할 수 있다(P1a). 같은 방식으로 세로열의 사례 3, 4, 5를 보면 장비 서비스를 구매하는 것이 업무 상호작용에 내부고객의 직원뿐만 아니라

표 9.9 구매사의 직원 유형

	서비스 유형								
	소비		장비			부품			
	사례 1 KPN	사례 2 UWV	사례 3 KPN1	사례 4 KPN2	사례 5 UWV	사례 6 KPN1	사례 7 KPN2	사례 8 UWV1	사례 9 UWV2
위험	L	L	H	M	H	H	L	H	H
마케팅/영업						☆		☆	☆
프로세스 엔지니어			☆	☆	☆				
제조 (서비스 전달)					☆				☆
인프라			☆		☆			☆	☆
구매	☆	☆	☆	☆	☆	☆	☆	☆	☆
인사									
기술									
내부고객	☆	☆	☆	☆	☆	☆			

* 위험수준: L=낮음, M=중간, H=높음

프로세스 엔지니어 부서의 직원을 참여시키는 것의 충분조건이 된다(P1b). 부품 서비스와 관련해서는 네 사례의 유일한 공통점은 구매 직원이다. 그러나 위험 수준이 높은 세 개의 사례에서는 하나의 공통된 패턴이 나타나고 있다. 즉, 마케팅 및 영업 부서에서 참여하고 있었으며 이들은 외부고객을 대표한다고 해석된다. 위험이 높은 부품 서비스를 구매하는 것이 업무 상호작용에 외부고객을 대표하는 직원을 참여하게 하는 충분조건이 된다(P1c). 그렇게 되면 부품 서비스를 구매한 KPN 2 사례는 따로 해석을 해야 한다. 위험이 낮은 서비스를 함께 구입한다면, 이들 간의 공통의 패턴으로서 내부고객이 있다는 것을 알 수 있다. 위험이 낮은 서비스를 구매하는 것은 업무 상호작용에서 단지 내부고객 직원만 참여한다는 것이 충분조건이 된다(P2).

9.3.8 결과

본 연구를 통해 도출된 4개의 명제는 이론 검증 연구를 했더라도 옳다고 증명될 것이다. 그럼에도 사례연구 5에 제시했듯이 미래의 후속 연구를 통해 검증될 필요가 있다고 본다.

설명상자 14   표 9.4에서 추론 가능한 다른 명제들

사례연구 5에서는 서비스의 유형이 직원의 종류를 결정하는 충분조건에 관한 증거를 발견하였다.

[표 9.9]는 필요조건에 관한 증거 또한 제시하고 있다. 종속 개념의 특정 값은 독립 개념의 특정 값 없이는 존재할 수 없다는 것이 필요조건이다. 따라서 특정 독립 개념이 항상 존재하는지 여부를 보기 위해서는 모든 종속 개념의 값을 평가해야 한다. 구매 후에 일어나는 업무의 상호작용에 참여하는 8개 업무기능을 들여다보면, 서비스 유형을 대표하는 4개의 필요조건 명제로 정의할 수 있다.

P3a: 마케팅/영업(외부고객을 대표하는)부서는 서비스 유형이 부품 서비스일 경우에만 상호작용에 참여한다.

P3b: 프로세스 엔지니어부서는 서비스 유형이 장비 서비스일 경우에만 상호작용에 참여한다.

P3c: 인프라 관련 직원은 서비스의 유형이 장비 서비스 혹은 부품 서비스일 경우에만 상호작용에 참여한다.

그러나 이들 필요조건들은 현재의 연구 목적과는 관련성이 별로 없다.

[표 9.9]의 자료 세트를 보면 P3c 명제는 확률적 명제로도 표현할 수 있다. 인프라 부서가 업무 상호작용에 참여할 확률은 부품 서비스일 때보다 장비 서비스일 경우에 높으며, 부품 서비스일 때는 소비 서비스일 때보다 더 높다고 정의할 수도 있다. 우리의 조언은, 먼저 결정적 조건에 관한 명제를 개발하고 검증하라는 것이다. 그런 다음 검증을 해보니 결정적 명제가 아니라고 판단된 후에는 확률적 관계로 다시 정의해 보라는 것이다.

참고문헌

Axelsson, B. and Wynstra, F. 2002, *Buying business services*. Chichester: Wiley.

Cunningham, M.T. and Homse, E. 1986, Controlling the marketing-purchasing interface: Resource development and organisational implications. *Industrial Marketing and Purchasing, 1*: 3-27.

Fitzsimmons, J.A., Noh, J., and Thies, E. 1998, Purchasing business services. *Journal of Business and Industrial Marketing, 13*(4/5): 370-380.

Grönroos, C. 2000, *Service management and marketing: A customer relation management approach* (2nd edn). Chichester: John Wiley & Sons Ltd. Håkansson, H. (ed.) 1982, *International marketing and purchasing of industrial goods: An interaction approach*. London: Wiley.

Lovelock, C.H. 1983, Classifying services to gain strategic marketing insights. *Journal of Marketing, 47*: 9-20.

Porter, M.E. 1990, The competitive advantage of nations. *Harvard Business Review*, March-April: 73-93.

Porter, M.E. 1985, *Competitive advantage: Creating and sustaining superior performance*. New York: The Free Press.

Smeltzer, L.R. and Ogden, J.A. 2002, Purchasing professionals' perceived differences between purchasing materials and purchasing services. *Journal of Supply Chain Management, 38*(1): 54.

Strauss, A.L. and Corbin, J. 1998, *Basics of qualitative research: Techniques and procedures for developing grounded theory*. Thousand Oaks (CA): Sage.

Szanton, P. 1981, *Not well advised*. New York: Russell Sage Foundation and The Ford Foundation.

Van der Valk, W., Wynstra, F., and Axelsson, B. 2006, Identifying buyer-seller interaction patterns in ongoing service exchange: Results of two explorative case studies. Internal working paper, May 2006.

Wynstra, F., Axelsson, B., and Van der Valk, W. 2006, An application based classification to understand buyer-supplier interaction in business services.

International Journal of Service Industry Management, 17: 474–496.

Yin, R.K. 2003, *Case study research: Design and methods* (3rd, revised edn). Thousand Oaks (CA): Sage.

Zeithaml, V.A. and Bitner, M.J. 1996, *Services marketing,* Singapore: McGraw-Hill Companies, Inc.

제**4**부

실제 지향 연구
(Practice-oriented research)

●

●

●

제10장
실제 지향 연구

실제 지향 연구의 목적은 실무자의 지식에 공헌하는 것이다. 실무자란 실제로 벌어진 어떤 상황을 접하고 이에 대해 조치를 취해야 하는 책임을 맡은 사람 혹은 집단을 말한다. 즉, 관리자, 경영자, 정책기안자, 참모와 같은 사람뿐만 아니라 팀, 회사, 산업, 국가와 같은 집단도 모두 포함된다. 실무자는 "문제"를 명확히 하거나 해결하기 위한 지식을 필요로 한다. 실무자가 어떤 조치를 취해야만 하는 공식 혹은 비공식 책임을 갖고 있는 상황을 실제practice라고 한다.

실제 지향 연구에서는 연구 목적을 다음과 같이 기술한다(3.1.1을 참고).

본 연구의 목적은 ○○○실무자의 지식에 기여하는 것이다(실무자를 구체적으로 언급하고 조치를 취해야 하는 실제 정황을 기술한다).

이와 같은 실제 지향 연구의 목적은 너무 일반적이므로 세 가지 유형, 즉 (a) **가설 검증 연구**, (b) **가설 수립 연구**, (c) **서술적**descriptive **연구** 중 하나로 좀 더 구체화해야 한다. 우리는 이런 구체화 방법에 대해 앞의 3.3.3에서 다루었는데, 먼저 실제를 탐색하고 이어서 이론을 탐색해야 한다고 설명하였다.

10.1 가설 검증 연구

실제와 이론을 탐색하면서 가설과 함께 관련 지식을 형성한다. 한 예로, 어떤 실무자로부터 "몇몇 프로젝트는 최고경영자의 지원이 부족해서 성공하지 못했다"는 말을 들었다고 하자. 실무자는 이와 관련한 문제를 해결해야 하므로 관련 지식을 필요로 하고, 가설 몇 개를 검증하는 것이 좋겠다고 결정할 것이다.

가설 검증 연구가 적합할지를 체크하기 위해서는 다음과 같은 질문을 제기한다.

- 개입의 사이클에서 지금이 문제의 단계라는 것에 관계자들이 동의하는가?
- 내가 만든 연구 질문이 현재 상황에 가장 적합하다는 것을 관계자들이 동의하는가?
- 필요한 지식을 얻기 위해서는 현재의 가설을 꼭 검증해야 한다는 것에 관계자들이 동의하는가?

위 질문들에 대해 확신을 갖고 '예'라는 답변을 하였다면 가설 검증 연구를 설계하고 수행하도록 한다.

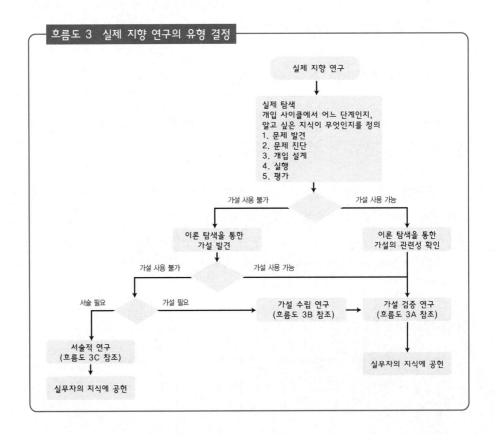

흐름도 3 실제 지향 연구의 유형 결정

10.1.1 가설 검증 연구에서의 연구 목적

탐색을 성공적으로 마치고 가설 검증 연구가 필요하다고 결정했다면 연구 목적은 다음과 같은 형식으로 기술한다.

본 연구의 목적은 다음과 같은 가설을 검증함으로써 ~문제에 관한 지식에 기여하는 것이다.

* 가설 1에 대해 기술한다.
* 가설 2에 대해 기술한다.
* … 등

위와 같은 형식의 연구 목적은 이론 검증 연구에서의 형식과 유사하다. 다만, 다음과 같은 부분에서 차이가 있다. (a) 연구가 이론 개발에 공헌하는지 혹은 실무자의 지식에 공헌하는지에 대한 전반적인 지향점, (b) 사용하는 용어가 명제인지 가설인지에 차이가 있다. 실무 지향 연구는 이론에 공헌하는 것이 아니므로 명제보다는 가설이라는 용어를 사용한다(3장 3.3.3 항목의 설명상자 7 참고).

이론 검증 연구의 명제가 그렇듯 가설도 연구 전략을 선택하기 전에 먼저 기술해야 하며, 다음과 같은 네 가지 종류 중 하나로 기술한다.

* 변수 A가 변수 B의 충분조건인 가설
* 변수 A가 변수 B의 필요조건인 가설
* 변수 A와 변수 B 사이가 결정적 관계인 가설
* 변수 A와 변수 B 사이가 확률적 관계인 가설

10.1.2 가설 검증 연구에서의 연구 전략

[표 10.1]은 각각의 가설 유형을 검증하는 데 어떤 연구 전략이 좋은지를 설명하고 있다. 이 표는 앞의 4장에서 각 명제의 유형별로 어떤 연구 전략이 좋을지를 묘사했던 [표 4.2]와 유사하다. 가설이 결정적 조건인지 아니면 확률적 관계인지를

표 10.1 가설 검증 유형에 따라 선호되는 연구 전략

가설	실험	사례연구	설문조사
충분조건	1순위	2순위(단일 사례연구)	3순위
필요조건	1순위	2순위(단일 사례연구)	3순위
결정적 관계	1순위	2순위(종단적 단일 사례연구 혹은 비교 사례연구)	3순위
확률적 관계	1순위	3순위(비교 사례연구)	2순위

명확하게 파악한 다음에 적합한 연구 전략을 선택하도록 한다.

실험은 모든 유형의 가설을 검증하는 데 가장 적합한 연구 전략이다. 만약 확률적 관계를 검증하려는 데 실험이 불가능하다면 두 번째로 좋은 연구 전략은 설문조사다. 충분조건이나 필요조건에 관한 가설을 검증할 때는 단일 사례연구가 두 번째로 좋은 연구 전략이다. 사례연구(종단적 단일 사례연구 혹은 비교 사례연구)는 결정적 관계를 검증하는 데 두 번째로 좋은 방법이고, 확률적 관계를 검증할 때는 비교 사례연구가 세 번째로 좋은 방법이다.

가설 검증 연구와 이론 검증 연구 간에 가장 큰 차이는 사례를 선정하게 될 모집단 영역이다. 이론 지향 연구에서는 연구 대상이 될 사례를 이론이 적용된다고 여겨지는 이론 영역에서 선정해야 한다. 실제 지향 연구의 목적은 이론 영역에 일반화할 이론을 증명하거나 검증하는 것이 아니다. 그보다는 업무와 관련하여 가설이 실제로 맞는지를 알아보기 위한 것이다. 우리는 이를 **실제 영역**practice domain이라고 부르는데 실제 지향 연구의 대상이 되는 사례들의 모집단이라고 보면 된다. 따라서 실제 지향 연구는 연구가 지향하는 영역 혹은 실제 영역에서 사례를 선정해야 한다. 그 외 사례 선정의 원칙은 실제 지향 연구나 이론 지향 연구나 동일하다.

충분조건에 관한 가설이나 필요조건에 관한 가설을 검증하기 위해 실험과 단일 사례연구를 설계하는 방법은 거의 동일하다(이에 대해서는 5장에서 논의하였음). 우리는 이들 두 개의 형식을 하나의 가설 검증 연구로 묶었다. 결국, 요약해서 말하자면 세 가지 유형의 가설 검증 연구가 있는 셈이다([흐름도 3A] 참고). 연구의 결과는 모두 실무자의 지식에 공헌하는 것이다.

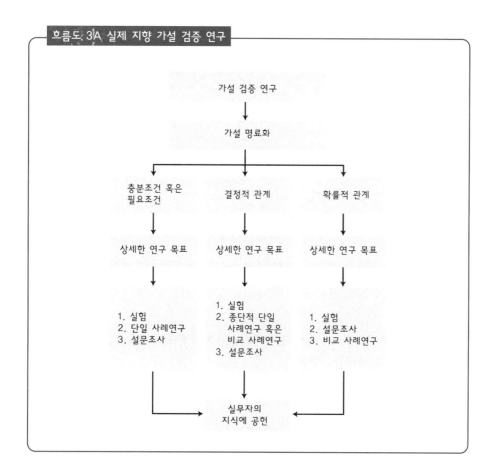

흐름도 3A 실제 지향 가설 검증 연구

10.2 가설 수립 연구

실제와 이론을 탐색한다고 해서 가설과 필요한 지식을 얻지 못할 수도 있다. 예를 들어, 어떤 실무자가 특정 프로젝트는 왜 실패하는지 그 이유를 알고 싶어 한다고 하자. 그러나 원인이 무엇인지에 대해서는 아이디어가 없을 수 있다. 그럼에도 현재 직면한 문제를 해결하려면 어떻게든 의사결정을 해야 하므로 관련 지식을 얻고 싶어 할 것이다. 이때는 가설을 만들고 검증하는 것이 유용하면서도 필요한 조치일 것이다. 이런 상황에 처했는지는 다음과 같은 질문을 통해 알아볼 수 있다.

- 개입의 사이클에서 지금이 문제의 단계라는 것에 관계자들이 동의하는가?
- 내가 만든 연구 질문이 현재 상황에 가장 적합하다는 것을 관계자들이 동의하는가?
- 필요한 지식을 얻기 위해서는 현재의 가설을 꼭 검증해야 한다는 것에 관계자들이 동의하는가?
- 관련 가설을 만드는 것에 본 연구가 도움을 줄 수 있을까?

만약 위의 질문들에 대해 확신을 갖고 '예'라고 답변하였다면 가설 수립 연구를 설계하고 수행하도록 한다.

10.2.1 가설 수립 연구에서의 연구 목적

탐색을 성공적으로 마치고 가설 수립 연구가 필요하다고 결정했다면 연구 목적은 다음과 같이 기술한다.

본 연구의 목적은 변인(가설에서 만들어질 변인) 간의 관계에 대한 가설을 만듦으로써 ~ 문제에 관한 지식에 기여하는 것이다.

위와 같은 형식의 연구 목적은 이론 수립 연구의 형식과 유사하다. 차이가 있다면 이론 검증 연구와 가설 검증 연구 간의 차이와 유사하다. (a) 이론 개발에 공헌하는지 혹은 실무자의 지식에 공헌하는지에 대한 전반적인 지향점과 (b) 사용하는 용어가 명제인지 가설인지 그리고 개념인지 변인인지에서 차이가 있다. 앞으로 만들 가설과 관련하여 이미 알고 있는 변인과 아직 모르는 변인을 먼저 정의해야 이후에 적합한 연구 전략을 선정하고, 네 가지 가설 수립 연구 유형 중 하나를 선정할 수 있다. 이에 대해서는 [흐름도 3B]에서 설명하고 있다.

가설 수립 연구의 네 가지 유형은 이론 수립 연구의 네 가지 유형과 동일하다.

❶ 독립 변인과 종속 변인을 아는 상태이고 둘 간의 관계를 알기 위한 연구

❷ 독립 변인을 이미 알고 있는 상태에서, 먼저 종속 변인을 확인하고 명료화한 다음에 독립 변인과 종속 변인 간의 관계를 알기 위한 연구

❸ 종속 변인을 이미 알고 있는 상태에서, 먼저 독립 변인을 확인하고 명료화한 다음에 독립 변인과 종속 변인 간의 관계를 알기 위한 연구

❹ 독립 변인과 종속 변인을 아직 모르는 상태에서, 먼저 독립 변인과 종속 변인을 찾고 명료화한 다음에 둘 사이의 관계를 알기 위한 연구

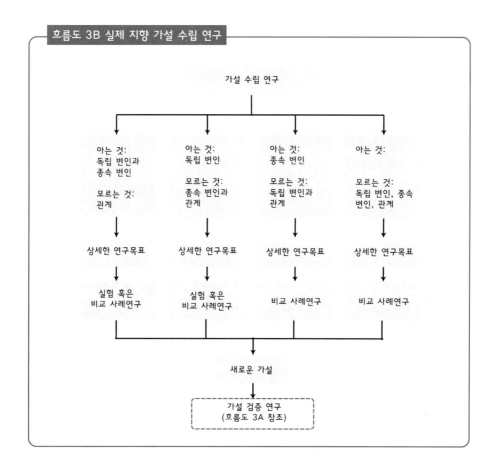

흐름도 3B 실제 지향 가설 수립 연구

10.2.2 가설 수립 연구에서의 연구 전략

가설 수립 연구에서 어떤 연구 전략을 선택할지는 이론 수립 연구에서의 규칙과 원리를 따르면 된다. 처음에는 실험 연구가 유용하고 가능할지를 결정해야 한다. 만약 실험 연구가 불가능하면 가설 수립 비교 사례연구를 설계하고 수행한다.

가설 수립 연구와 이론 수립 연구 간의 가장 중요한 차이는 가설 검증 연구와 마찬가지로 사례를 선택하는 영역에 있다. 가설 수립 연구에서는 연구가 지향하는 분야와 유사한 실제 영역에서 사례를 선정해야 한다.

가설을 만들었다면 그 가설은 일반적인 검증 연구를 거치게 되는데, 이때는 위의 10.1에서 논의한 원칙을 적용한다. 이런 검증을 거친 후에야 실무자의 지식에 기여하게 된다.

10.3 서술적 연구

가설조차 알 수 없는 상황이라도 실제와 이론을 탐색하게 되면 어느 정도 지식을 갖게 된다. 어쩌면 현재 직면한 문제를 해결하는 데는 가설을 만들고 검증하는 것이 굳이 필요하지는 않다고 결정할 수도 있다. 예를 들어, 어떤 경영자가 종업원들이 근무조건에 대해 어떻게 생각하는지를 알고 싶어 한다고 하자. 이런 상황에서 실무자는 다음과 같은 질문을 던져볼 수 있다.

- 개입의 사이클에서 문제의 단계라는 것에 대해 관계자들이 동의하는가?
- 필요한 지식이 현재 상황에 가장 적합한지에 대해 관계자들이 동의하는가?
- 정말 필요한 지식을 얻기 위해서는 가설이 꼭 필요한 것은 아니며, 그보다는 변인들을 발견하고 서술하는 것이 필요하다는 데 동의하는가?
- 하고자 하는 연구가 위와 같은 지식요구를 충족시킬 수 있을까?

만약 위 질문에 대해 확신을 갖고 '예'라고 답변하였다면 서술적 연구를 설계하고 수행하도록 한다.

10.3.1 실제 지향 서술적 연구의 연구 목적

탐색을 성공적으로 실시하고 서술적 연구를 하기로 결정했다면 다음과 같은 형식으로 연구 목적을 작성한다.

본 연구의 목적은 다음과 같은 변인들을 파악하고 기술함으로써 ~문제에 관한 지식에 공헌하는 것이다(개입의 사이클에서 어느 단계인지를 구체적으로 기술한다).

- 변인 1에 대한 기술
- 변인 2에 대한 기술
- … 기타 등등

이와 같은 연구 목적은 개념을 발견하기 위해 실시하는 이론 수립 연구의 형식과 유사하다(8.1.4 '개념의 발견' 참고). 서술적 이론 지향 연구의 목적은 관심 있는 이론의 개념을 발견하고 기술하는 것이지만, 서술적 실제 지향 연구의 목적은 알고 싶은 지식을 구성하는 특정 변인에 대해 발견하고 기술하는 것이다. 예를 들어, 종업원들이 현재의 노동조건에 대해 갖고 있는 생각을 발견하고 기술한다. 서술적 실제 지향 연구의 목적은 연구 문제에 기술된, 광범위한 분류 속에 존재하는 변인들을 발견하고 기술하는 것이다. 그런 연구 문제의 예는 다음과 같다.

- 직원들이 불평하는 사항들에 대한 개요
- 이런 유형의 문제해결에 필요한 실행 전략
- 베스트 프랙티스로 삼을 만한 구체적인 절차나 프로세스

실제 지향 서술적 연구의 과정은 [흐름도 3C]에서 보여주고 있다.

10.3.2 실제 지향 서술적 연구를 위한 연구 전략

만약 연구를 시작하는 시점에서 관련 변인을 모른다면, 관찰하거나 측정할 수 있는 지표를 알아내는 것이 불가능하다. 따라서 어떤 연구 전략을 사용해야 할지 막막하고 자료 분석 방법도 알 수가 없다. 실험이나 설문조사 같은 연구 전략은 최소한 한 개 이상의 변인에 대해 알고 있어야 할 수 있다. 관련 변인을 모르는 상황에서는 차라리 전반적인 상황에 대해 탐색할 필요가 있다. 그 과정에서 확인하고 기술해야 할 변인을 찾아내야 한다. 예를 들어, "직원들이 불평하는 사항들"에 대해 알고 싶다면, (a) 직원의 종류와 여러 상황의 유형을 구분하고, (b) 불만의 종류

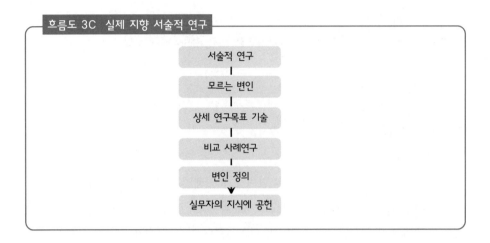

흐름도 3C　실제 지향 서술적 연구

> 서술적 연구
>
> 모르는 변인
>
> 상세 연구목표 기술
>
> 비교 사례연구
>
> 변인 정의
>
> 실무자의 지식에 공헌

를 기술하고, (c) 각 상황에서 도출한 불만들을 비교하면서 불만의 유형을 만들어 간다. 다른 예로 어떤 정책의 "실행전략"에 대한 지식을 알고 싶다면, (a) 유사한 정책이 수행된 적이 있는 상황들을 확인하고, (b) 여러 유형의 실행전략을 기술한 후, (c) 각 상황에서 일어났던 실행전략들을 비교하면서 실행전략의 유형을 만든다. 여기서 말한 상황이란 곧 사례를 말한다. 그 상황들은 관련 상황들의 합, 예를 들어 실무에서 불만이 존재하는 상황들 전체라든지, 유사한 정책이 실행되었던 상황들 전체를 모집단으로 보고 여기에서 뽑아낸 것이라고 볼 수 있다. 분석은 주로 비교 를 통해 하므로, 서술적 실제 지향 연구에서 사용하는 연구 전략은 비교 사례연구 라 볼 수 있다. 서술적 연구의 결과물은 실무자의 지식에 공헌하는 것인데, 11장에 있는 연구의 예시를 참고하기 바란다(11.4와 11.5 참고).

10.4　요약

본 장은 실제 지향 연구에 대해 설명하였으며 다음과 같이 요약할 수 있다.

- 필요조건이나 충분조건 가설을 검증하는 연구 – **실험 혹은 단일 사례연구에 의한 가설 검증**
- 결정적 관계인 가설을 검증하는 연구 – **실험이나 비교 사례연구에 의한 가설 검증**
- 확률적 관계인 가설을 검증하는 연구 – **실험, 설문조사, 비교 사례연구에 의한 가설 검증**
- 두 개의 알려진 변인 간의 관계에 대한 연구 – **실험이나 비교 사례연구에 의한 가설 수립**

- 하나의 알려진 변인(독립 혹은 종속)과 아직 모르는 변인(종속 혹은 독립) 간의 관계에 대한 연구 – **실험이나 비교 사례연구에 의한 가설 수립**
- 아직 모르는 독립변인과 종속변인 간의 관계에 대한 연구 – **실험이나 비교 사례연구에 의한 가설 수립**
- 비교 사례연구를 통해 관련 변인을 발견하고 기술하기

실제 지향 사례연구를 설계하고 수행하는 방법에 대해서는 11장에서 자세하게 설명할 것이다.

제11장
실제 지향 사례연구

본 장에서는 실제 지향 연구를 가설 검증, 가설 수립, 서술적 연구 중 하나로 결정한 다음에 이를 사례연구로 수행하는 방법에 대해 설명하고자 한다. 여기서 다룰 전반적인 내용은 다음과 같다.

- 11.1 실제 지향 연구의 설계와 진행 방법
- 11.2 사례연구 6: 신제품 개발에 필요한 유연성의 보유 여부 평가
- 11.3 사례연구 6의 방법론 성찰
- 11.4 사례연구 7: 표준화 관련 베스트 프랙티스 모형 구축
- 11.5 사례연구 7의 연구 방법론 성찰

11.1 실제 지향 사례연구의 설계와 실행 방법

11.1.1 서론

10장의 10.4에서는 7가지 실제 지향 연구를 요약하여 보여주었다. 이 유형들과 제2부(5장, 6장, 7장)에서 논의했던 이론 지향 연구의 유형들은 매우 비슷하다. 실제 지향 사례연구를 설계하고 수행하는 많은 단계들도 이론 지향 사례연구의 단계들과 동일하기 때문에서 여기서는 반복할 필요가 없다. 실제 지향 사례연구와 이론 지향 사례연구는 두 가지만 다를 뿐인데 사례를 선정하는 것과 연구 결과의 시사점 부분에서 다르다. 이는 두 방법의 목적이 다른 데서 발생한 것이다. 본 장

에서는 이 두 가지 이슈에 대해서만 논의하고자 한다.

11.1.2 사례 선정

이론 검증 연구에서는 명제를 검증할 때, "가장 잘 부합할 것 같은, 즉 입증에 유리한most likely" 사례 혹은 "가장 부합하지 않을 것 같은, 즉 입증에 불리한least likely" 사례를 모집단에서 선정한다. 그러나 실제 지향 가설 검증 연구를 수행할 때는 이론적 관점에 대해서는 관심이 없다. 예를 들어, 어떤 회사에서 혁신 프로젝트의 성공 요인에 대한 가설을 검증한다고 하자. 검증을 위해 사내에서 한 개 혹은 몇 개의 프로젝트를 선정하면 된다.

마찬가지로 실제 지향 가설 수립 연구를 수행할 때는 사례 선정을 실제 현장이라는 경계 내에 제한한다. 이때 사례 선정의 가장 중요한 기준은 이론 수립 사례연구와 마찬가지로 이미 알고 있는 변인의 값을 최대한 확장할 수 있느냐이다. 즉 종속변인은 알고 있지만 독립변인에 대해 아직 모른다면, 종속 변인의 변량을 최대화하는 사례를 선정해야 한다.

실제 지향 서술적 연구에서의 사례 선정 또한 연구가 지향하는 실제영역의 사례들에 제한된다.

11.1.3 연구 결과의 시사점

이론 지향 연구에서는 가설을 입증하거나 기각하는 것으로 이론적 시사점을 제안한다. 이후에는 다른 사례를 통해 반복연구를 할 수도 있고 검증할 명제를 다시 만들 수도 있다. 이론 지향 연구는 단 한 번의 검증만으로 그 명제가 참이라고 말하지 않는다. 그러나 실제 지향 연구는 가설을 입증하거나 거절하는 것으로 그 가설이 실제 현장에 적용가능한지를 자신 있게 얘기한다. 즉, 검증 결과를 갖고 조치를 취할 수 있을 정도로 직접적인 시사점을 준다.

가설 수립 연구를 해서 나온 결과물은 가설 그 자체이다. 그리고 최초 검증이라는 의미도 함께 있기 때문에 가설은 연구 대상인 사례들에서는 참이 된다. 만약 다른 현장에도 가설을 적용하고자 한다면 가설 검증 연구를 해봐야 한다. 예외가 있다면 현장 전체를 연구해서 가설이 도출된 경우이다. 예를 들어, 한 회사에서 팀장의 관리 스타일과 팀 성과 간에 어떤 가설을 수립하였다면 그 회사에서는 더 이상의 검증은 필요가 없다.

서술적 연구를 하게 되면 사례 내에 존재하는 변인들, 예를 들어 불만이나 실행 전략 같은 변인의 유형을 기술하게 된다. 서술적 연구가 현장 전체를 모두 연구한 거라면 그 결과 또한 그 현장에 참이라고 말할 수 있다.

설명상자 15   실제 지향 "속성 사례연구"(Flash Case Study)

[흐름도 1] 참고

준비 단계

1. 연구 주제 정의
- 이 책에서는 "명제"와 "가설"의 의미를 구분하여 사용하였다. 명제는 이론의 한 부분으로, 가설은 연구의 한 부분으로 정의하였다. 그렇지만 학계의 동료 연구자들은 두 용어를 동의어로 사용하는 점에 주목하였고, 우리는 두 단어의 사용 방식이 다를 수도 있다는 생각을 하게 되었다.

2. 연구 목적 정의([흐름도 3] 참고)
- 우리는 실제 지향 사례연구를 빠르게 하고 싶었다. 이를 통해 가설과 명제를 구분하는 것이 경영연구 분야에서도 수용되는지 알아보고 싶었다.
- 실제 탐색. 우리는 다음과 같은 가설을 만들었다. "미국경영학회(American Academy of Management)에서 발간하는 학회지에서는 명제라는 단어를 이론적 연구에, 가설이라는 단어는 실증적 연구에서 사용할 것이다"
- 이론 탐색. 연구방법론에 관한 문헌을 찾아보니 우리가 제안한 것처럼 가설과 명제는 달리 정의하고 있는 경우가 많았다.

3. 상세 연구목표 결정([흐름도 3A])
- 본 연구의 목적은 가설을 검증함으로써 명제와 가설이라는 용어를 경영학 연구에서 사용하는 것에 대한 우리의 지식에 공헌하는 것이다(실제 지향 가설 검증 연구).

연구 단계

4. 연구 전략 선정

- 가설 명료화: (a) Academy of Management Review(AMR) 학술지에서는 명제라는 용어를 사용한다(충분조건). (b) Academy of Management Journal(AMJ)에서는 가설이라는 용어를 사용한다(충분조건).
- 연구 목적: 위의 두 가설의 검증
- 연구 전략: 병렬적 단일 사례연구

5. 사례 선정

- 후보 사례: 지난 4년간 두 학술지에 실린 학술 논문
- 사례 선정: 임의 선정 방식으로 각 학술지마다 두 권을 선정하고, 각각에 실린 5편의 논문을 선정

6. 측정

- 측정: 논문마다 가설 혹은 명제라는 단어가 사용되었는지를 육안으로 검사함. AMJ는 명제라는 단어가 사용된 빈도를 계산하고, AMR에서는 가설이라는 단어가 사용된 빈도를 계산

7. 자료 분석

- 분석: 예상하지 않은 단어, 즉 AMR에서는 가설, AMJ에서는 명제를 사용한 빈도가 0보다 크다면 가설을 기각
- 결과: 예상하지 않은 단어의 사용빈도는 0이 나왔으므로 가설은 입증되었음

시사점 및 보고 단계

8. 결과

- 검증 결과(20개 입증, 0개 기각)는 "미국경영학회(American Academy of Management)에서 발간하는 학술지에서는 명제라는 단어를 이론적 연구에서 사용하고 가설이라는 단어는 실증적 연구에 사용된다"는 가설은 맞다.
- 실무적 결정: 경영학 연구에서 새로운 아이디어를 기술할 때는 그것이 명제인지 가설인지 구분해서 기술할 필요는 없다.

9. 보고 결과

- 단 10분밖에 안 걸린 이 연구를 실제 지향 사례연구의 기본적인 아이디어를 보여주는 "속성 사례연구"(flash case study)로 사용할 수 있겠다고 생각하였다. 독자 중에도 비슷한 실무적 문제를 갖게 된다면 "속성 사례연구"를 수행해 볼 수 있을 것이다.

실무자의 결론

- 실무자들, 즉 본서의 저자들은 가설과 명제에 대한 우리의 정의를 독자들이 받아들이지 않을 것이라고 두려워할 필요는 없다고 결론을 내렸다.

11.2 사례연구 6: 실제 지향 가설 검증 사례연구

신제품 개발에 필요한 유연성의 보유 여부 평가[1]

Murthy Halemane Felix Janszen

11.2.1 서론

모든 것이 변하는 세상이다. 기업이 어제와 동일한 방식으로 일을 한다면 반드시 실패하고 시장 지위마저 잃게 된다. 역동적인 시장에서 제품의 수명주기는 점차 짧아지고 있고, 과거의 제품은 새로운 제품으로 자주 대체해야 한다. 출시한 제품을 개선하거나 다시 설계하여 완전히 새로운 모습으로 내놓아야 한다. 기업은 최적의 순간에 정확한 신제품을 출시할 능력을 갖추어야 스스로 경쟁력을 창출해 나갈 수 있다.

우리가 연구 대상으로 삼은 곳은 유럽의 한 전자회사로서 비교적 짧은 수명주기를 가진 첨단 전자제품을 개발하고, 생산하고, 판매하고 있다. 이 기업은 신제품을 개발하고 출시할 수 있는 능력을 필요로 했으며, 이에 필요한 자원기반 역량을 자신들이 충분하게 보유하고 있는지를 평가받고 싶어 했다. 따라서 본 연구의 목적은 이 기업이 신제품의 개발과 출시에 필요한 역량에 어떤 문제가 있는지를 평가하고, 만약 문제가 있다면 그 문제가 무엇인지를 명료하게 밝히는 것으로 하였다.

---

1) 본 장은 다음의 연구에 근거하고 있음: Halemane, D.M. and Janszen, F.H.A. (2004) Flexibility in Operations and Businesses Innovation, *Global Journal of Flexible Systems Management, 5*(2), pp. 23-41.

11.2.2 가설

연구 목적을 달성하기 위해 기존에 개발된 이론, 즉 기업의 전략적 유연성은 운영 유연성operation flexibility에 의해 결정된다는 이론을 활용하기로 하였다. 전략적 유연성은 기업이 시장의 요구에 얼마나 잘 대응하느냐와 관련된 개념이다. 따라서 유연성을 기업이 적절한 순간에 신제품을 출시하는 능력이라고 정의하였다. 바람직한 수준의 매력, 품질, 가격을 갖춘 신제품을 조기에 출시할수록, 그 결과로 시장 점유율이 높아진다는 것이 우리의 가정이었다. 운영 유연성은 기업이 짧은 시간에 신제품을 개발하는 능력으로 정의할 수 있다. 우리는 신제품의 부품에 표준 설계가 재사용되는 정도가 신제품의 개발에 소요되는 시간과 직접적으로 역상관이 있다고 가정하였다. 이러한 이론적 관점을 갖고 다음과 같은 가설을 만들었다.

신제품의 부품에 표준 설계를 재사용한 정도는 신제품의 시장 점유율 향상에 직접적으로 영향을 준다.

위 가설은 제품개발 과정에서 표준 설계를 재사용한 정도와 시장 점유율 간의 관계를 표현하고 있다. 이 가설을 입증한다면 기업들은 신제품을 설계하고 출시하는 현재의 자원기반역량과 관련하여 교훈을 도출할 수 있을 것이다.

우리는 이 가설을 한 가지 방법으로만 검증할 수 있었다. 신제품을 출시하려는 시장뿐만 아니라 신제품을 개발하는 프로세스에 대해서도 기업이 갖고 있는 전문성과 경험을 활용하여 검증을 하여야 했다.

기업이 갖고 있는 프로세스와 기업이 아는 시장에 대한 지식을 컴퓨터 모형을 만들었고, 이는 다음과 같은 장점이 있었다.

❶ 표준 설계가 재사용된 비중에 따라 몇 개의 시나리오를 만들 수 있었다. 각 시나리오마다 표준 설계가 재사용된 비중을 담았고, 이를 통해 개발 프로세스가 줄어든 정도를 산정할 수 있었다.

❷ 신제품 출시와 관련된 몇 개의 시나리오를 만들었다. 여기에는 제품의 매력도와 가격을 담았을 뿐만 아니라 출시 시점의 시나리오에 따라 시장 점유율을 산정할 수

있었다.

신제품을 적절한 시점에 낮은 가격으로 출시하기 위해서는 충분한 매력을 갖고 있으면서도 낮은 비용으로 생산해야 한다. 이는 표준 설계를 재사용하는 정도에 따라 결정될 것이다. 마지막으로 신제품 개발 과정 모형을 평가하고, 운영 유연성의 수준을 어느 정도나 높여야 하는지를 추론하였다.

11.2.3 측정

첫 번째 탐색 단계에서 한 일은 상황을 파악하기 위해 "초점 집단"focus group을 만든 것이다. 이 모임에 제품 개발 부서에 근무하는 두 명의 관리자가 참여하였다. 두 사람은 같은 부서에서 근무하지만 배경은 전혀 달랐다. 한 사람은 마케팅, 다른 한 명은 기술개발에 전문성을 갖고 있었다. 두 사람은 다른 부서에서 하는 일에 대해서도 잘 알고 있었기에 통합적 관점을 갖고 회사의 전반적인 상황을 잘 대표해 주었다. 우리는 참가자들과 편안하고 비공식적인 분위기에서 모임을 가졌고, 최선을 다해 이들의 지식과 전문성을 끌어낼 수 있었다. 이 모임에서는 부서별로 요구되는 역량에는 어떤 것이 있는지, 시장의 특징은 무엇인지, 회사의 신제품 전략이 기술주도인지 아니면 시장주도인지, 회사가 신제품을 개발, 제조, 출시하는 데는 어떤 활동들이 있는지도 알아보았다.

두 번째 탐색 단계에서는 제품 개발 프로젝트를 담당하는 여러 팀 리더들, 그리고 마케팅과 기술개발 부서의 관리자들로부터 정보를 수집하였다. 또한 여러 문헌자료들을 검토하였는데 생산과정의 속성, 기술과 제품 포트폴리오, 경쟁사의 시장 포지션과 역량에 대해 파악하였다. 팀 리더들과의 집단 토론에서는 제품 중에서 하나를 선정하여 신제품 개발 과정을 파악해 보았다. 개발 과정의 세부 단계마다 보통 얼마나 많은 시간이 소요되는지, 그리고 각 단계의 소요 기간을 결정하는 인자들은 무엇이 있는지를 알아보았다. 이들이 제공한 현재의 제품개발 상황에 대한 정보를 바탕으로 컴퓨터 시뮬레이션 모형을 만들었다(Janszen, 2000).

세 번째 단계에서는 앞에서 파악한 정보들, 즉 초점 집단과의 세션에서 나온 정보들과 제품개발 프로젝트를 담당하는 여러 팀 리더에게서 나온 정보, 여러 기능 부서 관리자들이 제공한 정보, 사내 문서로부터 파악한 정보를 활용해서 우리가 선정한 제품들이 신제품 개발 기간 중에 표준 설계를 재사용하는 비중이 증가할수록 효과가 얼마나 있는지 산정하였다. 이때 계산한 수치는 다시 팀 리더들과 논의하였고 얼마나 현실적인지를 평가하도록 하였다.

비슷한 방식으로 회사의 전문가들과 함께 선정한 제품들의 시장 점유율이 출시 시점, 가격, 매력성에 의해 얼마나 영향을 받는지 모형을 개발했다. 즉, 출시 시점, 매력성의 수준, 가격 수준을 여러 단계로 나누어 몇 개의 시나리오를 개발했고, 제품들의 시장 점유율 변화를 산정하면서 사내 전문가들로 하여금 현실과 맞는지 평가하도록 하였다.

11.2.4 자료 분석

신제품 개발 과정에서 부품의 표준 설계 재사용 정도를 0%부터 30%까지로 하는 7가지 시나리오를 개발하였다. [그림 11.1]은 이 7개 시나리오별로 연간 판매량이 얼마나 되는지를 보여준다. 즉, 부품의 표준 설계 재사용을 최고 30%까지 사용할 경우 연간 판매량은 약 50% 정도 증가할 수 있다는 것을 보여준다.

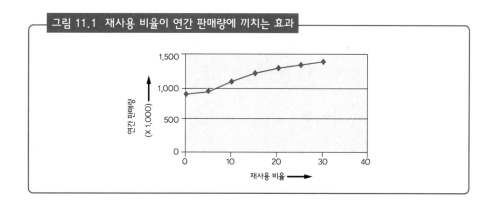

그림 11.1 재사용 비율이 연간 판매량에 끼치는 효과

11.2.5 결론 및 시사점

우리의 가설은 입증되었다. 이 회사의 신제품에 표준 설계를 재사용하는 정도는 연간 판매량에 직접적이고 긍정적인 영향을 주며, (가정하건대) 시장 점유율에도 긍정적인 영향을 준다. 신제품의 부품에서 표준 설계 재사용 비중을 30%까지 사용할 경우 판매량은 50% 증가하였다.

회사는 6개의 시나리오가 현실성이 있다고 보았고(표준 설계 재사용 비율이 30%였던 시나리오를 포함하여), 검증 결과에 근거해서 자신들이 전략적 유연성을 실현하는 데 필요한 운영 유연성을 충분히 갖고 있다고 결론을 냈다.

11.3 사례연구 6의 방법론 성찰

11.3.1 서론

사례연구 6에서는 유럽의 한 기업이 신제품을 개발하는 역량에 대해 다루고 있다. 이 회사는 짧은 수명주기의 전자제품을 개발, 제조, 판매하고 있는데, 신제품을 개발하고 출시하는 데 필요한 자원기반역량을 자신들이 충분히 확보하고 있는지 평가해보고 싶어 했다.

11.3.2 연구 목적

이 연구는 기업이 알고 싶어 하는 지식을 발견하기 위해 실시하였다. 기업은 자기들이 신제품을 성공적으로 출시하는 역량을 가졌는지 알고 싶어 했다. 그래서 이론을 탐색하여 몇 가지 명제를 확인하였고, 이를 기초로 다음의 가설을 만들었다.

> 부품에 표준 설계를 재사용한 정도가 신제품의 시장점율에 직접적이고 긍정적인 영향을 끼친다.

가설 검증 연구의 목적은 가설이 참인지를 검증함으로써 이 기업의 신제품개발 전략에 공헌하는 것이다. 가설을 입증하면, 시장 점유율을 올리기 위해서는 신제품 표준 설계를 얼마나 많이 재사용해야 하는지를 알려줄 수 있다. 가설이 기각되면 부품의 표준 설계를 늘린다고 시장 점유율이 올라가지 않는다고 알려줄 수 있지만, 시장 점유율을 증대시키는 다른 대안은 알려줄 수 없다.

11.3.3 연구 전략

결정적 관계의 가설을 검증할 때는 실험이 제일 좋은 연구 전략이다. 신제품 개발에 표준 설계를 이용하는 수준을 조절하면서 시장 점유율이 어떻게 달라지는지를 찾아낼 수 있다. 그러나 이런 실험을 하려면 상당한 비용이 발생하고 위험 또한 감수해야 한다. 단순히 어떤 문제가 있는지를 발견하겠다는 연구의 목적을 갖고는 이런 위험을 정당화할 수 없다.

결정적 관계의 가설을 검증할 때 실험 다음으로 좋은 연구 전략은 사례연구다. 신제품 개발에 대해 종단적 사례연구를 한다면 독립 변인의 값이 시간별로 달라져야 하는데 실제 사업 상황에서는 현실적이지 않다. 그러나 컴퓨터 시뮬레이션 모형을 사용하면 분석에 필요한 가상의 결과를 만들어낼 수 있고 앞에서 언급했던 세 가지 문제도 해결할 수 있다. 즉, (a) 독립 변인의 값이 시간별로 달라져야 하는 문제, (b) 신제품 개발 프로젝트에 관한 자료 수집 비용, (c) 실험에 드는 비용과 위험 문제를 모두 해결할 수 있다. 앞의 6장과 7장의 사례연구 3과 4와 같이 이 연구에서 만든 컴퓨터 시뮬레이션은 시나리오 형식의 다중 사례를 만들어 냈고, 사례 간의 비교도 가능하게 해 주었다.

11.3.4 후보 사례

회사의 모든 신제품 개발 프로젝트들이 본 연구의 후보 사례들이다.

11.3.5 사례 선정

"초점 집단"에 참여한 두 관리자와 의논하여 제품군을 선정하였다. 신제품들은 모두 이 제품군에 속하며, 각 신제품마다 표준 설계의 재사용 수준이 달랐다. 부품의 표준 설계 재사용 정도에 따라 7개의 시나리오를 [그림 11.1]과 같이 만들었다.

11.3.6 측정

제품의 출시 시점에 따라 시잠 점유율을 보여주려면 시장과 신제품 개발 과정에 대한 상황을 이해한 후, 이를 컴퓨터 프로그램 모형으로 만들어야 했다. 두 개의 모형을 만들었는데 하나는 신제품 출시 시점의 효과에 대한 것이었고, 다른 하나는 표준 설계의 재사용 정도에 따른 효과였다. 두 번째 모형의 산출 결과, 즉 표준 설계를 재사용해서 줄어든 개발 시간을 날짜로 환산한 결과 값은 첫 번째 모형에 투입 자료로 사용할 수 있었다.

11.3.7 자료 제시

[그림 11.1]은 표준 설계 재사용 비중이 다른 7개 사례별로 연간 판매량에 대한 자료를 보여주고 있다. 연간 판매량은 시장 점유율을 대신하여 사용하였다.

11.3.8 자료 분석

결정적 관계가 들어있는 가설을 검증하기 위해 7개 사례를 독립 변인(표준 설계의 재사용 정도)에 따라 순서대로 배열하고 또 종속 변인(연간 판매량)의 순서에 따라 배열하였다. 그 다음에는 양쪽의 배열 순서를 내림차순으로 배열했더니 정확하게 동일하였다(6장 참고). [그림 11.1]의 자료들을 볼 때 가설은 입증되었다고 보았다.

11.3.9 실제적 시사점

사례연구 6은 (a) 연구 결과와 (b) 실무자들이 이 결과를 갖고 알 수 있는 것을 분명하게 구분해주고 있다. 연구의 결과는 가설을 입증한 것이다. 이 회사의 신제품에서 표준 설계를 재사용한 정도가 연간 판매량, 더 나아가서 시장 점유율에 직접적이고 긍정적으로 영향을 준다고 볼 수 있다. 신제품의 부품에 표준 설계를 30% 재사용할 경우 판매량은 50% 증가할 수 있다. 회사에서는 이 같은 검증의 결과를 보고 전략적 유연성에 필요한 운영 유연성을 충분히 보유하고 있다고 결론을 내렸다.

여기서 주목할 점은 연구의 결과가 시뮬레이션 모형이 만들어낸 자료에 근거하고 있다는 것이다. 따라서 이 연구의 결과는 시뮬레이션 모형과 이 모형에 투입된 자료의 질에 따라 달라진다. 그러므로 회사 전문가들과의 회의를 통해 시뮬레이션의 모형, 그리고 모형의 결과가 현실성이 있는지를 논의하고 확인하는 것이 매우 중요하다.

11.4 사례연구 7: 실제 지향 서술적 연구

표준화에 관한 베스트 프랙티스 모형 구축[2]

Henk J. De Vries Florens Slob

11.4.1 서론

기업은 표준화를 위해 많은 노력을 기울인다. 표준화를 통해 효율성과 품질 수준을 끌어올리고 사업 성과를 향상할 수 있기 때문이다. 특히 화학이나 석유화학 같은 장치산업에서는 표준화 노력을 통해 설계나 시공 비용, 구매 비용, 교육 훈련 비용을 절감하고 설계 오류와 재작업을 최소화할 수 있는 것으로 알려져 있다(Simpkins, 2001). 장치산업계의 기업들은 ISO(International Organization for Standardization)와 API(American Petroleum Institute)와 같은 외부 표준을 선호하는 경향이 있다(Barthet, 2000; Qin, 2004; Thomas, 2004). 그러나 이런 외부 표준들이 기업의 요구를 늘 만족시키는 것은 아니므로 기업들은 자기들만의 요구에 맞는 "사내 표준"을 만들게 된다.

우리 연구진들은 6개 석유화학기업들(Akzo Nobe, DSM, Gasunie, NAM, Shell, Dow Chemical)에게 연구 제안을 하였다. 각 기업에서 일어나는 표준화 활동을 서로 비교하고 평가한다면 회사의 표준화 성과 또한 개선될 수 있다고 설득하였고 결국 받아들여졌다. 우리는 연구 목적을 두 가지로 설정하였는데, (1) 프로젝트에 참가한 여섯 개 기업에서 사내 표준으로 실행할 수 있는 "베스트 프랙티스"를 설계하는 것, (2) 사내 표준에 관한 지식 체계에 기여하는 것을 목적으로 삼았다. 첫 번째 연구 목적은 실제 지향 연구의 목적과 일치하므로 사례연구 7에서는 이를 중심으로

2) 본 장은 다음의 연구에 근거하고 있음: Oly, M. P. and Slob, F. J. C. (1999). *Benchmarking Bedrijfsnormalisatie - Een best practice* voor de procesindustrie. Rotterdam: Erasmus Universiteit Rotterdam, Faculteit Bedrijfskunde, and De Vries, H.J.(2006) Best Practice in Company Standardization. *International Journal for IT Standards and Standardization Research, 4*(1), pp. 62-85.

다루고자 한다.

우리 연구진은 운영 위원회를 만들었는데 여기에는 연구에 참여한 기업들에서 표준화 관련 업무를 담당하는 관리자들, 네덜란드 국가표준 기구인 NEN의 수석 컨설턴트, 네덜란드 표준 수요자들의 조직인 NKN의 회장이 참가하였다.

11.4.2 지침이나 기준의 부재

베스트 프랙티스란 다른 데서 사용하는 방법 혹은 이미 널리 알려진 방법 중에 가장 우수한 업무 방법으로서 실제로 사용되고 있어야 한다. "베스트"best라고 불릴 만한 업무 방식은 다른 조직에도 적용할 수 있는 것이어야 하는데, 어떤 업무 방식이 최고인지를 알려면 업무 방식을 평가할 수 있는 기준을 필요로 한다. 그렇다면 어떤 사내 표준이 최고인지를 평가하기 위해서는 어떤 기준을 사용해야 할까?

사내 표준이 다른 표준보다 훨씬 많기는 하지만 표준 간의 상대적 중요성을 다룬 연구는 없었다. 얼마 안 되는 사내 표준 연구들(Susanto, 1988; Schacht, 1991; Adolphi, 1997; Hesser와 Inklaar, 1997 Section 5; De Vries, 1999 Chapter 14; Rada와 Craparo, 2001)은 처방적 연구보다는 서술적 연구들이었으며, 사내 표준의 장점을 최대한 활용하는 방안에 대해서는 다룬 것이 없었다. 결국 우리가 적용할 수 있는 이론적 틀은 없었다.

기업들도 좋은 표준에 대한 자체 기준을 갖고 있지 않았다. 표준의 유형과 사용 목적은 회사 내에서도 회사 간에도 크게 달랐다. 기업 내 사내 표준의 유형에는 크게 두 가지가 있었는데 하나는 제품에 대한 표준이고(전체의 약 10% 정도) 다른 하나는 시설에 관한 것이었다(약 90% 정도). 화학 제품에 대한 표준은 제품의 요구 사항을 구체적으로 정의하는 표준과 제품을 시험하는 방법에 관한 표준으로 구성되어 있었다. 시설에 관한 표준은 대체로 제조 설비를 설계, 시공, 유지보수하는 방법에 대한 엔지니어링 솔루션을 다루고 있었다(Simpkins, 2001). 사내 표준의 목적과 관련해서 보면, 안전에 관한 표준은 무사고no accidents를 지향하고 있는 반면, 배관의 길이를 규정하는 것과 같은 표준은 비용 절감이 주된 목적이었다.

사내 표준은 각각의 기준을 갖고 평가해야지 일반적인 기준으로 품질을 결정하는 것은 불가능하였다. 이런 이유로 우리는 베스트 프랙티스를 표준화 과정에서 나온 산출물product, 즉 사내 표준 그 자체보다는 표준화 과정process 자체의 품질을 기준으로 평가하기로 결정하였다. 그러나 여러 문헌에서 사내 표준을 설계하는 과정을 조사하였지만, 표준화 과정의 품질을 결정하는 기준 역시 찾을 수가 없었다. "베스트" 프랙티스에 관한 기준과 마찬가지로 표준화 과정에 관한 기준 또한 본 연구를 통해 발견해야 할 대상이었다.

우리는 각 기업을 개별적으로 방문하면서 표준화를 담당하는 직원과 미팅을 가졌고, 각 기업의 표준화 정책과 운영에 대해 개괄적인 설명을 들을 수 있었다. 우리가 했던 질문에는 '회사에서는 표준화를 어떻게 정의하고 있는지? 그동안 표준화한 것에는 어떤 것들이 있고, 어떻게 했고, 왜 그렇게 했는지?'와 같은 것들이 있었다. 첫 번째 미팅의 특징은 인터뷰라기보다는 가벼운 대화에 가까웠다. 일부러 구조화하지 않은 형식으로 진행했는데 회사의 상황을 선입관 없이 탐색해 보기 위한 목적이었다. 또한 회사의 표준화 상황에 대해서도 짧은 시간에 "간편 검사"quick scan를 할 수 있었다. 우리는 사내 표준화에 관한 프로세스 모형을 개발했는데, 일부는 인터뷰에서 나온 정보를 활용했고 일부는 Chiesa 등(1996)이 개발한 혁신의 프로세스 모형을 활용했다. 이 모형은 네 개의 핵심 과정과 네 개의 촉진 과정으로 구성되어 있다([그림 11.2] 참고).

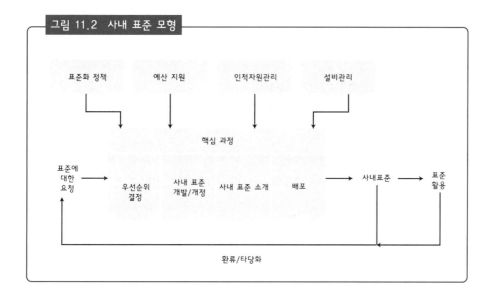

그림 11.2 사내 표준 모형

핵심 과정

❶ 우선순위 결정: 개발할 사내 표준을 누가 어떤 기준으로 결정하는지 정한다.

❷ 사내 표준 개발: 개발 과정은 시험판, 품평회, 최종판, 승인 절차로 구성된다.

❸ 사내 표준 소개: 사내 표준을 승인한 후에는 사용자들에게 배포해야 한다. 이 과정에서 사내 표준의 장점과 선정 이유를 설명한다. 사내 표준을 잠재 사용자들에게 더 많이 알릴수록 표준을 사용할 가능성이 높아지고 표준 개 발자들이 의도한 바대로 사용할 것이다. 사내 표준에 대한 "홍보"는 배포 이후에도 계속되는 경우들이 있다.

❹ 사내 표준 배포: 이 단계는 사내 표준을 사용자들이 빨리 그리고 쉽게 이 용하도록 하는 것이 목적이다. 배포는 사내의 인트라넷을 통해 등록을 받 은 후에 주문을 받거나 "주문형 출판방식"publishing on demand 과정을 거 친다.

촉진 과정

❶ 표준화 정책은 위의 핵심 과정을 운영하기 위해 필요하며 회사 단위에서는 일반 정책으로, 부서 단위에서는 좀 더 세분화된 정책으로 수행한다.

❷ 자금 조달은 핵심 과정의 예산 지원을 위해 필요하다. 표준화 활동은 투자 를 동반한다. 비용이 들어야 합당한 결과가 나오는 법이다. 손익분기점은 몇 년이 지나야 이르곤 한다.

❸ 인적자원관리는 꼭 필요한 지원 과정이다. 역량을 갖춘 인력이 표준화 정 책을 입안해야 한다.

❹ 설비관리(시설/장비 운영)는 핵심 과정을 위해 필요하다. 사내 표준을 인트 라넷으로 출판하려면 IT뿐만 아니라 여러 도구 지원이 필요하다.

[그림 11.2]에서는 여러 관련 개념들에 대해 설명하고 있다. 모형의 오른쪽은 산출물, 즉 '표준의 활용'이라는 개념이 위치하고 있다. 사내 표준은 결국 실무에서 올바른 방식으로 사용될 때 성공한 것으로 간주될 수 있다. 표준 그 자체의 품질은 매우 높지만 실무에서 사용되지 않으면 아무런 가치가 없다. 잠재적인 사용자들이

표준을 사용하겠다는 의지를 갖고 표준을 이해하고 사용할 능력을 갖추어야 한다. 모형의 왼쪽은 과정의 시작으로서 "표준에 대한 요청"이라는 개념이 위치해 있다. "표준에 대한 요청"은 현장에서 어떤 "문제를 인지"하고 이에 대응하려고 만든 요건들이다. 마지막으로, 모형의 아래에는 환류선^{feedback loop}이 있다. 표준의 활용을 평가함으로써 철회, 유지, 변경에 대한 결정을 할 수 있다. 사내 표준을 개발한 후에는 표준이 생산성에 기여하는지와 표준 사용자들이 만족하는지를 평가해야 한다. 사용자들의 환류^{feedback}는 표준을 개발하기로 결정했던 사람들뿐만 아니라, 표준을 개발한 사람들에게도 반드시 전달되어야 한다. [그림 11.2]는 단지 하나의 전반적인 환류선을 보여주지만 실제로는 표준화 과정의 각 4단계마다 환류선을 운영하게 된다.

우리는 운영 위원회에 모형을 제안하였고, 기업별로 상이한 과정을 통합하는 공통의 모형으로 인정을 받았다. 유의할 점은 이 모형이 일련의 표준화 과정을 표현한 것이지 그 자체로서는 베스트 프랙티스는 아니다. 어떤 과정이 "베스트" 프랙티스인지는 여전히 결정해야 할 과제였다.

11.4.3 측정

여섯 회사에서 표준화 사례에 대한 실제 자료를 수집하였으며 다음과 같은 측정 목표를 설정하였다.

❶ 모형에서 정의한 핵심 과정과 촉진 과정을 실제 사례에서 구분할 수 있는지 파악한다.

❷ 핵심 과정과 촉진 과정이 어떻게 운영되는지를 상세하게 설명한다. 가능하면, 표준화 활동의 품질을 평가하는 데 실제로 사용하는 기준^{criteria-in-use}과 평가 절차를 포함토록 한다.

모형에 있는 8개 과정에 대한 질문을 면담 중에 사용할 질문지에 포함시켰다. 여섯 회사의 표준화 담당 관리자와 반구조화 면담을 진행하면서 각 과정의 운영 모습에 대해 조사를 하였다. 표준화 담당 관리자들은 한두 개 과정을 담당하고 있는 사람들을 소개해 주기도 했는데, 여기에는 표준을 작성하는 기술 관리자나 전문가,

표준 부서의 담당자들도 있었다. 우리는 각 회사마다 한 주 정도의 시간을 배정하여 사용했고, 15회에서 20회 정도의 면담을 실시했다(면담 한 회당 1~2시간 소요). 관찰, 비공식 대화, 사내 문서(예를 들어, 사내 표준 과정에 관한 문서) 등을 통해 추가 자료를 확보하기도 했다.

11.4.4 자료 제시

각 회사의 표준화 과정을 흐름도를 이용하여 상세하게 기술하였다. 우리가 처음에 만들었던 모형을 프레임워크frameworks로 사용하였는데 제법 유용한 것처럼 보였다. 각 회사마다 우리가 만든 모형과 유사한 과정이 있었다. 그런데 이들 과정의 내부에서 진행되는 실무를 살펴보면 회사마다 매우 다양한 상황이었다. 예를 들어,

- 어떤 회사는 표준화를 사내 정책으로 두고 있지만 어떤 회사들은 그렇지 않았다.
- 여섯 회사 중 세 회사는 현장 관리자로 구성된 표준화 위원회를 운영하고 있었고 표준화 담당 관리자가 이 위원회의 구성원이기도 했다.
- 두 회사에서는 사내 표준의 첨부에 "안내문"(why document)을 두고 있었다. 이 안내문을 통해 표준 개발 과정에서 있었던 가장 중요한 선택이나 결정의 근거를 알 수 있게 했다. 어떤 경우에는 표준 제작을 담당한 사람들의 이름도 들어가 있었다.

11.4.5 개념 정의

여섯 회사에서 실제 업무를 관찰한 후에는 연구진 내부에서 브레인스토밍 시간을 가졌고 표준화 업무에 적용할 기준을 만들었다. 이 과정에서 사내 표준에 관한 이론서나 실용서는 아이디어를 제공해 주지 않았고 대체로 쓸모가 없었다. 우리가 만들었던 기준들은 다음과 같았다.

- 사내 표준 정책이 베스트 프랙티스가 되려면 사내 표준에 관한 명확한 전략을 갖고 있어야 한다.
- 사내 표준 개발이 베스트 프랙티스가 되려면 표준 개발에 대한 분명한 프레임워크를 갖추고 최고경영자의 참여가 있어야 한다.

- 사내 표준 배포가 베스트 프랙티스가 되려면 안내문을 첨부로 갖고 있어야 하며, 이 문서를 통해 표준 개발 과정에서 있었던 중요한 선택이나 결정의 근거를 제공해 주고 있어야 한다.

위와 같은 기준을 어떻게 개발하게 되었는지 맨 마지막에 있는 사내 배포 표준을 예로 들어 설명하고자 한다. 면담에 응했던 한 사람은 배관의 부식을 다루는 배관 재질의 내구성 표준을 언급하였다. 사막에서는 배관이 부식되는 경우가 별로 없다고 한다. 배관 재질에 대한 내구성 표준을 적용하는 것은 오히려 불필요한 비용을 초래하게 된다. 만약 표준 문서의 부록에 "안내문"이 있고, 여기서 배관의 부식 방지는 특정한 조치를 따르되 상황에 맞게 적용해야 한다는 지침을 설명할 수도 있다. 그러면 나중에 표준 사용자가 특정 조건에서 표준을 따라야 할지를 결정할 수 있도록 도움을 준다. 이런 기준을 작성한 얼마 후에 우리는 이를 지지하는 내용들을 다른 문헌에서 발견하기도 했다(Brown과 Duguid, 1991: 45).

위와 같이 만든 기준들로 여섯 개 회사의 업무들에 적용을 하였고 기준에 충족하는 업무들을 선정할 수 있었다. 이런 절차를 거쳐 여섯 개의 회사들로부터 나온 다양한 요소들을 종합하여 베스트 프랙티스에 대해 정의를 내렸다. 베스트 프랙티스에 대한 세부 내용은 분량이 42페이지에 달해 여기서는 제시할 수 없다(Oly와 Slob, 1999를 요약한 De Vries, 2006). 우리는 어떤 기준에 관해서는 회사들에서 베스트 프랙티스를 발견하지 못했고, 문헌 조사나 브레인스토밍을 통해 찾아내기도 하였다. 여섯 회사에서 찾지 못해 우리가 만든 사례 중의 하나는 사내 표준 문서를 출판하는 베스트 프랙티스이다. 어떤 회사는 표준을 인쇄물로, 어떤 회사는 마이크로필름을, 어떤 회사는 CD-ROM을 쓰고 있었다. 그러나 우리는 인트라넷이 베스트 프랙티스라고 생각했다. 우리가 연구를 진행하던 시기에 사내문서를 인트라넷으로 배포하는 것은 매우 흔했지만, 여섯 개 회사에서는 모두 이를 활용하고 있지 않았다.

우리는 사내 표준 개발에 관한 베스트 프랙티스 제안서를 제출했고 우리 제안이 실무자들에게 어느 정도나 수용되는지 평가하고자 했다. 각 회사에서 프레젠테이션을 했고 피드백을 요청하는 형식으로 진행하였다. Chiesa 등(1996)이 수행했던 사례를 따라서 각 회사별로 과정에 대한 점수 카드를 만들었다. 과정의 각 요소에 1점(전혀 실행하지 않고 있음)부터 5점(제안에 따라 사용하고 있음)까지 점수를 줄 수 있었다. 예를 들어, 우리가 제안한 것 중에 사내 표준에 "안내문서"를 첨부하는 것이 있었다. 회사에서 우리의 제안에 따라 "안내문서"를 첨부하고 있다면 5점 점수를 주는 식이다. 만약 이 제안을 전혀 실행하고 있지 않다면 1점, 중요한 표준문서에 한정하여 첨부한다면 2점을 줄 수 있다. 우리는 모든 표준화 담당 관리자들에게 점수를 매기도록 요청했고 연구자들 스스로도 회사에 대해 점수를 매겼다. 최종 점수는 관리자와 연구자가 매긴 점수의 평균으로 결정했다. 회사의 점수와 연구진의 점수 차이가 1점을 넘으면 표준화 담당 관리자에게 연락을 취했다. 관리자가 베스트 프랙티스 그 자체에 동의하지 않는지, 아니면 회사의 현재 업무 수준에 대해 서로 인식의 차이가 있는 것인지를 알아보고자 했다. 만약 베스트 프랙티스에 관해 별 이견이 없다고 밝혀지면, 우리의 제안이 좋은 제안이었다고 일차적으로 판단했다.

그런 다음, 우리는 여섯 회사의 최종 점수들을 표로 집계하여 평균점수를 계산하였다. 각 점수들은 표 형태로 그리고 회사명을 익명으로 하여 제시했는데, 가장 흥미로운 것은 그래프였다. 그래프는 과정별로 만들었다. 그리고 어떤 수치가 어떤 회사의 것인지를 알 수 없도록 각 과정마다 회사들의 배치를 다른 순서로 하였다([그림 11.3] 참고). [그림 11.3]은 세 개의 막대그래프를 한 세트로 해서 총 7개를 보여주고 있다. 앞의 6개 그래프 세트는 우리가 제안한 표준 개발 과정의 세 개 기준에 대한 여섯 회사의 점수이다. 7번째의 그래프 세트는 세 기준의 평균 점수를 보여준다.

각 회사는 베스트 프랙티스 그리고 다른 회사와 비교하면서 자신의 현재 수준과 격차를 확인할 수 있다. 그러면서 격차가 생긴 이유를 분석하고 표준화 정책과

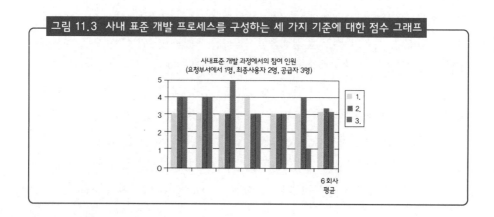

그림 11.3 사내 표준 개발 프로세스를 구성하는 세 가지 기준에 대한 점수 그래프

관련하여 향후에 강화할 영역과 개선할 영역을 결정하도록 하였다.

연구에 참여한 모든 회사를 위해 개요 보고서를 만들었고, 이와는 별도로 개별 회사별로도 작은 보고서를 만들었다. 어떤 회사도 전반적으로 높거나 낮지는 않았다. 표준화 특성별로 정말 다양한 모습을 보여주었지만 어떤 특성에서 낮은 점수는 다른 특성에서의 높은 점수로 균형을 잡고 있었다. 따라서 평균 점수로는 "좋은" 회사와 "나쁜" 회사가 구분이 안 되었다.

여섯 회사 중 다섯 회사에서 초점 집단을 구성했다. 여기에는 15명에서 20명이 참여하였는데, 표준화 담당 관리자, 기술부서의 관리자, 기술 전문가, 표준화 과정에 관여하는 직원들, 표준 담당자, 표준 사용자들로 구성하였다. 초점 집단 회의는 2~3시간 동안 열렸다. 처음 1시간은 프로젝트와 주요 연구 결과를 소개했다. 그런 다음, 베스트 프랙티스 그리고 다른 회사와 비교하여 자기 회사의 상대 점수를 어떻게 해석해야 하는지 논의하였다.

해석의 과정에서는 베스트 프랙티스의 문제점을 얘기하기도 했고 자기 회사의 점수가 왜 베스트 프랙티스보다 낮은지 이유를 진단하기도 했다. 베스트 프랙티스의 내용에 대한 코멘트 중 하나는 위에서 언급한 "안내문서"도 있었다. 대부분의 회사에서는 안내문서를 사용하든 안 하든 베스트 프랙티스로 인식하고 있지만 여전히 일부는 효용보다 비용이 크다고 여겼다. 그럼에도 우리가 제안한 모든 베스트 프랙티스는 다섯 개 초점 집단에서 실용적이라는 평가를 받았고 우리의 베스트 프랙티스 모형은 멋지게 테스트를 통과하였다.

초점 집단 외에도 연구 결과를 운영 위원회 그리고 네덜란드 표준화 및 자격 연구자의 학술 네트워크(Dutch Academic Network of Researchers in Standardization and Certification)에서 프레젠테이션을 하였다. 두 기관의 실무자들과 과학자들은 베스트 프랙티스의 모든 세부 내용을 충분히 논의하기에는 시간이 부족했지만 연구의 주요 결과에 대해 확인해 주었다.

11.4.6 시사점

본 연구의 목적은 여섯 회사의 사내 표준화 활동을 서술, 평가, 비교한 후, 표준화에 관한 베스트 프랙티스를 설계함으로써 각 기업의 표준화 절차를 개선하는 데 기여하는 것이었다. 연구는 두 개의 영역으로 구분되는데, 먼저 각 회사의 표준화 프로세스에 대해 서술했고 연구 중에 개발한 기준과 비교하여 평가하였다.

연구를 통해 나온 베스트 프랙티스를 프랑스, 독일, 인도, 네덜란드의 학술지에 발표하였다. 학계에서는 기업이 사내 표준을 어떻게 개발하고 운영하는지에 대한 서술적 데이터에 주로 관심을 갖고 있다는 점도 증명을 해 주었다(De Vries, 2006). 이와 같은 서술적 연구는 명제를 검증하는 후속 연구에 출발점을 제공하기도 한다. 우리는 베스트 프랙티스를 개발하면서 몇 가지 기준을 근거를 사용하였는데, 그 근저에 있는 가정들을 명제로 만들어서 검증할 수도 있을 것이다.

11.5 사례연구 7의 방법론에 대한 성찰

11.5.1 실제

사례연구 7은 네덜란드의 여섯 개 석유화학 기업들에서 이루어지는 사내 표준 업무를 다루고 있다. 이 기업들은 연구자들이 접촉을 하자 긍정적으로 호응해 주었는데, 연구를 통해 자신들의 활동을 서술, 평가, 비교함으로써 표준화 성과를 개선할 수 있으리라 기대하였다. 이러한 실제 지향 연구를 하다보면 기업들은 개입의 사이클 중 "개입의 설계" 단계에서 문제점을 확인하고 싶어 한다. 연구에 참여한 기업들은 표준화 프로세스에 대한 서술적 지식을 확보하고 어떤 문제가 있는지를 아는 데 요구가 있기 마련이다.

11.5.2 연구 목적

본 연구의 목적은 베스트 프랙티스를 설계함으로써 여섯 회사의 사내 표준화 프로세스를 개선하는 데 기여하는 것이다. 베스트 프랙티스가 갖추어야 할 요소들은 아직 모르기 때문에 이 연구를 통해서 밝혀내야 했다. 그리고 베스트 프랙티스를 발견하고 서술하는 것에는 변인 간의 인과관계를 발견하고 검증하는 것이 들어 있지 않으므로 서술적 사례연구가 연구방법으로서 적합하였다.

11.5.3 연구 전략

베스트 프랙티스 개발을 요구했던 여섯 회사들은 자신들의 업무 수준도 평가 받기를 원했다. 그리고 자신들의 업무를 공개해 줄 의사가 있었다. 따라서 여섯 회 사 모두를 연구에 참여시킨 것은 적합한 결정이었고, 각 회사의 표준화 절차를 비 교 사례연구로 설계할 수 있었다.

11.5.4 후보 사례

설계해야 할 베스트 프랙티스는 장치산업에만 해당될 것이기 때문에 장치 산 업에 관한 표준화 예들이 후보 사례들이어야 했다. 그리고 연구에 참여한 여섯 회 사들은 모두 장치산업 분야의 회사들이었다.

11.5.5 사례 선정

서술적 사례연구에서는 사례를 접근 가능성과 효과성을 염두에 두고 편의적 방 식으로 선정해야 한다. 연구에 참여한 여섯 회사 모두 이런 방식으로 선정하였다.

11.5.6 측정

연구자들은 여섯 회사에서 무엇을 찾아야 하는지 결정할 수 있는 프레임워크 가 필요했다. 여섯 회사를 대상으로 초반에 실시한 탐색을 통해, 그리고 문헌 조사 중에 알아낸 모형에 근거해서 사내 표준에 관한 과정 모형을 개발하였다. 이 모형 은 네 가지의 "핵심" 과정과 네 가지 "촉진" 과정으로 구성되었는데, 이들 여덟 개 과정이 실제로 어떻게 운영되고 있는지는 여섯 회사들을 조사하면서 점차 "채워나 가야만" 했다. 모형에 담긴 여덟 개 과정에 관한 질문을 만들었고 면담 중에 사용 하였다. 표준화 담당 관리자 및 여러 정보 제공자들과 반구조화 면담을 진행하는 가운데 각 회사의 표준화 과정 운영에 대해 조사를 하였다.

11.5.7 자료 제시

측정의 초반에 모형에 있는 여덟 개의 표준화 업무에 관해 서술할 수 있었다. 이때 각 요소에 서술된 내용들은 베스트 프랙티스를 위한 후보 요소가 되었다.

11.5.8 자료 분석

연구자들이 브레인스토밍 시간을 가졌고 서술된 실무 업무들 가운데서 베스트 프랙티스를 선정하는 기준들을 개발하였다. 이 기준들을 적용하여 표준화 업무과정에서 필요한 요소들을 합리적으로 선정하였고, 이에 근거해서 제안서를 만들 수 있었다. 이후에는 여섯 회사의 표준화 담당 관리자들에게 제안서를 프레젠테이션했고, 이들에게 자기 회사의 실제 업무 수준을 제안서와 비교하여 평가하도록 하였다.

이런 평가 절차를 통해 각 회사의 관리자들은 베스트 프랙티스에 관한 제안서를 수용하였다. 마지막으로, 여섯 회사 중 다섯 회사에서 초점 집단 토론을 실시하였는데 각 회사별로 베스트 프랙티스와 비교하여 자신들의 상대 점수를 평가하게 하였다. 다섯 개의 초점 집단 참가자들은 연구자들이 제안한 베스트 프랙티스의 요소들이 정말로 베스트 프랙티스를 대표하고 있다고 보는 것 같았다. 베스트 프랙티스는 [그림 11.2]의 프레임워크 안에 기술되어 있다.

11.5.9 실무적 시사점

실제 지향 연구의 목표는 여섯 회사들이 수용할 만한 베스트 프랙티스를 설계함으로써 각 회사의 사내 표준 절차를 개선하는 데 공헌하는 것이었다. 여섯 회사에서 일어나고 있는 현재의 표준화 업무 요소들을 연구하여 베스트 프랙티스에 관한 제안서를 개발하였고, 각 회사의 실무자들은 자신들의 현재 업무를 개선할 수 있는지 알기 위해 베스트 프랙티스를 평가하였다. 이는 이 연구의 목적이 달성되었다는 것을 의미한다.

참고문헌

Adolphi, H. 1997, *Strategische Konzepte zur Organisation der Betrieblichen Standardisierung*. DIN Normungskunde, Band 38. Berlin/Vienna/Zürich: Beuth Verlag.

Barthet, M.-C. 2000, Equipements pétroliers: la pompe normative est bien amorcée. *Enjeux, 208*: 13-15.

Brown, J. and Duguid, P. 1991, Organizational learning and communities of practice: Toward a unified view of working, learning and innovation. *Organization Science, 2*(1): 40-57.

Chiesa, V., Coughlan, P., and Voss, C.A. 1996, Development of a technical innovation audit. *Journal of Production Innovation Management. 13*(2): 105-136.

De Vries, H.J. 1999, *Standardization - A business approach to the role of national standardization organizations*. Boston/Dordrecht/London: Kluwer Academic Publishers.

De Vries, H.J. 2006, Best practice in company standardization. *International Journal for IT Standards and Standardization Research, 4*(1): 62-85.

Halemane, D.M. and Janszen, F.H.A. 2004, Flexibility in operations and businesses innovation. *Global Journal of Flexible Systems Management, 5*(2): 23-41.

Hesser, W. and Inklaar, A. (eds) 1997, *An introduction to standards and standardization*. DIN Normungskunde, Band 36, Berlin/Vienna/Zürich: Beuth Verlag.

Janszen, F.H.A. 2000, *The age of innovation: Making business creativity a competence, not a coincidence*. London: Pearson Education Limited.

Oly, M.P. and Slob, F.J.C. 1999, *Benchmarking Bedrijfsnormalisatie - Een best practice voor de procesindustrie*. Rotterdam: Erasmus Universiteit Rotterdam, Faculteit Bedrijfskunde.

Qin, C. 2004, China builds its new petroleum industry round International Standards. *ISO Focus, 1*(4): 23-24.

Rada, R. and Craparo, J.S. 2001, Standardizing management of software engineering projects. *Knowledge Technology and Policy, 14*(2): 67-77.

Schacht, M. 1991, *Methodische Neugestaltung von Normen als Grundlage für eine Integration in den rechnerunterstützten Konstruktionsprozess.* DIN Normungskunde, Band 28. DIN Deutsches Institut für Normung e.V. Berlin/Cologne: Beuth Verlag GmbH.

Simpkins, C.R. 2001, Reengineering standards for the process industries: Process industry practices, in: Spivak, S.M. and Brenner, F.C. (eds). *Standardization essentials - Principles and practice.* New York/Basel: Marcel Dekker Inc.

Susanto, A. 1988, *Methodik zur Entwicklung von Normen.* DIN Normungskunde, Band 23. DIN Deutsches Institut für Normung e.V. Berlin/Cologne: Beuth Verlag GmbH.

Thomas, G.A.N. 2004, Standards as a strategic business asset. *ISO Focus, 1*(4): 11-15.

부록

•
•
•

부록 1

측정

1장의 1.1에서는 사례연구를 정의하면서 측정이나 측정 기법에 대해서는 설명하지 않았다. 연구 전략을 측정 방법으로 정의하지 말아야 한다고 보았기 때문이다. 흔히 '정성적' 인터뷰와 '다중 근거' 등이 사례연구의 측정 방법으로 언급되지만, 이 방법들은 다른 연구 전략에서도 사용할 수 있는 것들이다. 마찬가지로 다른 연구 전략에서 사용하는 것으로 알려진 측정 방법들, 예를 들어 설문조사 연구에서 사용하는 표준 질문지나 실험 연구에서 사용하는 정량적 측정방법 또한 사례연구에서 사용할 수 있다. 이런 이유로 이 책의 본문에서 사례연구를 설계하고 수행하는 방법을 다루면서도 측정 문제에 대해서는 다루려 하지 않았다. 그렇다고 개념을 측정하는 과정에서 타당도와 신뢰도가 중요하다는 것까지 간과하고자 하는 것은 아니다. 오히려 사례연구는 다른 연구 전략과 마찬가지로 타당도와 신뢰도를 매우 중요하게 여긴다. 우리는 연구 대상이 되는 개념의 값을 타당하고 신뢰롭게 측정하려고 하며 이에 대한 단계적 절차를 논의해 보고자 한다.

❶ 개념을 정교하게 정의한다.

❷ 측정 대상을 결정한다.

❸ 측정 대상의 위치를 확인한다.

❹ 측정 대상에서 변인의 값에 대한 증거 도출 방법을 정한다.

❺ 증거의 출처를 확인하고 선정하고 접근하는 방법을 정한다.

❻ 증거 기록 방법을 정리한다.

❼ 자료 분류 방법을 정리한다.

❽ 측정 프로토콜을 작성한다.

우리는 Adcock와 Collier(2001)가 쓴 측정 타당도에 관한 논문을 참고하였다. "성공"이라는 개념을 측정한다고 가정하고 Adcock와 Collier의 논문에 나온 자료를 인용하였다.

단계 1: 개념을 정교하게 정의한다.

"성공"의 개념을 정의하자면 재무적인 성공부터 목표를 달성하는 데 걸린 시간, 결과에 대한 만족 등에 이르기까지 그 의미가 매우 광범위하다. 예를 들어 이 책에서 다룬 사례연구를 보면 성공을 "신제품의 시장 출시"(사례연구 1) 혹은 "프로젝트 성과에 대한 만족"(사례연구 2)으로 정의하고 있다. 여기 부록에서는 성공을 다음과 세 가지로 정의하고자 한다(Adcock와 Collier 2001).

❶ 프로젝트의 성공을 재무적 기준으로 평가한다면 "프로젝트를 통해 회사에서 거둔 수익의 규모"라고 정의할 수 있다.
❷ 프로젝트의 성공을 목표 달성에 걸린 시간으로 평가한다면 "프로젝트가 정해진 기한 내에 결과물을 내었는지 여부"로 정의할 수 있다.
❸ 프로젝트의 성공을 만족도라는 기준으로 평가한다면 "회사는 프로젝트를 어느 정도나 성공했다고 인식하는지"로 정의할 수 있다.

성공에 대한 위의 세 가지 정의는 모두 이론적으로 타당하며, 하나의 연구 내에서 "성공"의 세 가지 측면을 모두 측정할 필요가 있다는 것을 알려준다. 그러나 일반적으로는 세 가지 중 하나를 정의하고, 이 정의를 중심으로 이론 혹은 명제로 기술한다. 우리는 "성공"에 대한 세 가지 정의를 갖고 개념을 어떻게 측정해 나가는지, 그 절차를 단계적으로 논의하고자 한다.

단계 2: 측정 대상을 결정한다.

연구 대상이 되는 사례에서 변인의 값 즉, 성공의 정도를 측정하기 위해서는 측정 대상을 정의해야만 한다. 측정 대상은 흔히 연구 대상과 동일하지 않으며 연구 대상에 속해 있거나 연관된 어떤 요소가 되곤 한다. 위의 '단계 1'에서 "성공"

을 세 가지로 정의하였는데, 각 정의마다 별도의 연구 대상을 다음과 같이 정할
수 있다.

재무적 성공: 회사가 회계장부를 제공해 주면 프로젝트에 들어간 비용과 프로젝트로
인해 들어온 매출을 계산하는 것이 가능하다. 프로젝트의 재무적 성공은 매출과 비
용의 차이로 본다. 회계기록 장부에 나타난 금액을 측정하면 된다.

납기: 성공을 프로젝트의 종료 날짜로 평가한다. 즉, "조기에", "늦게", "정시에", 혹
은 계획된 납기일의 이전 혹은 이후의 날짜를 측정하면 된다.

만족도: 성공을 회사가 프로젝트에 부여하는 어떤 의미로 평가한다. 회사의 의견을
특징으로 하는데, "전혀 만족하지 않는다"부터 "매우 만족스럽다"까지 여러 의견이
나올 수 있다.

위와 같은 예들로 볼 때 "성공"의 개념을 다양하게 정의하면 여러 변인이 등
장하게 된다. 즉 측정의 대상뿐만 아니라 속성도 다양해진다. 연구 대상은 하나이
지만 성공의 개념을 구성하는 세 변인들은 각자 자신의 측정 대상, 즉 금액, 날짜,
의견이라는 요소를 갖고 있다.

단계 3: 측정 대상의 위치를 확인한다.

변인을 측정하기 위해서는 측정 도구를 측정 대상이 되는 사례에 가져가거나
측정 대상을 측정 도구가 있는 곳에 가져와야 한다. 연구자는 두 경우 모두 어디로
측정 도구나 측정 대상을 가져가야 하는지 위치를 알 필요가 있다.

재무적 성공: 프로젝트의 매출과 비용이 들어있는 회계기록을 확인해야 한다. 이런
기록을 확인할 수 있는 장소는 회계부서의 컴퓨터나 전산망이다.

납기: 프로젝트의 종료 일자를 알기 위해서는 종료일 정보가 담긴 문서, 예를 들어
프로젝트 종료 기사를 내보낸 보도 자료를 확인해야 한다. 이런 정보가 담긴 문서는
경영층의 의사결정이 기록된 회의록, 회사의 인트라넷 등에 있다.

만족도: 만족도의 측정 대상은 물리적 대상이 아니다. 프로젝트에 대해 개인들이 만족하는지보다는 팀 혹은 이사회의 판단이 관심 대상이고, 따라서 평가의 대상은 회의록이나 평가서에 나타난 프로젝트 평가 결과가 된다. 회사 내에서 프로젝트 평가를 얼마나 공식적으로 하는지에 따라 프로젝트 평가서를 발견하기가 쉬울 수도 있고 어려울 수도 있다. 만약 프로젝트를 공식적으로 평가하는 절차가 없다면 사람들을 모아서 물어볼 수밖에 없다.

단계 4: 측정 대상에서 변인의 값에 대한 증거 도출 방법을 정한다.

측정 도구는 측정 대상으로부터 변인의 값과 "일치하는" 증거를 추출할 수 있어야 한다. 변인이 무엇이냐에 따라 측정 도구가 달라진다. 어떤 변인은 매우 복잡하다. 사람의 지능에 관한 증거를 추출하려면 검사 도구를 사용해야 가능하다. 반면에 어떤 변인은 매우 단순하다. 프로젝트의 비용 같은 변인은 회계 보고서에서 특정 항목만 읽는 것으로 끝나는 것도 있다.

재무적 성공: 회계장부에서 어떤 수치가 필요한지 파악하고 읽을 필요가 있다. 만약 회계장부가 프로젝트의 총비용과 총매출 정보를 제공하지 않는다면 비용과 매출에 관한 세부 항목이 담긴 행, 열 등을 다시 파악해야 한다. 파악한 여러 수치들을 조합하여 "증거"를 형성해 가는 것이다. 따라서 재무적 성공이라는 변인의 값을 증거로 추출하는 "측정 도구"는 "재무정보 읽기"가 된다.

납기: 보도 자료나 관련 문서를 확인한 후에는 문서에서 필요한 정보를 파악해 내야 한다.

만족도: 프로젝트에 관한 회사의 평가보고서를 찾아내면 거기서 필요한 정보를 파악해야 한다. 그런 평가보고서가 없다면 관련자들에게 프로젝트를 평가하도록 요청해야 한다. 이때 정보 파악을 위해 프로젝트와 관련된 사람들에게 판단, 의견, 기억 등을 요청하는 방법이 "탐문"interrogation이다. 탐문은 기본적으로 두 개의 방법으로 이루어진다. 하나는 면담으로서 대면면담일 수도 있고 전화면담일 수도 있다. 다음은 질문지를 통한 방법인데, 인쇄된 질문지도 있고 온라인 질문지도 있다.

단계 5: 증거의 출처를 확인하고 선정하고 접근하는 방법을 정한다.

측정 대상에서 어떻게 증거를 추출할지 결정했다면, 그 다음은 증거의 출처를 확인하고 사례를 선정할 방법, 그리고 선정한 사례에 접근할 방법을 정해야 한다.

재무적 성공: 회계장부에 접근하기 위해서는 회사의 담당자들, 특히 회계부서의 사람들과 협조 관계를 구축해야 한다.

납기: 연구자는 관련 문서를 파악하고서는 프로젝트의 종료 일자를 찾아야 한다. 만약 관련 문서가 공개되어 있다면 날짜만 찾으면 끝나지만, 관련 문서가 대외비로 분류된 것이라면 회사의 직원이 문서에 접근할 수 있도록 협조해 주어야 한다. 그렇게만 된다면 더 이상의 출처 선정은 필요가 없다. 그러나 어떤 문서가 필요한 정보를 담고 있는지 알기 위해서라도 회사 측에서의 도움은 필요해진다. 즉, 누군가 정보를 잘 아는 사람을 사전에 알아둘 필요가 있다.

만족도: 프로젝트의 성공 여부에 대해 평가하는 보고서나 관련 문서를 파악한 후에는 이에 관한 정보들을 찾고 "읽을" 수 있어야 한다. 만약 관련 문서가 대외비라면 회사 측의 도움이 필요해진다. 어떤 문서가 필요한 정보를 담고 있는지 파악하기 위해서는 이 역시 회사의 도움, 그리고 정보를 제공해 줄 사람의 도움이 필요해진다.

단계 6: 증거의 기록 방법을 정한다.

측정 대상에서 추출한 증거는 어딘가에 저장을 해야 하고 분석을 할 때 접근할 수 있어야 한다. 증거를 가져다가 저장하는 방법은 사전에 계획을 한다. 예를 들어, 면담을 한다면 정보는 응답자가 얘기한 말로 되어 있을 것이다. 말로 된 증거는 입에서 나오는 순간 사라져 버린다. 면담 증거를 기록하는 방법은 다음과 같이 여러 가지가 있다.

- 자료를 분석할 때까지 기억하기
- 연구실로 돌아와서 기록할 때까지 기억하기
- 면담 후에 바로 기록하기
- 면담 중에 노트에 요약하면서 기록하기

- 면담 중에 응답자가 한 말을 거의 그대로 노트에 기록하기
- 비디오로 촬영하기

"측정 대상에서 얻은 증거"는 비디오 녹화를 제외하고는 그 어떤 방법이라도 이후에 처리하고 분석하기 전에 상당부분 변질되기 마련이다. 면담뿐만 아니라 다른 측정방법을 사용하더라도 증거의 기록과 변질에 대한 문제는 늘 있기 마련이다.

재무적 성공: 회계장부나 보고서를 파악하고 필요한 수치를 읽은 후에는 파악한 증거를 나중에 기억할 수 있도록 어딘가에 쓸 수 있어야 한다. 다른 방법으로는 손으로 베껴 쓰거나, 녹음기에 녹음하거나, 복사기로 복사하거나, 파일이라면 인쇄하거나, 저장 장치에 복사하는 방법이 있다.

납기: 위에 언급한 다양한 복사 방법을 사용한다.

만족도: 회사의 프로젝트 평가 결과가 담긴 평가보고서를 확인한 후에는 그 보고서를 복사하여야 한다. 만약 평가보고서가 여의치 않아서 인터뷰를 하게 된다면 위에서 얘기했던 다양한 면담 기록 방법을 적용해 본다. 질문지를 사용하여 탐문을 한다면 증거들은 자동으로 종이나 온라인 양식에 쌓일 것이다. 이렇게 해서 연구실에 저장하게 되는 증거들을 "자료"(data)라고 부른다.

단계 7: 자료 분류 방법을 정한다.

자료란 저장된 정보를 말한다. 그러나 아직까지는 "점수"가 아니다. 점수는 분석에 사용할 수 있는 변인의 대표 값을 말한다. 변인에 대한 값을 계산하기 위해서는 먼저 자료를 분류하여야 한다.

질문지를 예로 들어보자. 질문지를 보면 여러 문항을 통해 심리적 특성을 측정한다. 응답자가 여러 문항(증거)에 자신의 답을 표시하고 연구자는 이 답들을 데이터베이스에 저장한다. 응답자의 점수는 일정한 계산을 거쳐야 특성에 대한 점수로 나오게 된다. 다른 사례로는 면담이 있다. 면담 증거들, 즉 응답자가 얘기한 내용을 어떤 형태로든(예, 녹음) 기록을 하고, 전사transcription를 통해 자료로 전환한다. 면담 자료는 곧 전사된 내용이 되는 것이다. 이렇게 전사된 내용은 코딩된 자료

형태로 바꾸어야 응답자의 의견을 서술할 수 있게 된다.

연구자들은 특정 변인의 값을 점수화하는 데 어떤 증거가 필요할지를 늘 알아 두어야 한다. 그러나 자료로부터 점수를 추출하는 단계에서는 측정할 변인을 명확하게 하고, 변인들의 값이 어떤 의미인지, 이 값들을 어떻게 정의할지를 아는 것 역시 중요하다.

재무적 성공: 회계장부에서 금액을 복사하고 이 정보들을 연구자의 데이터베이스에 저장했다면(자료), 이 금액에 관한 수치들이 재무적 성공을 의미하는지 아닌지를 결정해야 한다. 어떤 금액이 성공을 나타내는지 평가할 수 있는 절차를 적용해야 하고, 필요하다면 성공의 강도(보통의 성공인지 아니면 큰 성공인지 등)를 평가할 수 있어야 한다. 이를 위해서는 (a) 이익과 손해 여부를 전반적으로 평가할 수 있는 금액을 계산하고, (b) 금액을 평가할 수 있는 기준, (c) 기준을 적용하는 절차가 필요하다.

납기: 만약 프로젝트의 종료 날짜가 정보들 간에 상이하다면 정확한 날짜를 확인하기 위한 기준이 필요하고, 이 기준에 따라 비교하여 평가한다. 그런 다음에는 이 날짜에 대한 속성 값, 즉 조기 완료인지 아니면 지연되었는지를 평가한다.

만족도: 텍스트로부터 점수를 추출하는 방법으로는 "텍스트 분석", "문서 분석", "내용 분석"과 같은 방법들이 있다. 코딩은 단순하다. 확보한 평가보고서가 명확한 결론을 갖고 있다면 프로젝트의 성공여부를 분명하게 판단할 수 있다. 그러나 성공여부에 대한 판단이 사람마다 혹은 문서마다 서로 다르고, 모호하고, 때로는 모순된다면 코딩은 복잡해질 것이다. 그럴 때는 연구자가 텍스트를 평가할 수 있는 절차를 갖고 있어야 한다. 만약 녹음된 면담 자료를 점수화하려 한다면, 먼저 자료를 전사하거나 요약하도록 한다. 면담에서 나온 응답을 표준화된 분류체계에 따라 분류하는 것이 가능하다면, 점수화 과정은 좀 더 쉬어질 수 있다. 앞에 기술한 절차에 따라 점수화 과정을 완료한다면, 연구 대상, 즉 프로젝트의 성공을 판단할 수 있는 대푯값을 확보하게 된다.

단계 9: 측정 프로토콜을 작성한다.

단계 1부터 7까지 완료한 후에는 그때까지의 절차를 프로토콜 형태로 정리한다. 프로토콜은 증거를 파악하고 선정하고 출처에 접근하기 위한 일련의 지침들이며, 연구의 출발 시에 정의한 변인들로부터 타당하고 신뢰할 만한 점수를 생성하기 위한 지침이다. 단계 1부터 7까지 완료한 후에는 다음과 같은 내용을 구체적으로 정리할 수 있어야 한다.

- 변인에 대한 세부 정의(단계 1의 결과에서 나옴)
- 측정 대상이 될 사례를 확인하기 위한 세부 절차. 예를 들어, 측정 대상의 선정, 정보 출처에 접근하는 방법 등(단계 2부터 5까지 완료한 결과에서 나옴)
- 변인의 값을 생성해 내는 세부 절차(단계 6에서 7까지 완료한 결과로 나옴)

프로토콜에서 정의한 절차들은 측정 도구가 된다. 프로토콜을 정의하고 나면 지금까지 정리한 측정 절차의 품질이 얼마나 좋은지를 평가할 수 있어야 한다. 이때 품질 평가의 기준으로 사용할 수 있는 두 가지 기준, 즉 측정 타당도와 신뢰도를 다음 단계에서 설명하고자 한다.

측정 타당도

Adcock과 Collier(2001: 530)는 개념화와 측정을 연구한 학자들이 "타당도"라는 명사에 어떤 명사를 함께 사용했는지를 조사했다. 그 결과 37개의 명사를 발견하였는데, "수렴"convergent, "구성"construct, "내용"content, "기준"criterion, "안면"face과 같은 용어들이 타당도와 함께 가장 많이 사용된 것을 알 수 있었다. Adcock와 Collier는 이들 용어들이 타당도의 유형이라기보다는 타당도에 대한 증거의 유형임을 파악했다. 우리는 타당도 대신에 측정 타당도라는 용어를 사용하고자 한다. 개념에 상응하는 변인이 있고, 이 변인에 대한 측정 점수가 개념에 담긴 아이디어를 유의미하게 파악한다고 판단할 때 측정 타당도는 달성된다. 측정 타당도의 달성 정도는 "객관적"으로 평가할 수 없다. 측정 타당도는 논쟁과 논의의 산물이기 때문이다. 프로젝트의 성공에 관한 세 가지 지표를 통해 이를 설명해 보자.

재무적 성공: 프로젝트의 성공 정도를 파악하기 위해 회계자료를 보기로 결정했다면 필요한 회계자료의 유형을 구체적으로 정의해야 한다. 단순히 회계장부에서 금액을 복사하는 것만으로는 안 되고, 숫자의 "의미"를 정의하여야 한다. 만약 수치를 어떻게 생성했는지 안다면 구체적인 수치, 흔히 특정 국가의 화폐단위로 표시된 금액의

"의미"도 알 수 있다. 예를 들어, 프로젝트에 든 비용을 알고 싶다면, 회사가 프로젝트별로 비용을 어떻게 배부하는지를 알아야 한다. 만약 회계장부에 관련 비용이 포함되어 있지 않거나, 프로젝트를 통해 실제로 발생했던 매출이 회계 장부에 포함되어 있을 경우에는 프로젝트의 성공이 과다하게 추정될 가능성이 있다. 반대로, 프로젝트와는 실제로 관계없는 비용이 프로젝트 귀속으로 처리되거나, 프로젝트로 인해 발생한 모든 매출이 회계 문서에 포함되지 않을 경우에는 프로젝트의 성공이 과소 추정될 가능성이 있다. 필요하다면 재무 자료는 다시 계산할 필요가 있으며, 그렇게 해서 확보한 자료가 변인을 정확하게 대표한다고 말할 수 있다. 만약 회계장부가 충분한 정보를 제공해 주지 못한다면, 회계부서의 직원에게 추가 정보를 받아서 회계 자료의 타당성을 다시 판단하도록 한다. 만약 연구자가 정의했던 관점에서 타당하지 않다면 회계부서 직원에게 다른 자료를 요청하고 좀 더 타당한 증거를 확보하기 위해 노력하도록 한다.

프로젝트가 재무적으로 성공했는지 증거를 파악하는 방법은 다음과 같이 요약할 수 있다.

- 프로젝트가 재무적으로 성공했는지를 어떻게 판단할지 구체적으로 정의한다.
- 재무적 성공을 조작적으로 정의한다.
- 프로젝트의 재무적 성공에 대해 회사에서 계산하는 절차를 평가한다.
- 필요하다면, 회사와는 다른 계산방법이나 좀 더 타당한 증거를 찾아본다.

재무적 성공을 측정하는 도구라면 다음과 같은 절차로 구성된다.

❶ 재무적 증거를 도출하고 계산하기
❷ 자료를 통해 성공을 평가하기

재무적 성공: 연구자는 사전에 재무적 성공에 대해 정의한다. 측정 절차의 모든 세부사항이 연구자가 정의한 성공 요소에 잘 부합되면 괜찮은 측정 도구라고 볼 수 있다.

납기: 프로젝트를 완료한 시간에 대해서는 여러 관점이 있다. 최종보고서를 공표한 시간일 수 있고, 경영층에 프레젠테이션을 한 날짜일 수도 있고, 최종 회계보고서를 제출한 날일 수도 있다. 이 날짜들도 "실제" 날짜로 계산이 안 되어 파악이 안 될 수

도 있다. 따라서 연구자는 프로젝트의 "실제" 종료 일자에 대해 아주 자세하게 정의해 두어야 한다. 그 다음에는 연구자의 정의를 세부적인 절차로 전환할 필요가 있다. 그래야 제안된 여러 일자에 적용할 수 있다. 이들 일자들은 관련 문서에서 나온 것이기도 하고, 프로젝트의 종료 단계에서 참여한 직원들이 얘기해 준 것일 수도 있다. 여기에서 측정 타당도의 기준은 확보한 날짜들이 연구자가 정의한 납기의 정의로 볼 때 정당화할 수 있는가이다.

만족도: 성공에 대한 지표는 연구자가 아니라 회사가 성공으로 인정하느냐이다. 이는 중요한 구분인데, 앞서 두 개의 예에서 다룬 절차를 적용할 필요가 없다는 것을 내포하기 때문이다. 회사의 판단이 "옳은지"를 평가할 필요는 없다. 회사가 내린 평가 결과는 어떤 절차로 내린 것인가에 관계없이 수용하는 것이다. 연구자가 회사의 평가 절차에 관심을 갖고 그 과정에서 다른 증거들을 수집하고 싶다 해도 마찬가지이다. 사례를 통해 보자면 측정 타당도는 회사가 평가를 어떻게 했느냐와 상관없이 연구자가 평가보고서를 확인하고, 찾아서, 코드화하는 것을 타당하게 진행했느냐이다. 만약 회사의 공식적인 평가보고서가 기록으로 남아있지 않다면, 연구자는 인터뷰를 통해 회사가 프로젝트에 대해 만족하는지를 재구성해야 한다. 응답자와의 면담이나 질문지를 통해 이에 대한 판단을 이끌어내는 어느 정도 타당한 방법들이 존재하지만 여기서는 다루지 않겠다. 이와 관련된 방법들은 이미 여러 책을 통해 소개되었고, 여기서도 몇 가지는 소개하였다. Mason의 책 「정성적 연구방법 (Qualitative researching)」은 4장에서 정성적 면담을 위한 질문 개발 지침으로 소개가 되었고, Rossiter(2002)의 C-OAR-SE 절차는 표준 질문지의 문항 개발을 위한 안내로 소개하였다. 따라서 측정 타당도는 변인에 대한 정의(단계 1)와 프로토콜을 작성하는 단계(단계 8) 사이에 존재하는 여섯 단계의 품질과 관련된다고 볼 수 있다.

- 적합한 측정 대상을 결정하기
- 측정 대상이 있는 위치를 파악하기
- 측정 대상에서 증거를 도출하기
- 증거의 출처를 확인하고 선택하고 접근하기
- 도출한 정보를 기록하기
- 기록한 자료를 코드화하기

이들 단계에서 적용한 절차는 변인을 정의하면서 나온 요구조건과 비교하여 평가하는 것이 가능하다.

신뢰도

Rossiter(2002)와 Borsboom 등(2004)이 주장했던 바에 따라 측정 타당도를 앞에서 먼저 다루었고, 그 다음으로 신뢰도를 설명하고자 한다. 먼저 측정을 통해 점수를 확보한 다음에 그 점수의 정밀성을 평가하는 것이 신뢰도이기 때문이다. 신뢰도를 위해서는 점수를 평가해야 하며, 그 점수가 만들어진 절차를 평가하는 것은 아니다. 절차가 점수의 정밀성을 결정한다고 해도 그렇다. 정확한 점수를 도출하여 그 점수가 의미하는 바를 알기 전에 이미 측정 타당도가 확보되어야만 한다(Rossiter, 2002: 328).

여기서는 신뢰도를 점수의 정확성이라 정의하였는데 점수 그 자체로 측정이 가능하다. 즉, 동일한 측정 대상에서 동일한 변인의 값을 여러 번 측정하고 비교하여 그 값이 동일한지 평가하면 신뢰도를 구할 수 있다. 신뢰도 수준에 관한 점수는 동일한 측정 대상에서 나온 점수의 동질성 정도를 계산하여 구한다. 신뢰도의 이름은 관찰자 간, 평가자 간, 평가 간 신뢰도 점수 등으로 표현한다. 성공에 대한 세 가지 변인을 갖고 신뢰도 점수를 어떻게 평가할지에 관해 논의하고자 한다.

재무적 성공: 프로젝트의 재무적 성공을 측정하는 타당한 절차가 개발되면, 복수의 사람, 즉 회사 직원이 되었든 연구자가 되었든 두 명 이상을 선정하여 (a) 앞서 만든 절차에 따라 필요한 정보를 구하게 한 다음, (b) 각각의 자료에 나타난 성공의 정도를 평가하게 하여 신뢰도를 구할 수 있다. 만약 여기서 나온 점수가 사전에 설정한 기준과 비교하여 불충분하다면 충분한 신뢰도가 나올 때까지 측정 절차를 다시 다듬어야 한다.

납기: 정확한 종료 일자를 측정하고 판단하는 타당한 절차가 개발되면, 복수의 사람으로 하여금 프로젝트 종료 일자를 확인하게 하고 그 날짜가 같은지를 봄으로써 신뢰도를 평가할 수 있다. 만약 평가자들이 동일한 종료 일자를 파악하였다면 그 점수는 믿을 만한 것이다.

만족도: 만약 만족도의 점수를 측정하는 타당한 절차가 개발되었다면, 재무적 성공이나 납기의 신뢰도를 평가하는 절차와 동일한 방법으로 신뢰도 점수를 확보할 수 있다. 만약 사람들과 정성적 면담을 실시하여 증거를 확보하고자 한다면, 면담 과정을 구조화하여 신뢰도를 향상할 수 있다. 정성적 면담을 구조화할수록, 즉 면담 안

내에 질문뿐만 아니라 인터뷰 진행 절차를 구조화한다면, 좀 더 신뢰할 만한 자료를 확보하게 된다. 면담자가 달라져도 동일한 사람에게서 동일한 증거를 얻을 수 있게 된다. 만약 표준화된 질문지, 즉 고정된 단어와 고정된 응답 분류로 구성된 질문을 사용한다면 측정 조건(예를 들어 응답자에게 질문지를 어떻게 소개할지, 응답자의 상사가 주변에 있는지 없는지의 조건에 따른 행동요령, 면담을 통해 점수 표시를 할지 아니면 자기보고식으로 할지 등)이 점수의 신뢰도에 안 좋은 영향을 끼친다고 해도 어느 정도는 좋은 신뢰도를 확보할 수 있다. 신뢰도는 반복 측정을 통해 평가할 수 있으며, 이때에는 "검사 - 재검사" 신뢰도 점수를 구하게 된다.

대규모 사례를 연구할 때의 측정 문제

부록에서 설명한 절차들은 모든 측정에 적용되는 것이다. 만약 사례의 수가 대규모이고 프로토콜에서 설명한 절차에 따라 측정하는 것이 시간과 노력 측면에서 비용이 많이 든다면, 측정 과정을 줄여보고 싶은 유혹이 들 것이다. 이런 상황에서 효율성을 확보하는 방법은 연구자가 증거의 출처 그 자체에 접근하는 것이 아니라, 정보 제공자를 활용하는 것이다. 정보 제공자는 연구자를 위해 증거를 추출하고 보고는 하지만 연구자는 아니다. 그리고 연구자로부터 지시를 받지 않는다. 연구자가 변인을 어떻게 정의했는지도 모르는 상태에서 임무를 수행하는 것이다. 그러나 이런 과정을 통해 획득한 점수는 조심해서 다룰 필요가 있다.

참고문헌

Adcock, R. and Collier, D. 2001, Measurement validity: A shared standard for qualitative and quantitative research. *American Political Science Review, 95*(3): 529–546.

Borsboom, D., Mellenberg, G.J., and Van Heerden, J. 2004, The concept of validity. *Psychological Review, 111*(4): 1061–1071.

Mason, J. 2002, *Qualitative researching* (2nd edn). London: Sage.

Rossiter, J.R. 2002, The C-OAR-SE procedure for scale development in marketing. *International Journal for Research in Marketing, 19*: 305–335.

부록 2

사례연구를 다루는 경영학분야 학술지

부록 2.1 2002년과 2005년 사이에 5편 이상의 사례연구 논문을 발표한 경영학 학술지 목록						
학술지	전략	재무	마케팅	인사	운영	합계
International Journal of Operations & Production Management	19			8	35	62
International Journal of Production Research					31	31
International Journal of Technology Management	16				8	24
Industrial Marketing Management	10		7	6		23
European Journal of Operational Research					21	21
Interfaces					21	21
Production Planning & Control					19	19
Journal of Management Studies	9			7		16
Long Range Planning	16					16
Human Relations				15		15
Organization Studies	6			8		14
Journal of Operations Management					13	13
Industrial Management & Data Systems					11	11
California Management Review	10					10
Technovation	10					10
Human Resource Management				10		10
Journal of Business Research	9					9
Journal of Business Ethics				9		9
Industrial Robot					9	9
Journal of the Operational Research Society						8
Harvard Business Review	8					8
MIT Sloan Management Review	8					8

Strategic Management Journal	8					8
Academy of Management Executive	6					6
International Journal of Technology Management				6		6
Organizational Dynamics				6		6
Organization Science				6		6
Accounting, Organizations & Society		6				6
IIE Transactions					6	6
R&D Management	5					5
Information & Management				5		5
Journal of Manufacturing Systems					5	5
Production and Operations Management					5	5
Transportation Research. Part E, Logistics & Transportation Review					5	5
Total	140	6	7	86	197	436

주: 전체 합계 수에는 몇몇 중복되는 논문을 포함할 수 있다. 운영관리에서 전략적 이슈를 다루는
   사례연구가 전략과 운영 두 분야의 학술지 모두에 등장할 수도 있다.

부록 3

흐름도

❶ 연구방법에 대한 단계적 접근

❷ 이론 지향 연구 유형에 대한 결정

    a. 이론 검증 연구(최초 이론 검증 연구와 반복연구)

    b. 이론 수립 연구

❸ 실제 지향 연구에 대한 결정

    a. 실제 지향 가설 검증 연구

    b. 실제 지향 가설 수립 연구

    c. 실제 지향 서술적 연구

흐름도 1 연구의 단계

시작

1. 연구 주제 정의

2. 연구 목적과 연구 유형 정의   이론 지향 혹은 실제 지향

흐름도 2, 3 참고   3. 상세 연구 목표와   이론 지향: 이론 검증, 이론 수립
사례연구 세부 유형 정의   실제 지향: 가설 검증, 가설 수립, 서술적 사례연구

흐름도 2A, 3A   4. 연구 전략 선택   실험, 설문조사, 혹은 사례연구
3B, 3C 참고

5. 사례 선정   한 개, 소수, 혹은 다수의 사례

6. 측정   정성적, 정량적 혹은 혼합 연구

7. 자료 분석   정량적(통계적), 혹은 정성적(관찰 검사) 분석

8. 결과 논의   이론 지향 연구: 이론적 시사점
실제 지향 연구: 실제적 시사점

9. 연구 보고   이론 지향 연구: 전문가 대상
실제 지향 연구: 실무자 대상

종료

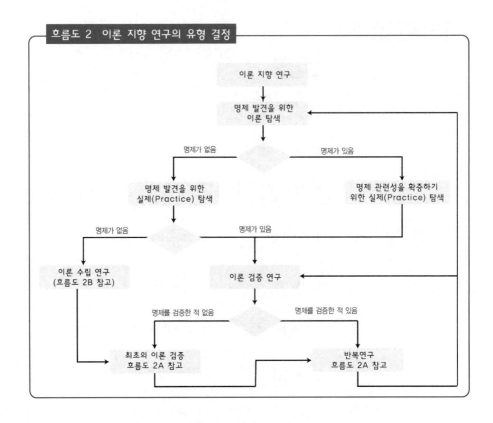

흐름도 2　이론 지향 연구의 유형 결정

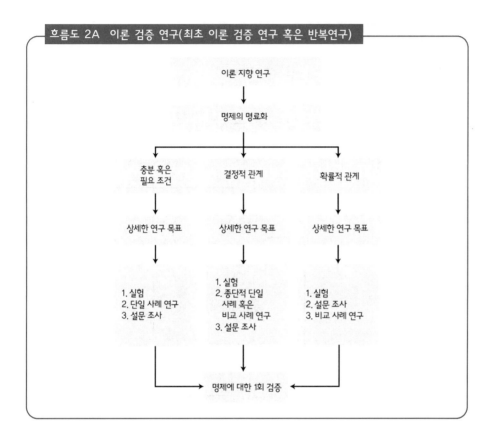

흐름도 2A 이론 검증 연구(최초 이론 검증 연구 혹은 반복연구)

이론 지향 연구

명제의 명료화

충분 혹은 필요 조건 / 결정적 관계 / 확률적 관계

상세한 연구 목표 / 상세한 연구 목표 / 상세한 연구 목표

1. 실험
2. 단일 사례 연구
3. 설문 조사

1. 실험
2. 종단적 단일 사례 혹은 비교 사례 연구
3. 설문 조사

1. 실험
2. 설문 조사
3. 비교 사례 연구

명제에 대한 1회 검증

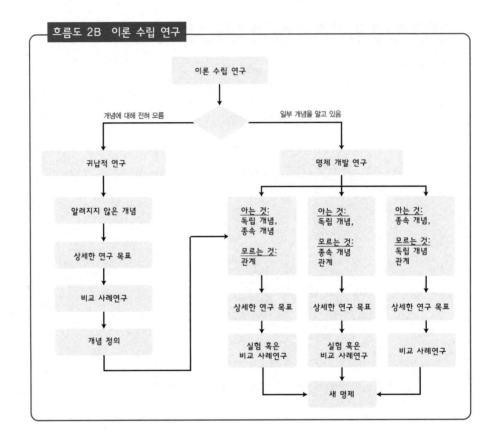

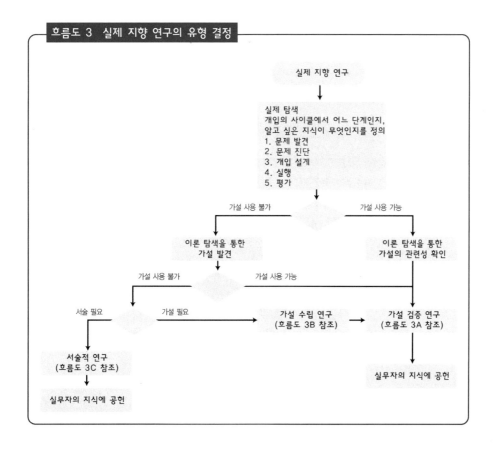

실제 지향 연구

실제 탐색
개입의 사이클에서 어느 단계인지,
알고 싶은 지식이 무엇인지를 정의
1. 문제 발견
2. 문제 진단
3. 개입 설계
4. 실행
5. 평가

가설 사용 불가   가설 사용 가능

이론 탐색을 통한
가설 발견

이론 탐색을 통한
가설의 관련성 확인

가설 사용 불가   가설 사용 가능

서술 필요   가설 필요

가설 수립 연구
(흐름도 3B 참조)

가설 검증 연구
(흐름도 3A 참조)

서술적 연구
(흐름도 3C 참조)

실무자의 지식에 공헌

실무자의 지식에 공헌

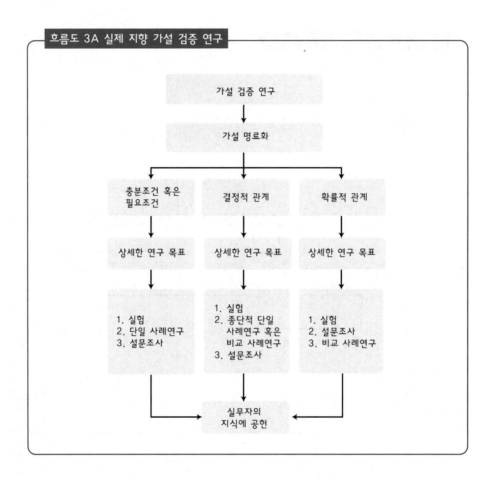

흐름도 3A 실제 지향 가설 검증 연구

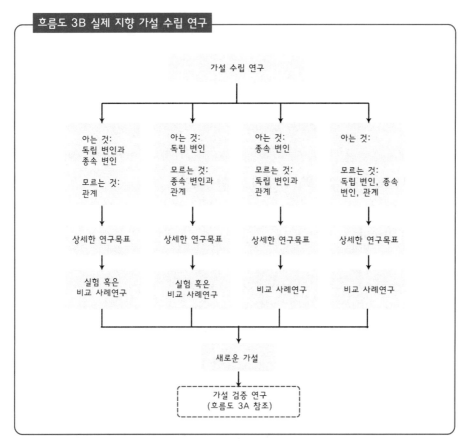

흐름도 3B 실제 지향 가설 수립 연구

가설 수립 연구

아는 것: 독립 변인과 종속 변인 모르는 것: 관계	아는 것: 독립 변인 모르는 것: 종속 변인과 관계	아는 것: 종속 변인 모르는 것: 독립 변인과 관계	아는 것: 모르는 것: 독립 변인, 종속 변인, 관계
상세한 연구목표	상세한 연구목표	상세한 연구목표	상세한 연구목표
실험 혹은 비교 사례연구	실험 혹은 비교 사례연구	비교 사례연구	비교 사례연구

새로운 가설

가설 검증 연구
(흐름도 3A 참조)

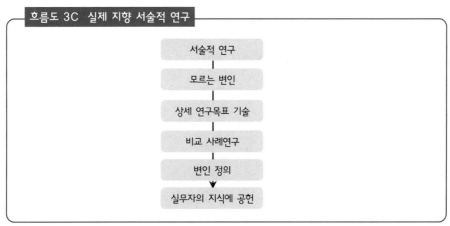

흐름도 3C 실제 지향 서술적 연구

서술적 연구

모르는 변인

상세 연구목표 기술

비교 사례연구

변인 정의

실무자의 지식에 공헌

부록 4

사례연구 보고서 작성

사례연구보고서의 구조와 주제에 대한 제안

제목(Titles)

제목은 연구를 가장 짧게 요약한 것으로서 보고서 그 자체보다 훨씬 더 많이 읽혀진다.

- 제목은 연구주제와 연구 목적을 담고 있다.
- 제목에서는 연구 전략을 나타낼 수도 있다(예를 들어, '단일 사례연구를 활용하여'와 같은 구절을 포함하는 경우).

서론(Introduction)

도입에서는 연구의 준비단계를 통해 나온 결과를 요약하여 제시한다.

- 연구 주제
- 연구의 일반적 목적(연구 오리엔테이션의 결과)
- 연구 주제와 관련한 지식체계(탐색의 결과)
- 연구 세부 목표

연구방법(Methods)

연구방법 항목은 과거 시제로 작성하며 연구가 어떻게 진행되었고 어떤 연구방법론을 선택했는지 기술한다.

- 연구 전략 – 연구의 세부 목표와 관련하여 연구 전략을 기술하고 왜 연구 전략을 선정 했는지 정당화한다.
- 후보 사례 – 후보 사례를 기술하고 어떻게 선정하게 되었는지 이유를 제시한다.
- 사례 선정 – 후보 사례들 중에서 어떤 사례를 왜 선정했는지를 기술한다.
- 측정 – 변인을 어떻게 정의했고, 측정 대상을 어떻게 정의했는지, 증거의 출처를 어떻 게 확인했는지, 증거를 어떻게 기록했는지, 자료를 어떻게 코딩했는지를 기술한다(부 록 1의 "측정" 참고).
- 자료 분석 – 정성적 분석 기법에 대해 설명하고 왜 그렇게 했는지를 기술한다.

연구 결과(Results)

결과 부분은 과거 시제로 작성하며 연구의 결과를 기술하되 해석이나 논의는 포함시키지 않는다.

- 측정 결과에 대한 요약
- 연구의 상세 목표와 관련된 자료 분석의 결과

논의(Discussion)

논의 부분에서는 연구 결과의 시사점을 논의한다.

- 연구의 제한점, 예를 들어 연구방법 부분에서 기술한 사례 선정의 한계와 이런 제한점 이 연구 결과에 어떤 영향을 줄 수 있는지 기술
- 이론적 시사점(이론 지향 연구)과 실무적 시사점(실제 지향 연구)
- 연구 결과에 근거하여 후속연구의 필요성 제안(이론 지향 연구나 반복연구를 위한 제안)
- 가능하다면, 이론 지향 연구의 경우에는 실무를 위해서 그리고 실제 지향 연구라면 이 론을 위해서 기여가 가능한 점을 제안

용어사전

가설(Hypothesis)
변인들의 관계에 대한 설명

가설 검증 연구, 가설 검증 실제 지향 비교 사례연구
(Hypothesis-testing practice-oriented comparative case study)
결정적 혹은 확률적 가설을 작은 모집단 혹은 표본을 통해 검증하는 사례연구

가설 기각(Rejection of a hypothesis)
관찰 패턴이 가설을 통해 예측한 패턴과 같지 않을 때 발생하는 가설의 기각(가설 입증, 기대 패턴, 관찰 패턴, 패턴 매칭, 명제 지지 참고)

가설 입증(Confirmation of a hypothesis)
가설에서 예측한 패턴과 실제 관찰한 패턴이 동일할 때 가설이 입증되었다고 얘기할 수 있음(기대 패턴, 관찰 패턴, 패턴 매칭, 일반화가능성, 가설 기각, 명제 지지 참고).

가설 수립 연구, 가설 수립 실제 지향 비교 사례연구
(Hypothesis-building practice-oriented comparative case study)
소수의 사례에서 얻은 수치를 비교함으로써 가설을 수립하는 사례연구

강건성(Robustness)
명제를 지지하는 정도

개념(Concept)
연구 대상이 되는 개체의 변인 특성을 이론적으로 정의한 것(변수, 종속 변인, 독립 변인, 매개 변인, 조절 변인 참고)

개념 모형(Conceptual model)
명제를 시각적으로 표현한 것으로서 개념은 사각형으로, 개념 간의 관계는 화살표로 표시되어 있음. 화살표는 독립 개념에서 종속 개념으로 향해 있음

개입의 사이클(Intervention cycle)
다섯 단계로 구성된 문제 해결 모형

검증(Test)
(이론 검증 연구에서) 명제의 검증은 명제로부터 추출한 가설을 연구 대상이 되는 사례에서 입증할지 아니면 기각할지를 결정하는 것임. (가설 검증 실제 지향 연구에서) 가설의 검증은 연구 대상이 되는 사례에서 가설을 입증할지 아니면 기각할지를 결정하는 것임(입증과 기각 참고)

결과(Effect)
연구 대상 속성 B의 값이 다른 변인의 속성 A(원인)에 의해 생긴 변화(인과관계, 종속 개념, 독립 개념 참고)

결정적 관계(Deterministic relation)
독립 개념과 종속 개념의 속성 값이 동시에 증가하거나 감소하는 정적 관계에 있거나, 아니면 반대의 방향으로 증가하거나 감소하는 부적 관계에 있는 경우

결정적 명제(Deterministic proposition)
충분조건, 필요조건, 혹은 결정적 관계를 표현하는 명제(결정적 관계, 필요조건, 충분조건 참고)

관찰 검사(Visual inspection)
점수를 보면서 패턴을 발견하거나 비교하는 절차(패턴, 패턴매칭, 정성적 분석 참고)

관찰 패턴(Observed pattern)
연구에서 나온 수치 혹은 수치의 조합. 자료 분석 과정에서 관찰 패턴을 기대 패턴과 비교함
(기대 패턴, 패턴 매칭, 정성적 연구, 관찰검사 참고).

구성 타당도(Construct validity)
측정 타당도의 증거 유형 중 하나(측정 타당도 참고)

기대 패턴(Expected pattern)
가설을 통해 예측이 가능한 사례의 수치 혹은 수치 조합

내용 타당도(Content validity)
측정 타당도의 증거 유형 중 하나(측정 타당도 참고)

내적 타당도(Internal validity)
분석 결과가 연구에서 획득한 수치에 의해 정당화되는 정도

다중 사례연구(Multiple case study)
한 개 이상의 사례를 대상으로 한 사례연구(비교 사례연구, 순차적 사례연구, 병렬적 사례연
구 참고)

단일 사례연구(Single case study)
한 개의 사례를 갖고 실시하는 사례연구

대표성(Representativeness)
어떤 집단의 사례가 가진 분포와 이 집단을 포함한 상위 집단의 분포 간에 유사성 정도. 마
찬가지로 이 집단의 인과관계와 상위 집단의 인과관계 간의 유사성 정도(영역 대표성과 모
집단 대표성 참고)

독립 개념(Independent concept)
연구 대상이 되는 개체의 변인 속성 A를 말하며 그 값은 다른 변인 속성 B(종속 개념이라고
불림)의 값에 따라 영향을 줌

독립 변인(Independent variable)
가설로 볼 때 종속 변인 B의 원인이 되는 변인 A

매개 개념(Mediating concept)
독립 개념과 종속 개념을 연결하는 개념이며 두 개념 간의 인과관계가 존재하기 위해서는 꼭 필요한 개념임

매개 변인(Mediating variable)
가설 내에서 독립 변인과 종속 변인의 중간에서 관계를 중개하는 변인

명제(Proposition)
개념 간의 관계에 대한 설명. 명제에는 결정적 명제와 결정적 명제 두 종류가 있음(결정적 명제와 확률적 명제 참고)

명제 지지(Support for a proposition)
가설이 입증되면 명제에 대한 검증이 지지된 것임

모집단(Population)
기준에 따라 정의된 연구 대상 집단

모집단 대표성(Population representativeness)
표본의 분포와 모집단의 분포 사이에 유사성 정도. 마찬가지로 표본의 인과관계와 변인의 인과관계 간의 유사성 정도(확률적 표본과 대표성 참고)

모집단 선정(Population selection)
설문조사 혹은 유사 설문조사를 위해 후보 모집단으로부터 모집단을 선정하는 것

무선 표본(Random sample)
무선 표집 절차를 거쳐 선정된 표본(무선 표집 참고)

무선 표집(Random sampling)
모집단의 요소들이 동일한 선정 기회를 갖는 표집 절차

반복연구(Replication)
명제를 다른 연구 대상 사례를 통해 검증하는 것

반복연구 전략(Replication strategy)
명제의 후속 검증을 위해 연구 대상이 될 사례(혹은 사례집단이나 모집단)를 확인하고 선정
하는 계획

변인(Variable)
연구에서 개념의 측성 가능한 시표

병렬적 단일 사례연구(Parallel single case study)
병렬적 반복연구 전략에 따라 설계된 사례연구

병렬적 반복연구 전략(Parallel replication strategy)
사례나 명제들을 동시에 선정한 후 각각 독립적으로 검증을 진행하는 연구 전략임. 같은 명
제라도 각각의 검증 결과를 고려하지 않은 채 진행함

비교 사례연구(Comparative case study)
(a) 실생활에서 발생한 소수의 사례를 선정하고, (b) 사례에서 나온 자료를 정성적 연구 방법
으로 분석하는 연구(이론 검증 비교 사례연구 혹은 유사 설문조사, 가설 검증 실제 지향 비교
사례연구, 이론 수립 비교 사례연구, 가설 수립 실제 지향 비교 사례연구 참고)

사례(Case)
연구 대상의 한 예(instance)

사례 선정(Case selection)
사례연구를 위해 후보 사례들 중에서 사례를 선정하는 것

사례연구(Case study)

사례연구는 (a) 실생활에서 발생한 한 개의 사례를 연구하거나(단일 사례연구) 소수의 사례를 연구하는 것(비교 사례연구)으로서 (b) 사례에서 나온 자료를 정성적 연구 방법으로 분석하는 연구

사례연구 방법(Case study research)

(a) 실생활에서 발생한 한 개의 사례를 연구하거나(단일 사례연구) 소수의 사례를 연구하는 것(비교 사례연구)으로서 (b) 사례에서 나온 자료를 정성적 연구 방법으로 분석하는 연구 ('사례연구'라고도 부름)

역자 注) Study는 어떤 것을 아는 것(Knowing Something)에 관한 것이고, Research (Re+Search)는 앎의 방법에 관한 것으로서 '과학적 탐구 방식'(Scientific Inquiry Manner)을 의미하는 것으로 보임. 사례연구는 사례를 통해 지식을 알아가는 방법에 대한 것이고, 사례연구 방법은 사례연구의 과정을 과학적으로 진행하는 연구방식에 대한 것임. 여기에 필요한 표준화된 목표, 절차, 도구들이 제공될 때 '방법론'(Methodology)이라 이름을 붙임

사례 집단(Group of instances)

비교 사례연구에 사용되는 연구 대상 사례들의 모음

상용이론(Theory-in-use)

실무자들이 실제로 "효과가 있다"고 생각하는 지식. 연구 대상, 변인, 가설, 실제적 영역으로 표현이 가능함

생태적 타당도(Ecological validity)

실험실 연구의 결과가 실생활의 연구 대상 사례에 적용되는 정도

서술적 연구(Descriptive research)

연구 대상의 아직 알려지지 않은 특성을 확인하고 기술함으로써 현장 실무자의 지식에 기여하는 데 목적이 있는 실제 지향 연구의 하나

설문조사(Survey)

(a) 실제 상황에서 한 개의 모집단이 선정되고, (b) 이 모집단에서 추출한 점수를 정량적 방

법으로 분석하는 연구(모집단, 표집, 정량적 분석 참고)

수집 연구 (Survey research)
(a) 실제 상황에서 한 개의 모집단이 선정되고, (b) 이 모집단에서 추출한 점수를 정량적 방법으로 분석하는 연구방법(모집단, 표집, 정량적 분석 참고)

수렴 타당도(Convergent validity)
측정 타당도의 증거 유형 중 하나(측정 타당도 참고)

순차적 단일 사례연구(Serial single case study)
순차적 반복연구 전략에 따라 설계한 사례연구 방법(병렬적 단일 사례연구 참고)

순차적 반복연구 전략(Serial replication strategy)
검증을 할 때 앞서 있었던 기존 검증의 결과를 고려하면서 수행하는 연구 전략

신뢰도(Reliability)
점수의 정확성 정도

실무자(Practitioner)
실제 상황에서 공식적이든 비공식적이든 맡은 책임을 다하기 위해 행동해야 하는 사람 혹은 집단

실무자의 지식 요구(Practitioner's knowledge need)
실무자로서 실제 현장에서 효과적인 업무수행을 위해 지식이 필요하지만 현재는 그런 지식을 갖추지 못했을 때 생기는 요구

실용성을 위한 오리엔테이션(Orientation of practice)
연구 초기에 실제 현장을 방문 혹은 참여하거나, 현장 실무자를 만나거나, 관련 문서들을 확인 및 조사하는 등의 방법으로 관련 주제를 탐색해 보는 활동

실용적 결정론(Pragmatic determinism)

결정론에 어떤 예외가 있다는 점을 인정하지만 마치 완벽한 결정론이 존재하는 것처럼 행동
하는 것이 유리하다고 판단하는 관점

실제(Practice)

실무자가 공식적이든 비공식적이든 맡은 책임을 다하기 위해 행동해야 하는 실제 상황

실제 영역(Practice domain)

실제 지향 연구에서 연구 대상이 되는 실제 사례들의 전체 집합

실제 정황(Real life context)

그 어떤 조작을 가한 것 없이 실제로 있는 그 상태의 연구 대상

실제 지향 연구(Practice-oriented research)

현장 실무자의 지식에 기여하는 것을 목적으로 하는 연구

실제 탐색(Exploration of practice)

연구 대상이 처한 실생활을 방문 혹은 참여하거나, 실무자와 대화를 나누거나, 관련 문서들
을 수집 및 평가해 봄으로써 실제(실제 지향 연구인 경우) 혹은 이론(이론 지향 연구인 경우)
에 관한 정보를 수집하고 평가하는 것

실증의 사이클(Empirical cycle)

명제를 만들고, 명제를 검증하고, 다시 명제를 만드는 프로세스이며, 최종 명제가 견고하고
구체적인 영역까지 일반화가 가능하다고 인정받을 때까지 연구가 반복됨

실험(Experiment)

연구 대상의 변인 속성에 어떤 조작을 가함으로써 "실험" 사례로 바꾼 다음, 여기서 얻는 점
수를 분석하는 연구

실험 연구(Experimental research)

(a) 연구 대상의 변인 속성에 어떤 조작을 가함으로써 "실험" 사례로 바꾼 다음, (b) 여기서

얻은 점수를 정량적 혹은 정성적 방법으로 분석하는 연구 전략

안면 타당도(Face validity)
측정 타당도의 증거 유형 중 하나(측정 타당도를 참고)

연구(Study)
연구 목적을 설정하고 달성하는 연구 프로젝트

연구 결과(Outcome)
자료 분석의 결과로서, 가설의 입증이나 기각, 새 가설이나 명제, 혹은 변인이나 개념의 기술 형태로 되어 있음

연구 대상(Object of study)
이론 혹은 실제의 안정적인 특성

연구 대상의 사례(Instance of an object of study)
연구 대상에 관한 한 사건, 경우, 사례

연구 목적(Research objective)
연구 목적을 기술한 항목

연구 방법(Research)
관찰을 통해 얻은 정보를 분석함으로써 연구 대상 혹은 실제에 대한 설명을 만들고 검증하는 것

연구 전략(Research strategy)
연구 대상의 선정과 자료 분석에 대한 절차를 분류한 것. 이 책에서는 세 가지로 구분함: 실험 연구, 설문조사 연구, 사례연구(사례연구 방법, 실험 연구, 설문조사연구 참고)

영역(Domain)
명제가 적용되는 사례들의 전체 집합(연구 대상, 실제 영역, 이론 영역 참고)

영역 대표성(Domain representativeness)

연구 대상이 되는 사례(혹은 모집단의 사례 집단)의 분포와 이론적 영역의 분포 간에 유사성 정도, 마찬가지로 연구 대상이 되는 사례들의 인과관계와 영역 내 모든 사례들의 인과관계 간의 유사성 정도(대표성 참고)

오리엔테이션(Orientation)

연구 초기에 임시 연구 목적을 설정하기 위해 관심 주제를 탐색해 보는 활동. 이론에 대한 오리엔테이션과 실제에 대한 오리엔테이션 두 개로 구성됨(실용성을 위한 오리엔테이션, 이론 탐색을 위한 오리엔테이션 참고)

외적 타당도(External validity)

연구 결과가 연구에서 다룬 사례 외의 상황이나 사례에 적용(혹은 일반화)되는 정도. 외적 타당도의 가장 중요한 두 요소는 생태적 타당도와 통계적 일반화가능성임(생태적 타당도와 통계적 일반화가능성 참고).

원인(Cause)

연구 대상이 두 개의 변인, 즉 변인 A와 B를 가지고 있을 때 변인 B의 속성 값에 영향을 끼치는 변인 A의 특성. 이때 변인 A를 원인이라고 하고 변인 B를 결과라고 함(인과관계, 결과, 독립 개념, 종속 개념 참고)

유사 설문조사(Quasi survey)

확률적 명제가 검증되는 비교 사례연구(비교 사례연구 참고)

이론(Theory)

이론적 영역에서 연구 대상의 변인적 특성(개념)들의 관계에 관한 일련의 명제들

이론 개발(Theory development)

(a) (탐색 혹은 이론 수립 연구를 통해) 새 명제를 정형화하고, (b) (최초 이론 검증 연구 혹은 반복연구를 통해) 이론의 강건성을 향상하며, (c) (최초 이론 검증 연구 혹은 반복연구를 통해) 명제를 재정형화하며, (d) (반복연구를 통해) 명제의 일반화가능성을 향상하는 프로세스

이론 검증(Theory-testing)
검증을 목적으로 명제를 선정하고 검증을 수행하는 것

이론 검증 비교 사례연구(Theory-testing comparative case study)
작은 모집단 혹은 모집단의 일부 표본을 대상으로 확률적 명제를 검증하는 사례연구

이론 검증 연구(Theory-testing research)
명제를 검증하는 것이 목적인 연구

이론 수립(Theory-building)
새로운 명제들에 대한 정형화

이론 수립 비교 사례연구(Theory-building comparative case study)
이론적 영역에서 소수의 사례를 선정하고 여기서 추출된 점수들을 비교하여 명제를 만드는 사례연구

이론 수립 연구(Theory-building research)
연구방법의 하나로서 연구 대상의 사례들을 관찰하고 여기서 얻은 증거들을 근거로 하여 새로운 명제를 정형화하는 것이 목적임

이론적 영역(Theoretical domain)
이론의 연구 대상이 되는 사례들의 전체 집합

이론 지향 연구(Theory-oriented research)
이론의 개발에 기여하는 것을 목적으로 하는 연구

이론 탐색(Exploration of theory)
문헌 조사를 하고 전문가와 소통을 함으로써 실제(실제 지향 연구인 경우) 혹은 이론(이론 지향 연구인 경우)에 관한 정보를 수집하고 평가하는 것

이론 탐색을 위한 오리엔테이션(Orientation of theory)

연구 초기에 전공 문헌을 조사하고 전문가를 만나면서 관심 주제를 탐색해 보는 활동

인과관계(Causal relation)

연구 대상이 가지고 있는 두 개의 변인, 즉 변인 A와 B 사이에서 A의 속성 값이 변함에 따라 B의 속성 값도 변하는 관계(원인, 결과, 종속 개념, 독립 개념 참고)

역자 注) Variable은 변인 혹은 변수라고 쓰며 변인이 질적 특성을 강조하는 반면, 변수는 개체가 가진 수(數)의 특징을 강조한다는 점에서 달리 쓰임

일반화가능성(Generalizability)

명제가 참이고 이론 영역 전체에 적용된다는 확신의 정도. 일반화가능성은 명제를 검증하는 반복연구에 의해 증가됨

자료(Data)

자료 수집 과정을 통해 나온 증거 기록들

자료 분석(Data analysis)

연구 결과를 도출하기 위해 연구 중에 획득한 자료의 점수를 해석하는 것. 여기에는 정성적 연구와 정량적 연구, 두 종류의 자료 분석 방법이 있음(정성적 연구, 정량적 연구 참고)

자료 수집(Data collection)

(a) 한 개 이상의 측정 대상을 확인 및 선정하고, (b) 이들로부터 관련 속성 값을 증거로 추출하며, (c) 이 증거들을 기록하는 프로세스(측정 대상 참고)

자료 행렬표(Data matrix)

이론 구축 비교 사례연구에서 얻은 점수들을 시각적으로 표현한 것. 매트릭스 내 점수들의 패턴을 분석함으로써 명제를 구축함

전문가(Expert)

이론과 연구 대상에 대해 전문적인 지식을 갖춘 사람

점수(Score)
자료를 코딩하면서 변인에 할당된 값

정량적 분석(Quantitative analysis)
연구를 통해 획득한 수치에 통계적 절차를 적용해서 결과물을 만들고 평가하기

정성적 분석(Qualitative analysis)
연구를 통해 획득한 수치에서 패턴을 확인하고 평가하기

조절 개념(Moderating concept)
명제에 있는 독립 개념과 종속 개념의 중간에서 관계의 정도를 조절하는 개념

조절 변인(Moderating variable)
가설에 있는 독립 변인과 종속 변인의 중간에서 관계의 정도를 조절하는 변인

종단적 사례연구(Longitudinal case study), 종단적 단일 사례 연구(Longitudinal single
  case study)
시계열상의 두 지점 이상에서 자료를 수집하는 단일 사례연구

종속 개념(Dependent concept)
연구 대상이 되는 개체의 변인 속성 B를 말하며 그 값은 다른 변인 속성 A(독립 개념이라고
불림)의 값에 따라 영향을 받음

종속 변인(Dependent variable)
가설로 볼 때, 독립 변인 A에 의해 영향을 받는 변인 B

준거 타당도 혹은 기준 타당도(Criterion validity)
측정 타당도의 증거 유형 중 하나(측정 타당도 참고)

증거(Evidence)
측정 대상으로부터 도출한 정보(패턴 참고)

충분조건(Sufficient condition)
원인 A는 항상 결과 B를 가져옴. 이런 조건의 공식은 "If A then B"임. 충분조건은 항상
"Non-B only if non-A"라는 공식처럼 등치 필요조건을 내포함(필요조건 참고)

측정(Measurement)
분석을 위한 자료를 생성하는 프로세스로서 (a) 자료 수집과 (b) 코딩으로 구성됨. 측정절차
는 타당해야 하며 측정을 통해 나온 수치는 신뢰할 수 있어야 함

측정 대상(Object of measurement)
변인의 값을 증거로 추출하기 위해 필요한 개체. 측정 대상과 연구 대상은 동일하지 않음

측정 타당도(Measurement validity)
자료 수집 및 코딩의 절차가 측정되는 개념 속의 아이디어를 의미 있게 잘 파악한다고 여기
는 정도

코딩(Coding)
점수를 산출하기 위한 자료를 분류하는 것

타당도(Validity)
연구 목적을 달성하는 데 있어 연구절차가 적합한 정도(외적 타당도, 내적 타당도, 측정 타
당도 참고)

탐색(Exploration)
연구가 이론의 개발과 실무자의 지식에 끼치는 기여도를 정확하게 판단하기 위해 이론과 실
제에 관한 정보를 수집하고 평가하는 것

통계적 일반화가능성(Statistical generalizability)
모집단의 표본에서 나온 연구 결과가 모집단 전체에도 참일 가능성(일반화가능성, 확률적 표
집, 대표성 참고)

패턴(Pattern)
수치 혹은 수치의 조합

패턴 매칭(Pattern matching)
패턴들이 일치하는지(같은 것인지) 아니면 일치하지 않는지(다른지) 알아보기 위해 두 개 이
상의 패턴을 관찰검사로 비교함. 정성적 분석의 패턴 매칭은 관찰 패턴을 기대 패턴과 비교
하는 것임(기대 패턴, 관찰 패턴, 정성적 분석, 관찰검사 참고)

표본(Sample)
모집단에서 선정된 사례집단

표집(Sampling)
모집단에서서 사례 선정

표집프레임(Sampling frame)
표집을 위해 선정된 모집단의 전체 명단. 확률적 표집에 필요함.

필요조건(Necessary condition)
결과 B가 존재하기 위해서는 반드시 원인 A가 있어야 함. 이런 조건의 공식은 "B only if
A"임. 필요조건은 항상 "If non-A then non-B"라는 공식처럼 등치 충분조건을 내포함

확률적 관계(Probabilistic relation)
독립 개념(변인)과 종속 개념(변인) 간에 한쪽의 값이 증가하거나 감소할 경우 동시에 다른
한쪽의 값도 증가하거나 감소하는 관계(정적 관계) 혹은 반대로 감소하거나 증가하는 관계
(부적 관계)

확률적 명제(Probabilistic proposition)
확률적 관계로 표현하는 명제

확률적 표본(Probability sample)
확률적 표집의 절차에 따라 선정된 표본(확률적 표집 참고)

확률적 표집(Probability sampling)
모집단 내 요소들의 선정 기회가 확률적으로 고정된 상태에서 이루어지는 표집 절차(무선 표집 참고)

후보 모집단(Candidate population)
설문조사 연구를 목적으로 선택하려는 모집단

후보 사례(Candidate case)
사례연구에 사용할 목적으로 선택하려는 사례(한 개 혹은 소수의 사례들)

INDEX

찾아보기

역자 약력

안동윤
LG전자 HR Lab.(인사 연구실) 부장이다. 중앙대학교에서 평생교육을 전공하여 박사 학위를 받았다. 20년 간 기업에서 리더십 개발, 지식경영과 이러닝, 역량평가센터 분야를 경험하였고, 지금은 HR 예측분석을 공부하고 있다. 사례연구를 좋아해서 '사례로 교육하기'라는 책을 썼으며, 앞으로는 연구방법과 평가 분야에도 사례연구를 적용할 계획이다.

이희수
중앙대학교 사범대학 교육학과 교수이다. 주로 평생교육과 인적자원개발을 강의한다. 석사를 마친 후 대부분의 젊은 날을 한국교육개발원에서 각종 정책연구를 수행하면서 보냈다. 현재 한국평생교육학회 부회장으로 학회 활동을 하고 있다.

직접해보는 사례연구

초판인쇄	2017년 1월 10일
초판발행	2017년 1월 15일
지은이	Jan Dul · Tony Hak
옮긴이	안동윤 · 이희수
펴낸이	안상준
편 집	전채린
기획/마케팅	이선경
표지디자인	권효진
제 작	우인도 · 고철민
펴낸곳	㈜ 피와이메이트
	서울특별시 마포구 월드컵북로 400, 5층 2호(상암동, 문화콘텐츠센터)
	등록 2014. 2. 12. 제2014-000009호
전 화	02)733-6771
f a x	02)736-4818
e-mail	pys@pybook.co.kr
homepage	www.pybook.co.kr
ISBN	979-11-87010-10-4 93370

* 잘못된 책은 바꿔드립니다. 본서의 무단복제행위를 금합니다.
* 저자와 협의하여 인지첩부를 생략합니다.

정 가   20,000원

박영스토리는 박영사와 함께하는 브랜드입니다.